本书为中共贵州省委宣传部与贵州民族大学部校共建传媒学院系列成果之一

新闻参政学

主　　编　杨逐原
副 主 编　李　佳
参编人员　王橙澄　江星玲　沈蓓蓓　汪玉玲　廖　璇

WUHAN UNIVERSITY PRESS
武汉大学出版社

图书在版编目(CIP)数据

新闻参政学/杨逐原主编.—武汉:武汉大学出版社,2018.6
ISBN 978-7-307-20265-8

Ⅰ.新… Ⅱ.杨… Ⅲ.新闻—参与管理—研究—中国 Ⅳ.D621

中国版本图书馆 CIP 数据核字(2018)第 119781 号

责任编辑:陈 红 沈岑砚　　责任校对:李孟潇　　版式设计:汪冰滢

出版发行:**武汉大学出版社** (430072 武昌 珞珈山)
(电子邮箱:cbs22@ whu.edu.cn 网址:www.wdp.com.cn)
印刷:北京虎彩文化传播有限公司
开本:787×1092 1/16 印张:12.75 字数:299 千字 插页:1
版次:2018 年 6 月第 1 版 2018 年 6 月第 1 次印刷
ISBN 978-7-307-20265-8 定价:39.00 元

序

两年前，几个年轻教师提出想合作撰写一部关于新闻参政的著作，我当时觉得这个选题很有价值，也希望年轻人能够紧跟学术前沿，就鼓励他们去撰写。当他们把《新闻参政学》的书稿拿到我面前时，内心还真有一些惊喜。

作为我国第一部专题探讨新闻参政的著作，它不仅对以往的相关研究作了比较全面的梳理，对未来继续研究提供了参考，而且也为新闻更好地服务社会发展提供了理论指导和实践参考。

恰如拉斯韦尔所说，新闻媒体具有环境监视、社会协调以及社会遗产传承等功能，新闻媒体肩负着传播信息，引导社会舆论，服务社会政治、经济、文化建设的使命。新闻如何更好地参与到政治活动中去，从而更好地发挥其服务政治的功能，是全社会都极为关心的问题，这必然促使我们对新闻参政的相关理论进行探讨。

客观地说，无论中国或西方，新闻参政活动古已有之。然而，有关新闻参政的理论研究一直没有引起足够重视。本书作为第一本探讨新闻参政的著作，它对新闻参政的相关理论进行了较为全面而深入的探讨：率先提出了新闻参政的概念并对其进行了有价值、有见地的界定；对新闻参政的理论渊源和流变作了追溯；剖析了新闻参政的内涵和外延、逻辑起点、基本要素、研究对象和方法，以及当前新闻参政的主要方式及过程；从政治、文化维度对新闻参政的价值进行了深入分析；探讨了新闻参政的程序、效力及要求；研究了新闻参政的话语构建、媒介途径及模型；探讨了新闻参政力的提升方略，并结合少数民族地区的特点分析了少数民族地区新闻参政的状况和新闻参政力的提升措施。此外，《新闻参政学》还结合 11 个典型案例，探讨了新闻参政在我国的成功实践。

新闻活动从来都不只是纯粹的信息提供、分享和获取，对信息的表述永远都受到认知、情感、态度、环境以及传播手段等的影响，新闻的参政途径、方式和效果总会受到传播者、媒介、时代等因素影响，因此研究新闻参政就必然要结合传播学、社会学、政治学、心理学等学科。作为第一本研究新闻参政的学术读物，其中某些结论也许不够那么精准深刻，相关的理论可能尚需与读者交流之后进一步深入研究。但我要说的是，作为一群年轻的学者，他们勇于涉足新的学术领域，提炼和总结他人的学术思想，开拓自己的学术空间，建立新闻参政的知识框架和理论体系，这无疑是值得赞赏的。我们也希望更多的年轻人在学术领域发现新问题、探讨新理论、提出新观点，不断推动学术进步。

我很高兴能为这群年轻人的新作写序，希望再接再厉，不断深化、完善新闻参政理论，创新研究方法，继续推出力作。

兰东兴

2018 年 5 月于花溪大学城

前　言

新闻参政学是一门新兴的交叉学科，是新闻学与政治学的结合，与法学、经济学、社会学也有较多的联系。新闻参政学以古今中外几千年以来人们政治生活中的新闻参政行为与活动为研究对象，其活动要素包括参政者、行政机关、新闻媒体、参政信息及反馈等。研究新闻参政学，对民主政治的进步、法制的完善、伦理道德水准的提升和加速社会现代化的进程有着巨大意义。

应该看到，新闻人、新闻机构参与政治活动是由来已久的新闻实践工作，而建立新闻参政学则是现今的一种大胆的学术尝试。从学科建立的初衷来看，新闻参政学首先被赋予一种新兴交叉学科的学科性质，也是我国民主政治与文明政治发展取得一定实质成效后的前瞻性要求。作为学术科研，新闻参政学是贵州民族大学几位新闻传播学科出身的年轻老师们的一次小心谨慎的学术创新。

本书试图总结过去新闻参政的主要事件、参政途径、参政效果、参政意义等，在前人相关研究的基础上阐述新闻参政学科建立的学科可行性、学科理论支撑以及搭建学科框架，为新闻参政学这一新兴学科的构建提供理论基础。全书共分十一章，整体框架由杨逐原、李佳搭建。第一章、第二章及第九章由杨逐原撰写；第三章由王橙澄撰写；第四章及第七章由沈蓓蓓撰写；第五章及第六章由李佳撰写；第八章由江星玲撰写；第十章由廖璇撰写；第十一章由汪玉玲、杨逐原共同撰写。初稿撰写完成后，由杨逐原和李佳进行统稿、修改和完善，最后，由杨逐原统一审定。

全书的大概内容如下：

第一章为“新闻参政理论渊源与流变”，主要就新闻参政学得以建构的理论起点作出了归纳总结，从宏观的角度梳理新闻参政理论基础主要来源于中国古代新闻参政、马克思主义新闻参政思想、西方新闻参政理论及中华人民共和国的新闻参政理论。本章详细论述了中国古代新闻参政群像，历代马克思主义者的新闻理论中新闻参政思维以及西方民主体制对于新闻参政强有力的支撑，并对中华人民共和国新闻思想中的参政思路进行了整理。与此同时，梳理出新闻参政理论发展的轨迹，重点陈述了我国现当代新闻参政理论的发展现状及态势，得出新闻参政的规律与启示。

第二章为“新闻参政学的基本理论”，主要搭建起新闻参政学的理论架构主干，论述了新闻参政学的内涵及外延，六大基本要素及六大特征。此外，本章最后部分归纳出新闻参政学的研究对象以及适用的多种研究方法，推断出新闻参政学的社会功能和新闻参政主要方式及过程。

第三章为“新闻参政与政治建设”，分析与新闻参政最紧密的政治之间的关系，进一步解析政治的主导作用与新闻参政的能动功能，同时，阐释新闻参政与政治政策间的相辅相成的对应关系，应该看到新闻参政是政府形象建构的有机组成部分。

第四章为“新闻参政中的文化维度”，主要论证了新闻参政的文化语境及其对文化与次文化的反作用，并从政治文化、法治文化、公众文化三个维度来探讨新闻参政的文化特性以及其对文化氛围的营造。

第五章为“新闻参政的程序、效力及要求”，主要从新闻参政具体实践角度出发，依据我国基本法律相关法理设计新闻参政具体实施程序，论证其实施的积极功效以及必要条件与主体要求。

第六章为“新闻参政的话语建构”，重点分析了新闻参政得以科学建立并实施后将会给社会话语建构带来的转变，在新媒体发展的背景下新闻参政给传统的新闻工作话语平台的搭建营造了一种新修辞话语表达手法，并应遵循相应的原则，完成从“权利”到“权力”的转型。

第七章为“新闻参政的媒介途径”，主要解析参与新闻参政的媒体自身，重点分析了报刊、广播电视、网络以及自媒体这四种当代新闻参政媒介途径，并总结出四种途径各自在新闻参活动中的特征。

第八章为“新闻参政的影响因素及模型构建”，主要论述影响新闻参政的四大因素，并尝试分析新闻参政的各个环节，借鉴相关传播学基本理论，总结新闻参政过程中所涉及的相关模型，并论证其科学性。

第九章为“少数民族地区的新闻参政”，我国是一个多民族聚居的多元文化并存的国家，新闻参政成熟发展的一个标志理所当然是民族地区新闻参政的完善，尤其是少数民族地区新闻参政的特殊性和可行性更应是新闻参政实践工作重点考虑的环节，也应是新闻参政学考虑的理论部分。这一章总结了民族认知、民族文化、民族地区自治性、民族信仰等因素对民族新闻参政的影响以及民族新闻参政的构思。

第十章为“新闻参政力的建设策略”，本章主要阐述的是新闻参政的政策机制、核心，并从“四个转变”政策论证落实新闻参政的可操作性。

第十一章为“新闻参政的成功实践案例”，这一章挑选了近些年的典型性成功案例来进行科学性解析，这些事件包括群体性事件、民生事件、聚集性事件、发展性新闻事件，这些成功案例充分支撑了新闻参政实践以及学科建立的可行性。

本书是建立新闻学分支学科的一种新尝试，框架的搭建主要是依据新闻参政研究内容各个环节的逻辑顺序所成，是结合了人文学科各个学科的多元理论机理与基本原理进行分析的一门交叉学科尝试，我们试图从新闻参政的视角来认识媒体、认识民主、认识话语、认识大众传播等。希望通过本书的“抛砖引玉”，能够让更多的民众、学者、政治家、媒体人关注新闻参政这一实践活动，希望能够有助于新闻学的研究与发展，希望本书的出版能够为社会主义民主政治建设贡献一份力量，祝愿中国特色社会主义事业日趋繁荣。

本书是“中共贵州省委宣传部与贵州民族大学共建传媒学院”的重要成果，特此向支持与关心本书研究工作的所有单位与个人表示衷心感谢。感谢各位参编的编委老师，你们从繁重的工作中能够抽出时间参与本书的研讨与撰写实属难得。感谢出版社同仁为本书出版付出的辛勤劳动。书中参编的具体情况均已在前列出，再次在此感谢。

由于《新闻参政学》是介绍一个新的学科领域，这给编撰本书增添了极高的难度，再加上作者水平有限，虽几经改稿，书中错误与缺点在所难免，欢迎广大读者不吝赐教。

本书可供研究者借鉴参考，也可以作为高等学校的教材使用。

目　录

第一章　新闻参政理论渊源与流变

任何一门学科都有其理论渊源，而不是凭空产生的，新闻参政学也是如此。中国古代新闻参政、马克思主义新闻参政思想、西方新闻参政理论及中华人民共和国的新闻参政理论都是新闻参政学的理论源泉。在充分吸收上述理论后，一门具有中国特色的新闻学科——新闻参政学得以形成并有了初步发展。从古到今，新闻参政活动范围越来越广泛、内容越来越多样化、手段越来越丰富，使新闻参政理论不断地丰富和完善。随着信息技术发展和国家民主化程度提高，这门学科在国家建设和社会发展中的地位将会越来越突出。

第一节　理论渊源

一、中国古代新闻参政活动群像及其价值取向

(一)中国古代新闻参政活动群像

新闻史学界以元谋人的体态传播作为中华民族新闻活动的开端，这意味着我国的新闻传播活动已有上万年的历史。自统治阶级产生后，在新闻传播活动中，始终伴随着新闻参政活动，新闻参政现象屡见不鲜。

按照司马迁的《史记·五帝本纪》中关于舜设“纳言”官的记载，可推出至少在舜的时代，我国就有了新闻参政活动。司马迁写到，舜对龙说：“朕畏忌谗说殄伪，振惊朕众，命汝为纳言，夙夜出入朕命，惟信。”基本意思为：我害怕、厌恶利口谗言及奸伪结党之人胡乱传递信息惊扰民众，命令你为“纳言”官，不分白天夜晚传达我的命令，使上传下达，取信于民众。这就是舜命令龙为“纳言”官的原因。当然，这里面肯定少不了要及时将老百姓对当政者的评价、议论等信息反馈给统治者。新闻参政此时初露端倪。

周代有官员摇着木铎“采风”“采诗”于四境。而在战国时期的郑国，当政者不毁“乡校”，老百姓聚在“乡校”评议国事，统治者据此了解民心向背，足见当时为政者对朝野信息传播的重视。这不仅证明了新闻可以参政，且其具有较大效用。

在汉代，凡是朝政新闻的传播，都有着严格的审查制度，皇帝、丞相及九卿都参与审查，审查范围涉及文字、内容及政策等。当时不少时政信息被禁止传播，倘若传播，则被冠以诽谤、刺探、泄露之罪而加以惩处。这充分说明汉代有着一套较为完善的朝政信息传递制度。但汉代在信息传递方面不只重视上传下达，也注重下情上达，对于民间的信息传播，为政者也极其重视。如当时的文人乡士往往采用“风诗”等文学体裁进行“诗谏”，这种所谓的“诗谏”其实就是文人乡士要传递给统治者的信息。《毛诗序》曾云：“上以风化下，下以风刺上，主文而谲谏。言之者无罪，闻之者足以戒。故曰风。”这说明汉朝人已

认识到“风诗”反映舆论的政治谏议功能，且当时的统治者认为，要符合先王之道，应该对这种舆论、讽谏采取宽容的态度，并更加重视“采诗”行为，认为“采诗”可以观风俗、知得失，并能自考正。《汉书·艺文志·诗赋略》写道：“自孝武立乐府而采歌谣，于是有代、赵之讴，秦、楚之风，皆感于哀乐，缘事而发，亦可以观风俗，知薄厚云。”这其实相当于现在的政府极为重视社会公众舆情，也是一种新闻参政的体现。

唐宋时期，我国新闻事业逐渐发展。唐朝产生了最早的报纸——邸报，宋代出现了订本制度、小报等。唐朝有进奏院官员收集、归纳和整理的进奏院状，具有新闻报道的性质，将朝廷公文与其他信息传至四方，同时还能将进奏官的所见所闻传递给统治者。在宋代，邸报已相当发达，但由于朝廷的严审等原因，使得其内容受限较多，时效性也下降。因此出现了民间的小报，这是一种“未经官方审查、私自抄传的报纸，这种报纸的信息来自官方，但传播者各取所需，甚至收入一些捕风捉影的材料，真真假假，在所难免”①。因此统治者高度重视对小报的查禁，并对抄传者处以重刑，但终是屡禁不绝，以致统治者不得不听取民众心声，为政时注重参考朝野信息，重视新闻参政的作用。

到了明清时期，我国新闻事业有了进一步的发展，不但有了官办报房，而且有了民间报房。同时，信息传播的手段极为多样化，露布、条报、牌报、旗报、抄报、刊印的报纸等一应俱全，涉及宫廷消息、官员动态、军事活动、臣僚奏疏等信息范围，还有农事、天象、灾害报道和社会新闻。统治者极为重视信息传播，并编制了相关法令对官方及民间的新闻活动进行限制，如清朝的《大清律例》等。在新闻参政方面，做得最出色的是《京报》。在晚清时期，《时务报》以及《变法通议》等报纸的参政模式是“先提出一个目标，形成一致的舆论，继而鼓吹一致的步骤与行动，且相信其所提出的步骤可以达到预定的目标”②。而《京报》则坚持鲜明的立宪立场，不隶属任何党派，在形式上摆脱了“政党报刊”或“机关报”的左右，将焦点集中于“纠政府之过失”，针对政府之谬作出批评。查阅汪治年所辑《汪穰卿遗着》中收录的汪康年在《京报》上所发44篇言论，有42篇是与批判时政之谬与国策之误相关的。也就是说，《京报》以批判国事为重心，并以此形成舆论压力，促进政府的良治，发挥新闻参政的作用。《京报》发表的言论，向来令统治者忌惮，如1907年4月5日刊载的《庆亲王七十生辰特别赐寿记》一文，痛斥奕劻“问之当世，实无可纪之功，笔诸史编，更无可书之绩”，“值国家危亡之时大办寿庆而不觉‘不自安’”，但“固己位则易，籍人口则难”。《京报》掀起巨大波澜的，是其关于载振招妓、段芝贵行贿一事的揭露：1906年，奕劻之子载振与军机大臣徐世昌赴东三省考察官制，路经天津时，载振为歌妓杨翠喜所迷，袁世凯亲信段芝贵不失时机地将杨赎身献于载振，又借银十万两为奕劻寿庆贺礼，后段芝贵果列奕劻与袁世凯所提议的东三省巡抚人选。《京报》的这一揭露，当即引起舆论的哗然，御史赵启霖公开弹劾。清政府迫于舆论压力，让载沣和孙家鼎彻底查明事情真相，给以奕劻及袁世凯为首的浊派招来了极大的麻烦。为了掩盖真相，袁世凯等人抢先一步，将杨翠喜送回天津，并立即安排参与纳妓的当事者出具证词否认，借银十万两给段芝贵行贿的王竹林也矢口否认这笔借贷，使调查只能以“事出有因，查无实据”

① 淦林．中国新闻事业史[M]．北京：高等教育出版社，2002：15.
② 张朋园．立宪派与辛亥革命[M]．上海：三联书店，2013：77.

告终，赵启霖因“污蔑亲贵重臣”之罪被革职，同时清廷也撤销了段芝贵黑龙江巡抚一职，并批准载振辞官。可见，明清时期各类新闻信息，对统治者的施政行为产生了较大的影响。新闻媒体很好地履行了新闻参政的义务。

综上所述不难看出，在我国古代，新闻媒体一直肩负着传递信息、引发舆论及影响政治的功能。作为一种舆论工具，其在新闻参政中始终扮演着重要角色。正因为有了传递信息的媒介，加之朝野对时局发展的关注和对生活状况的介怀，使得新闻参政现象一直存在，并在不同时期呈现不同的景观。

（二）中国古代新闻参政活动的价值取向

经过漫长的发展，中国古代新闻事业形成了相对稳定的体系，与社会发展相互影响、相互作用，成为中华文化不可分割的重要组成部分，孕育出了中国特色的新闻参政学理论。中国新闻媒体在长期的参政活动中形成了一系列价值取向，对新闻参政学的理论建构和实践发展产生了深远的影响。

1. 服务政治统治的价值取向

这是古代新闻参政的核心价值取向。中国古代新闻媒体始终没有摆脱统治者的控制，不管是传递有利于当权者统治的信息，还是对时政之谬与国策之误进行抨击，其目的都是为统治者传达政令、提供治国意见或策略服务，归根结底都是为政治统治服务的。这也是统治者特别重视新闻参政的政治价值的原因所在。

2. 工具性价值取向

在混乱时期，新闻媒介作为一种有力的舆论工具被各派精心利用。各派不断寻求有利于自己的议题，围绕议题发布信息、发表言论，党同伐异。以王安石变法为例，变法期间，变法派曾于熙宁四年设立“进奏院月报”制度，专门刊发变法文章宣传变法。但元祐初年反变法派一上台，便立刻取消了这一制度。朝野各派纷纷发布各类参政意见及信息，新闻作为参政的工具，其重要性得以凸显。

3. 针砭时弊，为民请愿的价值取向

诸如宋朝小报等媒体，往往以刊登针砭时弊的信息而受到重视。《京报》等报纸更甚，专纠统治者之过失，使统治者震惊并在一定程度上改变时政态度和策略。在遇上民众含冤或者陷入生活困顿时，往往顺民愿，传播新闻信息以使统治者知悉，并使之采取可能的措施。

二、马克思主义经典作家的新闻参政思想

（一）马克思、恩格斯的新闻参政思想

马克思在《第六届莱茵省议会的辩论》一文中指出，“自由报刊是人民精神的洞察一切的慧眼，是人民自我信任的体现，是把个人同国家和世界联结起来的有声的纽带，是使物质斗争升华为精神斗争，并且把斗争的粗糙物质形式观念化的一种获得体现的文化。自由报刊是人民在自己面前的毫无顾虑的忏悔，大家知道，坦白的力量是可以使人得救的。自由报刊是人民用来观察自己的一面精神上的镜子，而自我审视是智慧的首要条件。自由报刊是国家精神，它可以推销到每一间茅屋，比物质的煤气还便宜。它无所不及，无处不在，无所不知。自由报刊是观念的世界，它不断从现实世界中涌出，又作为越来越丰富的

精神唤起新的生机，流回现实世界”①。马克思的这段话，形象具体地展示了自由报刊的人民性倾向，认为要使人民性得以充分实现，必须保证出版物的完全自由。用今天的话来说，就是出版物可以充分、自由地发表言论，争做党和政府的喉舌、民众的喉舌，监督政府，起到参政的作用。

马克思、恩格斯认为，“报纸最大的好处，就是它每日都能干预运动，能够成为运动的喉舌，能够反映出当前的整个局势，能够使人民和人民的日刊发生不断的、生动活泼的联系”②。这段话是从报纸的作用方面来说的，认为报刊置身于人民群众之中，反映群众生活及局势，并将群众生活与局势紧密结合。“马克思和恩格斯对阻挠报刊履行监督批评使命的言行深恶痛绝，甚至把这种做法同反动派的书报检查相提并论，给予严厉指责。他们批评这些领导人根本不相信群众的力量，不尊重起码的党内民主权利，而把自己看成是超乎批评之上的，并且把任何批评都斥之为大逆不道”③。恩格斯指出，如果党的领导人压制批评、干扰监督，那么，不仅党的报刊无法履行监督批评的使命，而且对有责任心的报刊工作者来说，也是一种痛。这其实也说明了报刊参与评判时局、监督当权者的功能，具有参政价值。

(二)列宁的新闻参政思想

列宁认为党报有三个作用——集体的宣传员、鼓动员和组织者。他指出，报纸的作用不限于传播思想、进行政治教育和吸引政治同盟军。报纸不仅是集体的宣传者和集体的鼓动者，而且是集体的组织者。就组织者来说，“依靠报纸或与报纸联系自然而然会形成一种固定的组织，这种组织不仅从事地方工作，而且从事经常的共同的工作，教育自己的成员密切注视政治事件，考虑这些事件的意义和它们对各个不同居民阶层的影响，拟定革命党影响这些事件的适当措施”④。这是建党时期列宁的主要新闻思想。

在社会建设时期，列宁充分论述了报刊在社会建设中的作用。在舆论监督方面，列宁认为报刊应在社会舆论监督中发挥自己独特的巨大作用，应将报刊的监督作用纳入法制轨道。同时，他还对报刊在推动社会生产力进步、促进经济发展等方面的作用作了深刻剖析。为使报刊发挥这些作用，列宁指出，“报刊应成为社会主义建设的工具”，“要努力创办这样一种报刊：它不是拿一些政治上的耸人听闻的琐事供群众消遣和愚弄群众，而是把日常的经济问题提交群众评判，帮助他们认真研究这些问题”。⑤ 这些经典论述都说明了报刊具有参政的功能。

(三)毛泽东的新闻参政思想

毛泽东十分重视报刊的作用，他认为报刊可以扩大群众的视野，增长人们的见识；可以利用报刊作为政党组织和领导工作的极为重要的工具，特别是利用报刊传达政策和政令。此外，毛泽东还提出了全党办报、群众办报的方针。根据毛泽东的相关论述，全党办

---

① 马克思恩格斯全集：第1卷[M]．北京：人民出版社，1995：179.

② 马克思恩格斯全集：第7卷[M]．北京：人民出版社，1956：5.

③ 童兵．马克思主义新闻经典教程[M]．上海：复旦大学出版社，2002：298.

④ 列宁选集：第3卷[M]．北京：人民出版社，1995：493.

⑤ 列宁全集：第5卷[M]．北京：人民出版社，1985：8-9.

报、群众办报的基本内容主要包括五个方面：一是党的报纸是党的耳目喉舌，也是人民的耳目喉舌。办好报纸，要依靠全党，依靠人民群众。二是各级党委加强对报纸的领导，帮助报纸编辑部了解党的方针、政策，了解党委的意图，了解实际情况，了解群众的思想动态。三是在党的领导下，发动群众参加报纸工作，使专业的报纸工作人员和群众紧密结合。四是组织通讯员队伍，把各方面的积极分子、先进人物、专家、学者以及广大读者团结在报纸编辑部的周围。五是编辑部重视读者来信、来访工作，了解实际情况，倾听群众的呼声，掌握群众的脉搏，回答群众提出的问题，使报纸和群众息息相通。

毛泽东高度重视报刊的批评工作，他亲自改定了《关于在报纸刊物上开展批评与自我批评的决定》，该决定第 1 条鲜明地指出了吸引人民群众开展批评的必要性与重要性："吸引人民群众在报纸刊物上公开地批评我们工作中的缺点和错误，并教育党员，特别是党的干部在报纸刊物上作关于这些缺点和错误的自我批评，在今天是更加突出地重要起来了。因为今天大陆上的战争已经结束，我们的党已经领导着全国的政权，我们工作中的缺点和错误很容易危害广大人民的利益，而由于政权领导者的地位，领导者威信的提高，就容易产生骄傲情绪，在党内党外拒绝批评，压制批评。由于这些新的情况的产生，如果我们对于我们党的人民政府的及所有经济机关和群众团体的缺点和错误，不能公开地及时地在全党和广大人民中展开批评与自我批评，我们就要被严重的官僚主义所毒害，不能完成新中国的建设任务。由于这样的原因，中共中央特决定：在一切公开的场合，在人民群众中，特别在报纸刊物上展开对于我们工作中一切错误和缺点的批评与自我批评"①。

从这些叙述可知，毛泽东非常重视吸收各类人员参与办报，了解社会实际情况，关注群众的呼声，把好群众的脉搏，回答群众提出的各类问题，以改善国家的管理。这说明毛泽东极为重视从群众中吸收有利于国家社会发展的意见，让群众充分发表见解，参与政治建设中来，而报刊无疑是群众参政的有效工具。

三、西方的新闻参政思想

西方的新闻参政理论源于其民主体制。在西方发达国家，新闻媒体不同程度地享有对国家权力进行监督和批评的权利，在国家政治舞台上扮演着重要角色，被冠以"无冕之王""第四种权力"等荣誉。也就是说，西方媒体担负着监视政府施政状况、大力揭露公职人员的不法行为、防止公权被滥用等责任。

约翰·弥尔顿在《论出版自由》中提出了"新闻自由"口号，揭开了西方民主思想运动的序幕。弥尔顿在这篇演说里阐述了三个基本思想：第一，人的理性高于一切，言论出版自由是天赋人权的一部分，因此，人人都有不受限制地表达自己意见的权利；第二，应该允许存在一个"观点的自由市场"，在这个市场上，各种各样的学说(包括正确的，也包括错误的)都可以流行，通过自由竞争，正确的观点会保留下来，错误的观点会自行消亡；第三，在不同观点的争论中，政府应保持中立，不要去协助任何一方。从这些观点可以看出，弥尔顿新闻自由思想的核心，就是反对政府对报刊进行任何控制。这一口号在推动新

① 中共中央关于在报纸刊物上开展批评与自我批评的决定[M]//中国共产党新闻工作文件汇编中卷. 北京：新华出版社，1980：5.

闻事业的发展方面起到了巨大的作用。世界各国新闻事业产生和发展的历史证明，新闻事业的发展规模及水平在很大程度上受到政治民主程度的制约，有学者甚至认为政治民主表现在新闻领域，就是新闻自由，新闻自由为新闻参政提供了理论基础和实践保障。

有美国"新闻自由之父"之称的杰弗逊总统坚决主张为新闻自由立法，并多次指责1787年美国国会通过的宪法，原因是该宪法"没有制定权利法案来保障自由"。后来，杰弗逊等人通过努力使美国制定了保障新闻自由的"权利法案"。在新闻的民主监督方面，杰弗逊指出，"任何政府如果单纯托付给人民的统治者，就一定会蜕化。所以，只有人民本身才是政府的唯一可靠的保护人"。①"办法是通过公共报刊的途径让他们充分了解他们事务的全部情况，并且努力使这些报纸深入全体人民群众中去"。② 杰弗逊的新闻出版自由思想推动了美国资产阶级民主政治的建立。在今天，这些观点仍深刻地影响着世界各国的民主政治建设。

随着民主政治的发展及新闻业在大众化道路上的不断迈进，西方各主要发达国家几乎形成了相对独立的大众传播体系，新闻机构成为"第四权力"，在监督国家政权方面起到了不可替代的作用。可以说，新闻媒体为公众直接参与政治生活、表达自身诉求提供了一个重大平台，新闻媒体在现有的宪政框架下，不断反映民众的各类合法诉求，表达各种意愿，让各种思潮相互碰撞，成为参政、议政并监督公权力的重要力量，不断改变着国家的政治生活状态。

四、中国特色的新闻参政思想

1980年，中国正式打开了改革开放的大门，各类新思潮、新观念不断涌现，各行各业迅猛发展，新闻媒体的舆论监督、引导功能日益凸显，新闻媒体扮演着参政议政越来越重要的角色。从邓小平开始，历届领导人都高度重视有中国特色的新闻参政的作用，这在他们的新闻思想中都有体现。

(一)邓小平的新闻参政思想

邓小平的新闻参政思想，比之毛泽东的相关思想有创新和发展之处，原因在于邓小平的新闻思想更富有开放性和改革精神。"邓小平新闻思想本质上是开放的，不断创新与发展的。邓小平敢于承认我们的新闻传媒有落后的地方，我们的对外宣传和国际传播有不如人家的地方。所以邓小平要求新闻工作者解放思想，实事求是，多采取开放的举措，为中国和外国的沟通，为干部和群众的沟通，提供更多的渠道和方便。邓小平主张，要让群众有说话的地方，有出气的地方，有申诉的地方"③。这些论述表明了邓小平非常重视群众的意见，鼓励和支持群众在媒体上积极、充分地发表意见，以作为改进工作的参考，这是新闻参政思想的体现。

(二)江泽民的新闻参政思想

江泽民高度重视新闻宣传事业和新闻舆论引导工作，把调整和加强新闻舆论战线作为

① 外国新闻事业史参考资料[M]. 北京：中国人民大学出版社，1989：54-55.

② [美]埃默里，等. 美国新闻史[M]. 展江，译. 北京：新华出版社，2001：91.

③ 童兵. 马克思主义新闻经典教程[M]. 上海：复旦大学出版社，2002：298.

突破口和主要抓手。在谈到新闻工作的重要作用时，他指出，“我们党历来非常重视新闻工作，始终认为，我们国家的报纸、广播、电视等是党、政府和人民的喉舌。这既说明了新闻工作的性质，又说明了它在党和国家工作中的极其重要的地位和作用。为什么我们的新闻工作会具有这样重要的地位和作用呢？这是因为，它作为现代化的传播手段，能够最迅速、最广泛地把党的路线、方针、政策贯彻到群众中去，并变为群众的实际行动；能够广泛地反映群众的意见、呼声、意志、愿望；能够及时地传播国内国际的各种信息，直接影响群众的思想、行为和政治方向，引导、激励、动员、组织群众为认识和实现自己的利益而斗争”①。由此可知，江泽民把新闻事业提升到事关群众的思想和政治素养建设发展的高度，包含着深刻的新闻参政的思想。

(三)胡锦涛的新闻参政思想

关于新闻工作，胡锦涛要求进一步唱响主旋律、打好主动仗，充分发挥舆论宣传在统一思想中的重要作用。他还指出，要深入了解社会的思想状况，并进行深入的分析。胡锦涛认为，“新闻工作坚持以人为本的宗旨，就必须把实现好、维护好、发展好最广大人民群众的根本利益作为新闻宣传工作的出发点和落足点，尊重人民的首创地位，发挥人民的首创精神。同时，要努力增强新闻报道的亲和力、吸引力和感染力。新闻传播对人民群众的尊重与依靠，必须注重在报道新闻事实中体现正确导向，在群众交流互动中形成社会共识，在加强信息服务中开展思想教育，用事实说话，用典型说话，用数字说话，化解矛盾，理清情绪，引导各方面群众共同进步”②。胡锦涛还强调要让权力在阳光下运作，在人民的公开监督下运作。

值得指出的是，胡锦涛把新闻参政延伸到了网上。他特别强调要扎实推进以社会主义荣辱观为导向的“文明办网、文明上网”活动，使网络成为传播社会主义先进文化的阵地。要推动参加“文明办网、文明上网”倡议活动的各类网站切实履行承诺，自觉对照倡议内容，自查自纠不良网络行为，带头净化网络环境，带头倡导网络文明。要进一步扩大“文明办网、文明上网”的参与面，把各级政府网站、新闻网站，各类商业网站以及个人网站、博客等都吸引到“文明办网、文明上网”活动中来，根据各自特点，发挥各自优势，增强自律意识，自觉抵制不文明行为。要积极引导广大网民自我约束，相互监督，做到文明上网。这证明胡锦涛同志对网络等新媒体的参政给予了极大的支持和鼓励。

(四)习近平的新闻参政思想

在新闻工作方面，习近平指出，“要深入开展中国特色社会主义宣传教育，把全国各族人民团结和凝聚在中国特色社会主义伟大旗帜之下。要加强社会主义核心价值体系建设，积极培育和践行社会主义核心价值观，全面提高公民道德素质，培育知荣辱、讲正气、作奉献、促和谐的良好风尚”③。“要继续加强民主监督。对中国共产党而言，要容得下尖锐批评，做到有则改之、无则加勉；对党外人士而言，要敢于讲真话，敢于讲逆耳

---

① 江泽民．关于新闻工作的几个问题[M]．新闻工作文献选编，北京：新华出版社，1990：190.

② 童兵．马克思主义新闻经典教程[M]．上海：复旦大学出版社，2002：300.

③ 习近平．在全国宣传思想工作会议上的讲话[OB/OL]．http：//news. xinhuanet. com/politics/2013-08/20/c_117021464. htm.

之言，真实反映群众心声，做到知无不言、言无不尽。希望同志们积极建诤言、作批评，帮助我们查找问题、分析问题、解决问题，帮助我们克服工作中的不足。中共各级党委要主动接受、真心欢迎民主党派和无党派人士监督，切实改进工作作风，不断提高工作水平”①。这已经旗帜鲜明地指出了各阶层参政的重要性。

在网络迅猛发展的形势下，习近平高度重视网络安全、网络宣传工作，他认为网络提供的建议很有价值，把网络参政看成必做的工作。习近平指出，“现在人类已进入互联网时代这样一个历史阶段，这是一个世界潮流，而且这个互联网时代对人类的生活生产、生产力的发展都具有很大的进步推动作用”。② 在 2012 年 12 月视察腾讯公司时，习近平对腾讯员工说：“你们做的工作都是很重要的，比如在这样的海量信息中，你们占有了最充分的数据，然后可以做出最客观、精准的分析。这方面对政府提供的建议是很有价值的。今后在互联网的发展与建设中，从法规建立完善到技术的发展各方面，你们的意见都很重要，也希望你们今后在这方面更多地建言献策。”③网络参政是新闻参政的形式之一，是新闻参政未来的主流手段。

（五）中国特色新闻参政思想的确立

改革开放后，历届领导人丰富和发展了新闻参政思想，加之各类媒体的飞速发展和新闻参政的不断实践，我们可以说，新闻媒体已成为中国社会参政的重要一极，中国大众媒体的舆论在促进社会系统的健康运行方面发挥了巨大的作用。由于中国党和政府对民生等重大问题的重视，相关领域标志性的事件被新闻媒体逐一解读，对政府的政策制定、执行和完善起着重要影响。而且，随着国家民主程度的提高及新闻媒体社会作用的凸显，使得我国民众的权利意识不断增强，民主诉求不断积聚，新闻参政已经引起了中国领导人的高度重视。胡锦涛在 2008 年 6 月 20 日与网民在线交流时指出：“通过互联网了解民情、汇聚民智，也是一个重要的渠道。”无论是党和国家领导与网民的在线交流，还是成千上万的民众通过手机、互联网在“两会”上参政、议政都表明，新闻媒体已经成为中国社会参政的重要一极。在新闻媒体的不断实践中，中国特色新闻参政思想得以确立。

第二节　新闻参政的理论流变

纵观古今，概览中西各国，新闻参政实践由来已久，并随着时间的推移而不断发展，新闻参政理论也不断得到丰富和完善，形成了兼具中西特色的一门新兴学科。

一、新闻参政理论的发展轨迹

通过第一节对新闻参政理论渊源的梳理，可以勾勒出我国新闻参政理论的发展轨迹。

① 习近平．要提高参政议政水平，要继续加强民主监督[N]．新京报，2013-02-08.

② 习近平考察腾讯公司笑问马化腾微博粉丝多少．[OB/OL].http://www.chinanews.com/gn/2012/12-14/4409613.shtml.

③ 习近平考察腾讯公司笑问马化腾微博粉丝多少．[OB/OL].http://www.chinanews.com/gn/2012/12-14/4409613.shtml.

即广泛纳言(舜时代)—采风(西周)—“乡校”评议国事(战国时期)—采诗(汉代)—进奏院状等(唐宋两代)—官办报房及民间报房评判时局(明清二朝)—出版自由、批评政府(马克思新闻参政思想)—言论自由、监督政府(近代西方新闻参政思想)—接受公众监督、加强沟通，充分吸收社会各界的意见建议(中国改革开放以后)。在这一发展过程中，新闻参政思想不断突破专制限制，终于在改革开放后形成了中国特色的新闻参政思想，新闻媒体取得了独立于国家行政、立法、司法等传统权力之外的一个重要权力地位，成为中国社会参政的重要一极，中国特色的新闻参政理论得以形成并有了初步发展，一门新兴的学科——新闻参政学适时而生。

二、我国新闻参政的现状及发展态势

(一)我国新闻参政的现状

公民的政治参与是国家政治现代化的根本动力，新闻参政是公民政治参与的重要渠道和方式。在我国政治体制改革不断深入、民主法制不断完善的情况下，公民的政治参与也呈现出制度化、法治化、多元化、深度化等趋势，新闻参政更是将公民的政治参与引向一个新的历史阶段。但目前我国对新闻参政理论的探讨极为缺乏，且整体实践状况不容乐观。关于我国新闻参政的现状，我们可分析如下：

1. 新闻参政趋于常态化

随着新媒体快捷性、互动性等优势被运用于新闻参政中，新闻参政突破了传统媒体时期的间歇性状态而趋于常态化。以人民网为例，其在首页中设有人民微博、强国社区、强国论坛、强国博客、地方领导留言板、人民访谈、人民聊吧、E 政广场等社会公众参与互动板块，这些版块便于网民直接获取资讯、表达及反馈意见。这些版块内容贴近社会大众的生活实际，每天的互动极为活跃，官民对话和沟通快捷方便，有效搭建了官方与民众、精英与草根的互动桥梁，创造出了一种“现实对话”的拟态环境，为社会大众的新闻参政提供了快车道。新浪、网易等网站也有类似对话空间，这些都促使公众的新闻参政进入常态化阶段。

2. 新闻参政趋于生活化

这主要体现在新闻参政内容的生活化上。以《人民日报》的强国论坛为例，在 2014 年的“两会”专题报道中，其梳理了最有可能改革的 11 个领域的内容，开辟了“改革热点点赞榜”专栏，将改革的相关话题乃至改革的具体方案展示出来，公众可以选择自己感兴趣的话题和方案进行点赞。点赞其实是一种新型的参政方式，通过点赞，能汇集民意，为相关部门决策提供参考，从而在点赞中实现新闻参政的功能。这些点赞内容涉及与民众政治生活息息相关的金融改革、农村改革、教育改革、社会保障、反腐败等多个领域，使公众的新闻参政深入政治的各个角落，新闻参政呈现出生活化趋势。

3. 新闻参政日渐理性化

媒介化社会的来临，使媒体这一号称“第四权力”的大众参政工具对政治民主进程产生了全面而深刻的影响。我国民众的新闻参政经历了一个由知晓到认同、由认同到运用的过程。在这一过程中，民众的新闻参政走出了非理性和暴力的困境，走上了理性化的征程，公众不再对新闻参政予以漠视或滥用，而是认识到它的有效性，并日渐自主地运用。

4. 新闻参政的复杂性与差异性共存

新闻参政的复杂性与差异性主要表现在参与主体、动机、态度、内容及目标的复杂性与差异性上。如前所述，新闻参政的主体即参政者，主要有民主党派、政协、媒体记者及其他社会公众等，这些主体的身份是极端复杂的，且在现实社会和媒体构建的虚拟社会中，包含着以实名形式参政的公民和以虚拟身份参政的媒体使用者，还包括出于共同的利益追求及兴趣爱好等组合而成的社会团体及网络共同体等。这意味着参政主体所扮演的社会角色极为复杂，且不同层次的主体的参政动机、态度也会有所不同，这些都会使得其在参政行为上表现出较大的差异。

5. 新闻参政尚处于初级阶段

当前，我国大众传播媒体发展突飞猛进，人们已经认识到信息传播对人类社会发展的巨大推动作用，各级行政机构都在致力于信息化建设，并取得了瞩目的成就。但相比西方发达国家，我国的信息化水平依然相对落后，具体表现为媒介化水平不高（特别是在欠发达地区）、“数字鸿沟”依然存在、传统的政治文化观念的影响、民众的政治社会化水平偏低等，这些都直接影响着新闻参政的发展。总体上来说，我国的新闻参政尚处于初级阶段。这使得我国的新闻参政发展呈现出非均衡状况、社会及媒体共同体的新闻参政尚处于“萌芽”状态、非理性的参政仍然存在、参政的制度建设相对滞后等不足之处。

6. 新闻参政仍存在攻击性行为

“虚拟现实的政治——是指那些有可能永远地模糊真实和虚幻之间技术界限的技术，将给政治带来的影响”①。“数字革命在它的深层核心，是与权力相关的”②。这主要揭示一个事实：网络社会已成为现实社会的延伸，并已成为政治活动（包括政治参与）的重要场所。这为非理性的参政者提供了新闻参政中的攻击空间。

综上所述，社会大众对于使用新闻媒体参与政治表现出了很大的热情，其新闻参政日趋常态化、生活化，并逐渐走向理性化，但由于我国的新闻参政仍处于初级阶段，因而在新闻参政中存在着复杂性与差异性共存的局面，且仍会伴随着非理性的因素，这是由社会大众自身的特点决定的。作为社会成员，他们急切希望表达自己的观点，并希望自己的观点能被社会主流认可，但他们又往往存在着思想认识不成熟、社会经验相对缺乏、容易受他人蛊惑等缺点。新闻参政所造成的大量信息聚合也会造成政治权威的消减、价值选择和利益诉求的多元，在当前相关领域法制仍不健全的情况下，不利于政治认同的形成以及社会的长治久安。但社会大众的新闻参政仍然体现出了极大的社会价值，对推动国家政治改革起着重要作用，是我国社会主义现代化建设中不可忽视的巨大力量。在社会发展中，作为提高公民政治参与水平和能力的有效路径，其存在及完善极为必要，且是一项必须予以

---

① ［美］马克·斯劳卡．大冲突：赛博空间和高科技对现实的威胁［M］．黄培坚，译．南昌：江西教育出版社，1999：124.

② ［美］马克·斯劳卡．大冲突：赛博空间和高科技对现实的威胁［M］．黄培坚，译．南昌：江西教育出版社，1999：124.

重视和推进的紧迫任务。

（二）新闻参政的发展态势

我国公民通过新闻媒体参政议政热情极其高涨。近年来，一个不争的事实是，不管是中央还是地方政府，都对社会大众通过新闻媒体的参政持包容、理性、乐观的态度，并积极倡导。这必将对我国新闻参政的发展产生巨大影响。

1. 参政的领域将更广更深

伴随着新媒体的普及与发展，新闻参政环境将会更加优化，新闻参政必然向宽领域、纵深处发展。

2. 参政的方式日益多元化

目前的新闻参政方式主要有三种：一是表达个人利益要求；二是参与重大事项讨论；三是表达政治情感。随着媒体技术的完善和参政环境的改善和优化，新闻参政的方式在具体表现形式上必然会朝着多元化方式迈进。可以肯定的是，在一定层次和一定范围内，具有全新特点的网络等投票行为将会出现，而且诸如网络投票等参政方式将会逐渐被广泛运用，必将对我国民主政治的进程产生异常深刻的影响。

3. 参政的复杂性将会逐步呈现

一方面，我国正处于社会大发展、大变革时期，各种利益和矛盾交织缠斗的现象越来越明显，这对我国政治发展和民众的参政带来众多不确定因素；另一方面，伴随国际化程度的提高和国外媒体的抢滩登陆，外国思潮将会对我国的新闻参政理念和行为产生较大的影响。这些因素的交织将会导致我国的新闻参政出现复杂的情况。针对这种趋势，政府主导新闻参政和强化对新闻参政的管理，乃是推进中国民主政治发展的题中之义。

4. 网络媒体的新闻参政会成为新主流

资料显示，截至2013年12月，我国网民规模达到6.18亿，互联网普及率为45.8%，论坛达到14098万个，博客和个人空间数量为4.02亿，网民每天发布的博文超过600万篇，各类论坛每天新帖文不计其数。国务院新闻办曾公开表示“言论发达是中国互联网的一个鲜明特色，互联网的发展，大大拓展了人们的言论空间”。我国民众通过网络发表意见和建议，也就是在行使自己的民主权利，这是一种参政的便捷方式。借助互联网问政，正是我国民主形式日益丰富、民主政治不断发展的新表现。互联网已经成为中国民众自由表达意愿、参政议政的重要渠道，是十分重要的话语平台。如2008年6月20日，胡锦涛通过人民网与网友在线亲切交谈，并指出“互联网是做事情、做决策，了解民情、汇聚民智的一个重要渠道”。2009年“两会”前夕，温家宝曾亲临中国政府网、新华网与网民畅所欲言。温家宝说：“我从人民网等网站上几十万条网友留言里感受到期待和鞭策，也看到了一种信心和力量。”他还说：“我要鞠躬尽瘁，死而后已，真正做到无愧于人民，我是带着真心、真意、真情来同网友们交流的。”这些真情的话语，是对社会民众通过网络进行政治参与的认可和肯定。此外，汪洋、韩正、袁纯清等众多时任省部级以上领导都曾亲临网站与网民展开平等、互动的交流，通过网络集纳民意、民智。

第三节　新闻参政的规律及启示

一、新闻参政的规律

随着时代的推移，新闻参政理论的内涵和外延也不断发生变化，并在各个时代，在中外各国显示出不同的特征。但不可否认的是，古今中外的新闻参政都是有规律可循的，这些规律主要体现在以下几个方面。

(一)服务政治统治始终是新闻参政的核心

服务政治统治始终是新闻参政的核心，也就是说，新闻参政是为政治服务的。新闻事业始终与政治有着千丝万缕的联系，从来就是统治者屡试不爽的舆论工具。作为新闻事业发展的表现形式之一的新闻参政，其目的是能在朝野起着监督统治者决策和施政的作用，为统治者建言献策，或批评时政谬误，这些都是为了改良政治管理，服务政治统治。

(二)制度建设始终是一个重要内容

制度建设在新闻参政发展过程中一直占据极为重要的位置。在部门或者官员方面，自舜开始，就设置了相应的纳言官，周朝时又有采风，汉代采诗，唐宋时期有邸报，明清时期有通政院，中华人民共和国成立后有专门的宣传、信访部门，现在又有新闻发言人。这些行使着新闻舆论搜集、传播社会信息的官员或者部门，其言行都有一套制度规范。同时，在信息选择、宣传方针、参政内容等方面，也有相应的规范制度。随着新媒体的发展和普及，公众的媒介接近和使用权大大增强，在公众传播信息、参与政治讨论等方面，国家相应的制度规定更为具体。此外，国家还在不断推进新闻参政的法律、机制及体制等方面的改革创新，力求最大限度地发挥新闻参政的效应。可以肯定的是，制度建设将会一直伴随新闻参政的历史进程。

(三)增强民众的参政意识，不断加强参政者的思想建设，提高参政的能力和水平

在每个历史时期，新闻参政都有着特定的参政主体，即参政者。随着历史的发展进步，参政者的范围不断扩大，直到进入全民参政时代。目前，全民参政的时代依然还没有到来，原因为社会阶层分化还比较严重、地区发展不平衡、媒体普及程度不同、媒介化水平不一致等，这些都使得全民参政仍有较长的路要走。但是，在网络、自媒体等不断普及、不断飞入寻常百姓家的大趋势下，越来越多的人都会拥有自己的媒体，全民参政时代将会来临。随着参政者范围越来越大，参政议题所涉及的领域越来越广泛，参政者的思想和水平将会是影响参政效果的重大因素。因此，切实增强民众的参政意识，大力加强参政者的思想建设，提高其参政能力和水平，是题中之义。

(四)新闻参政是媒介的一种特殊的监督和批评方式

新闻媒体作为监督和批评的工具性质自古至今从未改变过。中国古代报纸虽然没有评论文章，更没有现代意义上的舆论监督，但邸报一类的中国古代报纸确实作为一种监督和批评统治者的工具存在着，只不过是通过古代舆论监督的理解方式存在的。如明朝万历年间，邸报上就曾经出现过委婉指责皇帝某些言行的奏章，而对官员的指责和批评较为常

见。这点我们可以通过明清时期设置“都察院”等言官制度，让邸报刊登言官弹劾臣僚的奏章，或者通过刊登隐晦的信息来表达特定的意见等方面来窥见一二。在言官制度方面，统治者设立“都察院”，专门负责稽查政府官员的渎职和失职的，都察院御史的奏章，构成了对公众发布消息的官报的重要内容。“公众对朝廷的即兴批评是不允许刊登的，朝廷专门设立了一个检查和报告行政违法的审查机构。都察院（明清后称御史台）御史的条陈成为公开出版的官报的重要组成部分，且经常占据版面相当大的比例”①。而邸报更深层次的舆论表达，实际上是通过某些特殊新闻报道隐晦传达，特别是通过各种天灾、怪异、征兆等事件的报道，表达某种特定的意见，影响政府的决策。

但是，我们也很清楚，即使新闻媒体对政治系统的监督有着巨大的价值，但其仍然只是在制度外起一定的作用，而不能代替司法等去直接解决政治问题，其只是发表公众意见，评判施政状况，供统治者择善而从。因此新闻媒体的参政也只能是一种特殊监督和批评方式。

即便如此，我们仍然需要悉心研究新闻参政，培育社会各界人事、社会公众的参政意识。以便能掌握新闻媒体的传播规律，切实做到善待媒体、善用媒体、善管媒体。在今天，我们都深刻地感受到媒介化社会已然形成，媒体的信息传播范围大大扩展，各种媒体的活力被不断激发，研究新闻参政规律所具有的巨大价值将会被一一发现。新闻参政效果能否充分发挥出来，归根结底在于对参政规律是否尊重。在媒介化社会中，政府形象传播和国家的良治需要充分研究和尊重新闻参政规律，并不断研究和总结新的规律为我所用。

二、新闻参政的启示

新闻参政是一个国家民主程度的重要体现。在民主成为政治文明及政治现代化建设的重要维度的背景下，政府在意识形态、制度安排及政治行为中无不贴上了民主的标签，以宣示自身的政治合法性，从而在公众中赢取舆论支持及政治认同。中国共产党对此有着高度的理论自觉，在党的十八大报告中宣称“人民民主是我们党始终高扬的光辉旗帜”、“人民民主是社会主义的生命”。在民主化浪潮的裹挟下，政治领域内一个重要的变化就是“主权在民的思想广泛传播，民权的崛起削弱了领袖的权威，强人政治、领袖政治正在被公共政治、协商政治所取代”②。正是基于对这一政治趋势的认识，中国共产党在当今的媒介化社会高度认识到传媒这一公共领域的功能，新闻参政也被作为一种有效手段加以利用。由于新闻具有社会公共性，新闻参政在某种程度上实现了“公共政治、协商政治”。为真正地践行民主政治，中国共产党始终在探索着健全社会主义协商民主制度的途径。基于这一政治体系的设计，党和政府在新闻执政上，就不仅只通过媒体新闻来执政，即运用媒体新闻来提高公共政策部门的执政形象、执政公信和执政的合法性，向广大群众传播执政者的决策、方针路线一类的信息以达到贯彻落实的目的，更应通过新闻参政和议政的形式实现社会主义协商民主的价值追求。因此，关于新闻参政，我们可以得出几点启示。

---

①　白瑞华. 1800—1912 中国报纸[M]. 王海，译. 广州：暨南大学出版社，2011：4.

②　骆正林. 公民参政背景下政治传播的策略[J]. 同济大学学报，2012(5)：58.

（一）自舜开始，新闻参政就一直存在并不断发挥着作用

自设置“纳言”官开始，一直到今天，新闻参政活动一直存在。在不同的历史时期，新闻参政扮演着不同等重要的角色，社会越发展，新闻参政发挥的作用越大。新闻参政的发展也推动着政治、经济、文化和法制的发展，为人类社会的发展进步作出了巨大贡献。在今后的发展中，新闻参政将会继续发挥作用，必将越来越受到重视。

（二）新闻参政是民主政治发展的有效手段

“有时，一些游离在新闻大门之外的话题、人物和观点得以通过，进入新闻的报道范围，推动了民主的发展；有时，对于一件事情的审视忽视了其关键问题，影响了公众对于政策的理解和讨论。在一种理想状态下，新闻记者能够了解事件发展最重要的趋势，并能找到最有见地和最丰富观点的消息来源。这些消息来源试图通过争论说服他们的对手，从而帮助公众了解什么才是最好的，而公众也愿意花时间来了解一个重要社会问题的不同侧面。公众的兴趣会鼓励新闻机构和政治家提高公共信息披露的程度”。① 这是新闻参政对民主政治发展作用的经典描述。以当今的网络媒体为例，有人说其第一次真正实现了人与人的“平等”，使不同阶层的、不同种族的人们可以通过网络开展对话和辩论。通过网络，可以使一直处于潜藏和埋没状态的民间政治人才“脱颖而出”，充分发挥他们（这里可以称为网民）揭发、评价和监督政府官员的巨大作用，从而对于官员腐败起到钳制作用，使人民舆论的强大威力得以充分显现。

（三）新闻参政能改变政府的执政理念和方式

随着新闻参政理论和实践的不断发展进步，新闻参政的作用越来越得以体现出来。当前，越来越多的政府部门、政府官员积极利用各类媒体特别是新媒体与公众展开对话和交流，邀请公众进行批评和“拍砖”，展现了政府对公众民主权利的尊重，政府的执政理念发生了转变。同时，政府还充分利用先进的媒体技术来实现政府组织结构以及工作流程的优化、重组，建立精简、高效、廉洁、公平的政府运作模式，以便全方位地向社会提供优质、规范、透明、符合国际水准的管理与服务，使政府执政方式发生了根本转变。

（四）新闻参政对国家法制化建设较有裨益

新闻参政使得各类媒体得以较好地以其自身的方式影响、引导社会舆论，并在法制化建设方面起到助推器的作用。如媒体对孙志刚案的报道促使了《城市流浪乞讨人员收容遣送办法》的废止，对山东省下跪副市长案的报道促使了部分不适用的法律法规的终止，还有众多刑事案件经媒体曝光后得以改判等，都证明了媒体的参与可使司法权力运用得到改善，彰显了新闻参政在推动国家法制化的进程中的作用。

（五）新闻参政的内容和形式应与时俱进

在不同历史时期，新闻参政的内容和形式都在不断发生变化，随着历史的进步，新闻参政的主体范围不断扩大、内容不断拓展、形式不断丰富。与此同时，新闻参政的理念也应与时俱进，不断创新和发展，以使其内容更加丰富、形式更加多样、作用更加强大。

---

① ［美］兰斯·班尼特. 新闻：政治的幻象［M］. 杨晓红，王家全，译. 北京：当代中国出版社，2005：3.

为此，我们要积极提倡新闻参政，充分利用各种媒介，引导新媒体焦点，不断推进政府在政治、经济、文化等方面的改革；改变传统媒体宣传惯性，建立舆情快速反应机制，引导社会热点；畅通主流信息传播渠道，沉下心气倾听群众的呼声，充分发挥社会各界通过新闻媒介参政的积极性，为推动国家经济社会的快速、健康发展开辟更多新渠道。

第二章　新闻参政学的基本理论

新闻参政学是一门新兴的交叉学科，是新闻学与政治学的结合，与法学、经济学、社会学也有较多的联系。新闻参政学以古今中外几千年以来人们政治生活中的新闻参政行为与活动为研究对象，其活动要素包括参政者、行政机关、新闻媒体、参政信息及反馈等。研究新闻参政学，对民主政治的进步、法制的完善、伦理道德水准的提升和加速社会现代化的进程有着巨大意义。

第一节　新闻参政学的内涵及外延

一、从参政、参政学等看新闻参政学的内涵

“参政”一词在唐宋时期就已经出现，当时的参政是一种官名，即参知政事，相当于副宰相，是唐宋时期最高政务长官之一，与同平章事、枢密使、框密副使合称“宰执”。此后各朝均有类似官职，如元在中书省设参政，明在各省布政使下设左右参政，清初各省布政使下设参政。民国时期，袁世凯设参政院，成员也称参政。

中华人民共和国成立后，参政成为参加政治活动的简称，参政有了新的释义，即“参政是对政治、经济、文化和社会生活中的重要问题以及人民群众普遍关心的问题，开展调查研究，反映社情民意，进行协商讨论。通过调研报告、提案、建议案或其他形式，向中国共产党和国家机关提出意见和建议”。①

关于参政学的定义，漆畹生认为，“参政学以马克思主义为指南，以狭义的参政概念为界，以古今中外几千年阶级社会里人们政治生活中的参政行为与活动为探索对象，但以当代社会主义中国里出现的参政行为与活动为考察重点，进行全面、深入而系统的科学研究，目的是以科学的参政理论武装亿万社会主义劳动者，提高中华民族的参政意识和素养，提高全民的参政能力与水平”②。该定义涉及参政学的理论空间、研究对象、方法和目的，是一个相对成熟的概念。

当前，随着大众传媒的发展，新闻媒体作为一种强大的舆论工具和官民沟通的平台，已日益发挥着应有的参政作用。然而，我国对新闻参政理论的探讨已大大落后于实践。如果没有新闻参政学理论作为武装，那么新闻参政工作就难以切实、积极而有效地推进，且

---

① 中国政协的主要职能[OL]. 中国政协网，http://www.cppcc.gov.cn/2011/09/14/ARTI1315980772475886.shtml.

② 漆畹生. 参政学是有中国特色的一门科学[J]. 中央社会主义学院学报，2002(1)：12-16.

往往会陷入形式主义或浪费资源，甚至产生消极后果。因此，研究新闻参政学理论，并及时推广、应用于实践，是一件迫在眉睫的事情。

借鉴参政、参政学的相关概念，结合新闻事业发展的事实，可以得出新闻参政学的内涵。即新闻参政学是在中国民主政治、文明政治发展进程中出现的一种新兴的交叉学科。它以古今中外几千年以来人们政治生活中的新闻参政行为与活动为研究对象，对新闻参政历史及现状、主客体关系、内容及途径等进行全面、深入而系统的分析，以探索其发展规律及基本要求的学科。其研究的重点是当代社会主义中国特有的新闻参政行为与活动。

一般来说，新闻参政活动有两种表现方式：一是公众通过媒体平台将其政治、经济、文化和社会生活中所关心、关注的重要问题表达出来，以向政策研究者或政府机关表明自己的诉求及意见，供决策者或政府机关参考；二是决策者或国家机关通过媒体平台广泛征求公民对于国家政策、法规、执政理念等方面的意见和建议，使之得以修正和完善，作出科学的、民主的决策，促进经济社会发展。

二、新闻参政学的外延

外延是指一个概念所概括的思维对象的数量或者范围。在我国，参政的内容主要有“选择人民群众关心、党政部门重视、政协有条件做的课题，组织调查和研究，积极主动地向党政领导机关提出建议性的意见；通过多种方式，广开言路，广开才路，充分发挥委员专长和作用，为改革开放和社会主义现代化建设献计献策；广泛参与政治、经济、文化和社会活动，对一些共同关心的事项开展评议等等”。① 各民主党派、无党派民主人士和爱国人士参政主要体现在“参加国家政权，并在各级权力机关、政府和司法机关、人民政协担任领导职务；参与国家大政方针的协商和决策；参与国家事务的管理；参与对国家方针、政策、法律、法令执行情况的检查和监督”②。这为我们提供了新闻参政的内容、形式及范围等方面的依据。

新闻媒体被称为第四权力，“现代媒介民主不仅实施了政治监督、民意测验等功能，而且承担了原本应当由政党承担的利益聚合及表达功能，成为跃然于现代社会的第四种权力，人类的政治文明愈来愈成为建立在现代传媒基础上的文明”③。这种第四权力空间规定了新闻参政学的交叉性学科性质，其学科理论知识涉及政治学、新闻传播学、法学、社会学等理论知识。因此，新闻参政学的外延应该包括新闻参政的历史沿革与演变，马克思主义革命家的新闻参政思想与实践，社会主义条件下参政的理论与实践，新闻参政的政治基础，方针政策、法律保障及理论依据，新闻参政的范围、内容、类型、条件、方式、形态与功能，新闻参政的过程分析、活动规律与前景，新闻参政理论研究的意义和价值等。

---

① 杜建新. 关于提高人民政协调查研究能力的研究[OB/OL]. http://www.sohu.com/a/77260291.162441.

② 杜建新. 关于提高人民政协调查研究能力的研究[OB/OL]. http://www.sohu.com/a/77260291.162441.

③ 李异平，李良荣. 我国“媒介民主”的新实践：在建设农村和谐社会中维护农民权益——以《人民日报》、《南方周刊》为例[J]. 现代传播(中国传媒大学学报)，2006(5)：51-53.

可以说，随着媒介技术的进步和新闻参政意识的觉醒，媒体的政治功能正逐渐引起政府、政治家以及普通民众的关注和重视，媒体正在产生着对政治文化传播的强势影响力。不可否认的是，大众传媒在传递政治信息中起着中枢作用，其不仅能够向政治系统输送强大的社会动力，也能为政治决策营造良好的社会心理氛围，更能把社会成员注意力集中于国家的发展大业上。

三、新闻参政与新闻执政

新闻参政其实就是社会各界人士、社会团体(组织)等通过新闻媒体参加政治活动，参加国家政权，参与国家大方针和国家领导人选的协商，参与国家事务的管理，参与国家方针、政策、法律、法规的制定和执行。在新闻参政中，新闻媒体作为一种全新的工具，为人们的参政活动提供了有效途径。相比以前的会议等参政形式，新闻参政比较快速、便捷、直接和广泛，反馈也比较及时。

新闻执政“就是指通过媒体新闻来执政，即运用媒体新闻来提高公共政策部门的执政形象、执政公信和执政的合法性，向广大群众传播执政者的决策、方针路线一类以达到贯彻落实的目的”。新闻执政要达到两个目标，一是保证执政的有效性，即能推动政治、经济、文化等各方面的发展。二是保证执政的合法性。合法性此处特指“政治权力在对社会进行政治统治或政治管理时何以得到社会或民众认可的问题”。①

据此可知，新闻参政是通过新闻媒体参加政治活动，而新闻执政是通过新闻媒体来执行政务。其实，通过新闻媒体，可以在信息的沟通和交流中发现政治管理的优缺点，改善政治治理，促使国家方针、政策、法律、法规的制定、执行和完善。这是一种体制外的监督，为决策提供依据和参考，只是一种政治参与而非直接执掌政权。新闻执政是通过新闻媒体向广大群众传播执政者的决策、方针路线以达到贯彻落实的目的。因此，新闻参政与新闻执政的目的都是为了更好地完善、落实国家大政方针政策，实现政治的良治。不过，通过参政和执政的内涵，我们也可以知道，新闻执政和参政的主客体是对立的，新闻参政的主体是社会公众、社会团体(组织)等，客体是通过信息的交流和监督，以完善国家的大政方针政策。而新闻执政的主体是国家机关，客体是通过信息传递，使广大群众了解国家的执政路线、决策和方针，使之得以落实。但是，无论是新闻参政还是新闻执政，借助于新闻媒体这一平台来传递、交流和反馈信息这个环节都是必不可少的。

四、新闻参政与新闻专业主义

新闻专业主义起源于西方，是西方新闻工作者恪守的最主要的职业规范。其坚持两个核心理念，一是客观性新闻学，二是新闻媒介和新闻工作者的独立地位和独特作用。新闻学专业主义要求新闻工作者以客观、真实、准确的态度去报道事实，深入挖掘事实真相。在美国，其媒体最初并不是理想的公共精神载体，其往往被政治偏见所左右。后来，媒体越来越注重经济效益，媒体有了独立的经济地位，使其逐渐成为一个权力中心。当媒体成为一个权力中心后，公众自然希望其承担一定的社会义务，传媒社会公器的职能逐步得以

① 马宝成．有效性：现代政治合法性的政绩基础[J]．天津社会科学，2002(5)：52-56.

体现，新闻工作不仅仅是为政治或经济利益集团服务，而要服务于全体人民，所以新闻媒体的运作应该是完全独立的，不应臣服或接受除行业规范之外的任何权力或权威的控制。这是新闻专业主义的来源及主要内涵。

经过20多年的新闻改革，我国新闻事业已经涉及很多符合专业主义的内容，如反对“假、大、空”，反对“有偿新闻”，积极提倡以事实说话，强调贴近生活，提高媒介的服务性，提倡新闻业的职业伦理，呼唤“舆论监督”以及内容采编和经营分离等。在这种情况下，我国的新闻“专业主义”呼之欲出，新闻“专业主义”的理念和实践，成为重构媒介和新闻从业者的社会角色与功能的重要支撑。

这样一来，新闻专业主义就与新闻参政扯上了关系，新闻专业主义要求新闻媒体实事求是、客观公正地报道事实，要求新闻媒体不应臣服或接受除行业规范之外的任何权力或权威的控制，对政府工作实施监督。而新闻参政要求新闻媒体从第四权力或独立话语空间的角度对政府的施政措施和行为进行报道和交流，肩负起舆论载体的职责，为改善政府的治理服务。新闻媒体要更好地监督政府行为，建立社会公众、社会团体(组织)与政府间交流和沟通的平台，更好地传播信息，促进经济社会发展、民主进步，必须具有一定程度的独立性，以便客观公正地传播信息，挖掘事实真相，这也是新闻专业主义所要求的。

但新闻媒体不能完全摆脱政治控制，新闻专业主义只是一种带有一定的理想主义色彩和强烈反权威精神的理念，这与新闻参政服务于政治统治与改善民生的目的是不一致的。其只在于要求客观报道，揭露事实真相，但本身没有改善政治统治的诉求，只是要求新闻媒体独立于政府权威之外来报道。

新闻参政在信息传播中要借鉴新闻专业主义的客观、真实、独立自由的思想。但新闻参政不能像新闻专业主义一样力求摆脱政府权威和政治规范，而是以传递和沟通信息为己任，力求在搭建参政的信息桥梁，为政治、经济、文化的发展进步提供决策参考，为改善政府治理服务。

第二节　新闻参政学的基本要素及特征

一、新闻参政的基本要素

新闻参政的基本要素是指使新闻参政过程得以成立的各种必需要素。一般来说，新闻参政主要包括参政者(含民主党派、政协、媒体记者及其他社会公众)、新闻媒体(媒介)、行政机关(政策研究者或政府机构)、客体(国家政权系统及其决策和政策)、信息及反馈等。

(一)参政者

参政者是指借助新闻媒体将自己在政治、经济、文化和社会生活中所关心、关注的重要问题表达出来，以向政策研究者或政府机关表明自己的诉求及意见的社会大众。目前，我国新闻参政学所指的参政者应该包含民主党派、政协、媒体记者及其他社会公众。由于社会转型导致的利益重组、大众传媒的普及、受众参政意识的觉醒等原因，使得新闻参政成为一种新的社会潮流和现象。参政者通过新闻媒体直接向政府机关表达自己的利益要求、参与重大事项讨论、表达自己的政治情感并对政府机关的运行进行监督。

（二）新闻媒体

新闻媒体（媒介）是新闻参政的平台和载体，没有新闻媒体（媒介），也就无法实现新闻参政。在新闻参政的过程中，新闻媒体（媒介）将民主党派、政协、媒体记者及其他社会公众（网民）的意见和诉求传递出去，引起政府机关的重视，并有可能改变政府的执政理念和促使法制的完善、制定或废止。当政府部门需要调整和改变管理方式和政策法规时，也往往通过新闻媒体（媒介）向广大公众传播。同时，新闻媒体（媒介）还承担着对参政者传播的信息及政府发布的信息进行把关的职责。

（三）行政机关

行政机关又叫管理机关，在法律上和实践中通称为政府，指统治者运用国家权力，通过强制和非强制手段对国家经济、政治、教育、科技、文化、卫生、国防等事务进行组织和管理的机关。国家行政机关是国家机构的重要组成部分，其体制、职权由宪法和法律规定。行政机关承担着维护社会治安和社会秩序、管理社会经济生活及促进经济发展、提高全民族的科学文化素质和国家文化软实力、提供公共服务等职责。其根本宗旨是全心全意为人民服务。要充分发挥其应有职能，实现全心全意为人民服务的宗旨，除不断对各领域进行发展攻略外，行政机关还必须广开言路、充分收集社情民意，开展舆情研判，以使施政纲领更加符合实际，施政效果更加明显，让百姓合理的利益和诉求得以关注和满足。

（四）客体

在传统政治活动中，参政客体主要是指政府及其官员的行政行为、政策决策、社会公共生活等社会政治体系。① 不管是传统的政治参与还是新闻参政，其参政客体都是指向国家政权系统及其决策和政策。

（五）信息

这里的信息特指参政信息，指参政者传播出来的有关其对政治、经济、文化和社会生活的看法和意见建议方面的信息，也包括政府对参政者传播的信息进行反应或反馈的信息。信息是将其他的参政要素联系起来的纽带，新闻参政过程中的任何环节都包含信息的传播、处理及反馈。

（六）反馈

反馈指“受传者对接收到的信息的反应或回应，也是受传者对传播者的反作用”。② 在新闻参政过程中，参政者与政府部门分别扮演着双重角色，即既是传播者又是信息作用者，参政者的信息被媒体报道后，引起有关政府部门的重视，使之作出反馈。而政府部门改进治理的信息或者针对参政者的意见和诉求作出的反馈信息，经由媒体报道后，被参政者关注并能引起参政者的反馈。所以说，开明的政治治理，使得新闻参政大有可为，并在参政者和政府机构间形成双向交流、互动和反馈。

---

① 黄碧钗．关于网络参政的哲学思考［D］．福州：福建师范大学，2012.

② 郭庆光．传播学教程［M］．北京：中国人民大学出版社，2010：49.

二、新闻参政的特征

（一）信息传播的及时性、平等性

信息、传播的及时性和平等性是新闻参政的最显著的特征。在新闻执政的过程中，行政机构必须及时、有效地将社会治理信息发布出去，参政者必须及时、有效地传播自己的参政信息。对于行政机构来说，面对汹涌的舆情，不能久拖不决，迟迟不发声。更不能“捂着”、“盖着”，任由公众质疑、任由事态发展。同时，行政机构应树立平等的传播理念，不能分阶层、分级别传播信息，要面向所有社会大众统一发布信息。而参政者的信息也可以通过媒体直达行政机构的视野，不受等级和级别的限制和阻挠。

（二）参与内容、行为的广泛性

伴随着新媒体的发展，信息传递再也不受时间、空间及地点的羁绊，只要具备上网条件，任何人都可以通过政务微博随时了解政府最新的施政动向，并及时发表意见和见解，参与到政治生活中来，参与的范围、行为极为广泛。

（三）政治参与的直接性

新闻参政猛烈地冲击着传统的参政方式，随着政治、经济和文化的发展，加之国家对民生问题的重视及公众社会权力的提升，公众直接参与政治的欲望不断增强，新闻媒体特别是新媒体为公众参与社会公共事务的讨论提供了便捷渠道，传统参政在地域、信息获取途径和信息沟通方式等方面的限制被突破，公众可以直接向行政机构表达自己的利益诉求，能直接参与政治决策和表达自己的政治情感。因此，在作出政治决策和立法活动前，相关部门总会预先通过媒体征求公众意见，公众的意见会对决策和法律制定产生重大的影响。新闻参政使得民众直接参政议政成为可能。

（四）对政府治理的改良性

新闻媒体将政府机关和社会公众的关注聚集设为议程，为其选择好讨论主题，并为行政机关做好应急预案。当新闻媒体将社情民意汇集于行政机关时，会为其决策提供参考，解决百姓关注的问题，改良政府治理。

（五）一定程度的混乱与失序性

在新闻参政的过程中，四面八方的信息奔涌而来，在人声鼎沸的吆喝声中，受从众心理的影响，“沉默的螺旋”现象就可能出现。近年来的事实证明，每次有重大事件发生，就会在社会公众中引起激烈的讨论和强烈的反响，并且迅速形成舆情进而产生强大的舆论压力。倘若参政者从自身利益出发，在滋生的政治观念、政治信仰与利益的驱动下，往往使诉求信息具有一定的偏向性与狭隘性，造成网络参政的混乱与失序。

（六）效果的直接性

由于参政者主动意识强烈，加之通过媒体可以足不出户地参与政治，这不仅扩大了民众的参政范围，同时也提升了他们参政的热情，提升了他们政治参与比较效能。在当前国家高度关注民生的大环境下，民众的呼声必会得到倾听，参政效果更为直接、明显。

第三节　新闻参政学的研究对象及方法

一、新闻参政学的研究对象

一门学科必须有其研究对象，否则就失去了存在的根基。要了解新闻参政学的研究对象，必须先弄清楚其研究范畴。纵观数千年来国内外新闻参政行为及活动，结合有关新闻参政的各种思想及研究，可知新闻参政学的研究范畴应该包括：新闻参政的渊源、本质、内涵、特征、意义、历史比较、国际比较、发展规律，新闻参政同新闻执政的关系、参政者同执政党的关系、参政党参政同群众参政的关系，以及参政的功能及途径等。据此，我们可知，新闻参政研究的对象为：古今中外几千年来人们政治生活中的新闻参政活动、现象、方法及其规律。借用兰斯·班尼特的一句经典话语来说，新闻参政要探讨的核心问题其实就是"作为国家政治信息体系的新闻是如何服务于民主需要的"。

新闻参政学必须研究新闻参政活动及现象，这是其学科得以成立和发展的基础。新闻参政学只有不断探讨古今中外的新闻参政活动，才能弄清新闻参政的渊源及发展历程，并由此总结其存在的原因及意义，以及其发展动态。

新闻参政学也必须研究新闻参政的方法。方法是个工具，是个技巧问题，任何学科都有其特定的研究方法，没有方法，就失去了挖掘相关领域的价值和广度、深度的工具，就难以得其真谛。只有形成一整套行之有效的办法，才有助于人们进行深入研究和广泛使用，才能推动理论和实践的发展。

新闻参政学同样也必须研究新闻参政的规律。规律是事物内在的、本质的、必然的联系，是决定事物发展趋势的东西。研究新闻参政的规律，不但可以弄清数千年来人们新闻参政的一般特征，而且可以推测其未来的发展走势，还可以探索有关新闻参政的更为深层次的东西。

综上所述，新闻参政学有着自己的研究对象，而且其空间领域正在不断扩大，这也是新闻参政学成为一门学科的原因。

二、新闻参政学的研究方法

关于"方法"一词，学者一般认为其来源于古希腊文，在古希腊语中，它由"遵循"和"道路"两部分组合而成，意为遵循某一道路，即按照一定的顺序和步骤推进，以实现一定的目的。从人类文明史和学术史上看，理论和方法是同时产生的，并且从来就是相互联系的，就学术理论而言，"方法并不是外在的形式，而是内容的灵魂和概念"①。"方法是每门学科首要的基本问题，它不仅是一门学科成熟与否的标志，也是一门学科是否得以顺利发展的基本前提和必要条件"②。

概括来说，新闻参政学比较常见的研究方法主要包括宏观研究与微观研究、基础研究

① [德]黑格尔．小逻辑[M]．贺麟，译．北京：商务印书馆，1980：17.

② 王仲兴，李波．我国犯罪学研究方法与方法研究[J]．政法学刊．2006，23(6)：52-58.

与应用研究、定性研究与定量研究、内容分析法、比较研究方法等。

（一）宏观研究与微观研究相结合

宏观研究是对于新闻参政的总体趋势及特质的把握，微观研究则是对其进行具体的探索；宏观研究侧重于新闻参政理论的探讨，微观研究适合于其业务领域的探究。

（二）基础研究与应用研究

基础研究是对新闻参政基本概念、基本规律的研究，应用研究则对这些规律在社会中如何作用进行研究。

（三）定性研究与定量研究

定性研究侧重于用语言文字描述以及探索新闻参政事件的现象及问题，而定量研究则是用数字来描述、阐述及提示新闻参政的现象及问题。可以说，定性研究告诉我们“为什么”，定量研究告诉我们“有多少”。

（四）内容分析法

内容分析法是新闻与参政学领域常用的一种研究方法，是一种对具有明确特性的参政内容进行的客观、系统和定量的描述的研究。

（五）比较研究方法

比较研究是确定对象间异同的一种逻辑思维方法，即根据一定的标准，对新闻参政在不同情况下的不同表现，进行比较分析，从而找出其普遍规律及特殊本质，力求得出符合客观实际结论的方法。

此外，新闻参政学的研究方法还有控制实验法及个案研究法等。新闻参政学作为与社会学、政治学、法学、新闻传播学联系极为紧密的一个新兴学科，其研究方法也显得非常重要。新闻参政学之所以成为一门学科，得益于其能不断发展及应用它固有的方法。我们不能轻率地利用新闻去干预政治，特别是当其含有价值判断和利益诉求时，我们必须谨慎审查新闻参政与国家利益、社会发展和群众得实惠等原则是否相符合，在情理上是不是恰当。倘若不尊重一定的方法论的话，这些要求都无法完成。因此，要熟练掌握上述研究方法。

第四节　新闻参政：民主、法制、伦理与现代化建设

一、新闻参政与民主政治进程

新闻参政已成为新时期具有中国特色社会主义民主政治的新景观。参政者通过新闻媒体这一有效载体，广泛地参与党和政府决策、政策的讨论中来。在网络媒体中，政务微博、政府信箱、政策讨论区等已经成为社会公众（广义上的参政者）经常光顾的地方，这些参政者能针对各类社会问题提出不少实质性的建议。每逢党的代表大会和人民代表大会期间，自媒体等热议国事的现象司空见惯，人大代表通过网络等媒体征求议案和意见的情形屡见不鲜，充分说明了新闻参政已经成为社会公众民主参政的重要渠道和方式。广大民众在信息化时代的新闻参政行为，是我国民主政治形式不断丰富的重要表现，必将对我国

民主政治进程产生重大而深远的影响，新闻参政也必将成为我国民主政治发展的重要特色内容之一。

（一）新闻参政促进了民主理论的发展

"民主政治与政治参与是水乳交融、相互促进、共同发展的。从一定意义上说，没有广泛自主、平等的政治参与，就不可能实现真正意义上的民主政治"。① 在信息化时代，作为一种新型的政治参与形式，在促进民主政治的进程、推动民主理论的发展等方面，新闻参政必将发挥巨大的作用。

1. 新闻参政凸显"参与民主"

新闻参政凸显"参与民主"。得益于电子信息技术的发展，自20世纪80年代开始，"参与民主"的条件日渐成熟，使"参与民主"又以新的形式活跃起来。网络等媒体的新闻参政为公众带来的成功感，极大地提高了他们的政治主体意识与参政兴趣。对公民来说，透过媒体不仅有更多的机会了解政府在做什么、如何做，还可以及时地发表自己的意见，并参与政治决策中来。这使基层民主、咨询民主、审议民主等民主政治形式得以通过新闻参政来实现，凸显了"参与民主"。

2. 网络等新媒体的参政直接促使了"电子民主"的诞生

伴随着新媒体的诞生和发展，民众的意见表达有了电子空间这一新的空间，这一空间拆除了人类的种族和文化等方面的藩篱，极大地拓展了人类生存和发展的时空领域，网络等新媒体的参政催生了新的民主政治形式——"电子民主"。

3. "协商民主"正逐渐成为新的民主政治潮流

当前的三大"协商民主"——决策式的协商民主、治理式的协商民主、社团或政府式的协商民主，都有多元、平等、参与、开放等特征。随着社会分化和利益多元化，产生了对适应多元化的社会需求的运作机制的诉求，为协商民主的诞生奠定了社会基础，并为其注入了新的动力，促成了"协商民主"的产生和发展，并使之成为了一个独具一格的政治新潮流。

（二）新闻参政已成为党和政府民主决策的重要参考

党和政府要全心全意为人民服务，就要充分了解民众的需求和意见。目前，我国大众媒体飞速发展，社会公众素质不断提高、参政意识不断增强，国家又高度重视民众的政治参与，使得社会大众的新闻参政受到空前重视，并成为党和政府民主决策的重要参考，极大促进了中国民主政治的进程。

（三）新闻参政正成为社会大众表达政治意见建议的新形式

国家提倡社会大众积极参政议政。就社会大众来说，新闻参政是参政的主要方式之一，新闻媒体是社会公众行使参与权、表达权和监督权的重要渠道之一。当现实的参政渠道不通时，新闻参政无疑是社会大众表达政治意见、建议的便捷、有效渠道，新闻参政显然已经成为民主政治的重要组成部分。

（四）新闻参政能促进政治社会化的进程

新闻参政可提高社会大众的民主素养和参政能力，同时通过新闻参政的方式还可以促

① 李斌．网络参政[M]．北京：中国社会科学出版社，2009：164.

进社会大众的时代使命感与社会责任感。对于受到法律、制度等规范的现实的民主参政，必须具备一定的政治素养及能力方能进行，这些素养及能力需要进行实际的锻炼和磨砺，方能日臻成熟。而新闻参政恰恰能给社会大众提供锻炼和磨砺的机会，使其逐渐接受参政的规范。此外，新闻参政还为社会大众提供了言论自由的机会。这些都有利于促进政治社会化的进程。

新闻参政虽然在推动民主政治化进程方面功不可没，但是要真正实现新闻参政成为民主政治发展的一部分，还有较长的路要走，还有许多事情要做。新闻参政可作为民众民主参政的新形式纳入民主政治发展的议题之中，但这需要各级人大代表及党政机关的共同努力，并需要加强新闻参政的监管，防止新闻参政的暴力化和非理性化。

二、新闻参政与法治建设

目前，我国新闻参政的理论探讨远远落后于实践，尚未发现专门的著作，甚至连论文都没有一篇。既然没有专门的理论探讨，相关的立法也就不存在。但新闻参政已是实实在在的活动，且已成为我国民主政治的一个重要组成部分，其立法诉求极为强烈。新闻参政的立法对完善我国参政的法律有着积极意义。此外，新闻参政本身对我国的法治建设有着巨大的现实意义。

(一)新闻参政的立法诉求

目前没有专门的新闻参政法规，虽然可以归类到参政法等法律制度里面，但网络等新媒体在参政中会对信息安全带来巨大挑战，诸如言论自由与诽谤、知情权与隐私权、政务公开与国家安全、政府在新闻参政中的作为等，没有明确的法律法规界定和规范是有很大危害的。因此必须制定相关的法律法规。

1. 针对行政机关在新闻参政中相关职责的法规

新闻参政要发挥其作用，实现行政机关的科学决策和民主决策，行政机关和广大参政者之间必须有良好的沟通和互动。参政者作出的参政行为，需要得到行政机关的积极回应。然而，在参政过程中，行政机关如何回应，如何跟踪、落实问政情况，是一个重大问题。如果行政机关消极应对怎么办？或者行政机关粗暴处理怎么办？这些都无明确法律规定，新闻参政的法律较为滞后。

2. 针对新闻参政者权利和义务的法律

新闻参政者具有知情权、参与权、表达权及监督权，新闻参政者可以对行政机关的管理理念和方式发表意见。但意见的表达必须文明、规范、符合相关法规。因此，社会公众的政治参与迫切需要立法来规范。

3. 新闻参政的其他相关法律制度

新闻参政的其他相关法律制度主要包括完善议题内容审查制度、新闻参政的信息公开法律制度、新闻参政的责任与考评法律制度、保护发帖举报人的法律制度、新闻参政监督的法律制度等。

(二)新闻参政对我国法治建设的意义

除自身的立法诉求呼吁新闻参政立法，完善自身领域的法律外，新闻参政还能推动整个法律的建立、完善及参政者法律素养的提升。

1. 新闻参政能推动法律的完善

在新闻参政中，新闻媒体对某些具有“法律漏洞”事件的报道，引起人们的关注，形成舆论强势，促使相关部门完善相关法律。如孙志刚事件等。同时，参政者通过新闻媒体传播自己对国家法制状况的评价，对某些领域法律存在缺陷的指责，也能引起有关部门的重视并完善相关法律。

2. 新闻参政能加速创建社会主义法治国家的进程

新闻参政能监督法律的实施过程，通过新闻报道形成舆论压力，有效地促使司法独立，并能使执法部门公正执法，严格按照法律程序办事，加速创建社会主义法治国家的进程。但在新闻参政中必须避免“媒介审判”现象。

3. 完善媒体舆论监督的法律法规

在保障参政者言论自由的情况下，要有效地规制其言论行为，防止其侵犯公民合法权益或社会公益。这必须建立健全新闻媒体舆论监督的各项法律法规，实现新闻媒体虚拟社会法制化的建设与管理，打造良好的舆论监督环境。这是当前我国政府推进新闻媒体舆论管理的当务之急。新闻参政能促使舆论监督的各项法律法规的产生和完善。

4. 提升参政者的法律素养

在新闻媒体舆论法制化建设的过程中，参政者的法律意识也会随之提升。参政者不仅要能遵守新闻媒体相关法律法规的规范要求，还要能够以自身的力量推动新闻媒体舆论法律法规的制定。这对提升参政者的法律素养有较大的裨益。

综上所述，新闻参政对我国法治建设的重要作用不言而喻。

三、新闻参政与伦理考量

在媒介化社会中，公众的媒介接近权大大增强，各类媒体特别是新媒体，已突破地域和时空的限制飞入了寻常百姓家中，通过新闻媒体进行交流和沟通成为了人们生活的重要组成部分，新闻参政也成了百姓过问政治的新方式。在新闻参政中，媒体在维护社会良知和正义方面起着不容忽视的作用。但由于参政者具有不同的背景，致使新闻参政中的伦理问题成为不得不面对和解决的棘手问题。

关于新闻参政的伦理问题，笔者拟从原因、规范原则、对策这三个方面来讨论。

（一）原因

新闻参政伦理问题的突出，是有着深刻的原因的。主要体现在以下几个方面：

1. 新兴媒体的开放性和隐蔽性消解了参政的责任风险

新媒体的开放性、隐蔽性及个性化等优势，在很大程度上消解了责任风险，使得一些缺乏社会公德的人能够肆无忌惮地传播信息。而这些信息往往是非理性的，是从自己的一己私利出发，伴随着大量的谣言，让社会正气受到污染。

2. 滥用“人肉搜索”、无视公众隐私

在新闻参政中，由于见解、意见不同，或者利益区别，以及一些言论过于暴力及非理性化等原因，致使某些发言者成为众矢之的，遭致“人肉搜索”。“人肉搜索”彰显了社会公众伦理意识的觉醒以及对自由、公平、公正的伦理精神的追求，其拓宽了舆论监督渠道，使一些邪恶行为无处躲藏，增强了道德的约束力，对反腐败也起到了重要作用。但

“人肉搜索”允许搜索者在未经当事人允许的情况下对当事人的隐私进行大肆侵犯。这往往对某些新闻参政者带来伤害，不利于新闻参政的长效及良性发展。

3. 传播虚假信息，企图影响或制造伪民意

通过新闻参政，政府可广泛汇集民意，但这些民意并不都是真实的，在参政中也有不少虚假信息和伪民意。如果某些参政者被这些虚假信息或伪民意所蒙蔽，就会在更大的范围内形成效应，像滚雪球一样不断放大这些虚假信息和伪民意，欺骗越来越多的人，使政府舆论被一些极端主义者所操控，造成巨大的负面影响，参政道德底线受到重创。

4. 行政机关伦理失范

在新闻参政中，一些行政机关丧失伦理道德，使公共权威受到巨大践踏，以致失去了民众的信任。如滥用职权、贪污受贿、徇私舞弊等。行政机关工作人员伦理的失范，遭致新闻参政者的愤慨和攻击，使新闻参政陷入困境。

5. 新闻工作者职业道德失守

新闻媒体承担着监测社会环境、协调社会关系、传承文化及教育民众等职能。新闻媒体要以广大人民利益为重，要坚持播报真实和有价值的信息。然而，新闻媒体不作为或者歪曲事实、胡乱作为的情况时有发生，使公众受到误导、百姓受到愚弄，新闻参政在媒体的道德失守中被滥用。

6. 现实社会道德的失范

现实社会中的很多事情会被延伸到媒体的虚拟世界中。现实社会道德的失范，必然会使新闻参政中的伦理道德受到巨大的冲击。

(二)规范原则

新闻参政是一个参政者通过媒体平台进行信息传递、交流的过程。在这个过程中，参政者、行政机关要遵循新闻参政伦理的相关原则，以使新闻参政更加文明化，更加充满人文情怀。

1. 许可原则

在道德领域里，恩格尔哈特曾有道德异乡人和道德朋友的区分法。他把具有共同道德前提的人称为道德朋友，把持有不同道德前提的人称为道德异乡人。对于许可原则来说，要求涉及道德异乡人的行动时，必须征得他们的许可，没有征得许可是不具备道德权威的。而当道德异乡人相遇时，许可原则使他们有可能保持一种能协调一致的伦理。现实社会不乏道德异乡人，各种媒体构造的拟态社会更是道德异乡人经常相逢的地方。在新闻参政中，许可原则必须在道德异乡人中建立一种协商机制，彼此尊重对方的价值观和道德观，遵守新闻参政的伦理道德，找到协调方法，解决问题争端。

2. 尊重原则

尊重原则也是新闻参政伦理中的一个必不可少的原则。新闻参政的主体是人而非其他，而人与人之间的相处离不开彼此的相互尊重，这就要求在新闻参政中不得侵犯他人隐私，要充分尊重他人的合法权益及人格，不能造成道德上的伤害。这是新闻参政顺利实施的重要条件之一。

3. 和谐原则

和谐原则包括参政者及行政机关工作人员之间的和谐，也包括这两个群体中各自成员

的和谐，还包括新闻参政与社会大环境的和谐。只有和谐发展，才能朝共同的目标迈进，新闻参政才能取得实效。

4. “三善”原则

“三善”是指“善待、善用、善管”的原则。对于行政机关来说，要学会善待媒体、善用媒体、善管媒体，认真阅读、收听、收看媒体所传播的信息，因势利导地引导舆论，解决好百姓关注的问题。对于参政者来说，要充分利用媒体，行使好自己的知情权、表达权、参与权、监督权等新闻参政权力，搭建新闻参与政治协商、民主监督、参政议政的新形式。

5. 合法性原则

新闻参政必须在宪法和法律规定范围之内来施行，任何违法违纪的行为都是不道德的，都必须被排除。

(三)对策

新闻参政中的伦理道德是一个特别重要且极为棘手的问题，有其产生的深层次原因，也有遵循的原则，要有效地避免伦理失范，必须有一些切实可行的措施。

1. 完善相关法律法规

新闻参政的伦理问题之所以突出，一个最重要的原因是相关法律法规不健全、不完善。要制定相关法律法规，加大追责力度，严惩谣言传播者，严厉打击行政机关的违法犯罪行为；要建立有效的新闻参政的信息沟通和反馈机制，确保上情下达和下情上达。

2. 提升行政机关的媒介素养和道德修养

要发挥新闻参政的作用，就不得不提升行政机关工作人员的媒介素养，使其善于对待、利用和管理新闻媒体，疏通信息，引导舆论。此外，行政主体的道德修养水平直接关系到新闻参政的伦理发展状况，必须加大建设力度。

3. 加大对新闻媒体的监管力度

对新闻媒体的监管不严，也是导致新闻参政中伦理失范的一个重要因素。我们经常发现，当政府的某些政策或者措施有失误甚至引发灾难时，媒体会玩指责政府的游戏，引导愤怒的民众背离政府，而不是想办法帮助政府尝试改变失败的政策或措施。如2011年发生毒黄瓜事件时，西班牙的《世界报》《阿贝塞报》等媒体指责政府在应对该事件时行动迟缓、措施不力，导致西班牙受到不公平对待长达5天之久。这些指责使得民众对政府的愤怒程度不断升级。因此，要加强对新闻媒体的监督力度，提高媒体参政的素养和能力，保证新闻参政在正确的轨道上运行。

4. 高度重视公众的道德建设

当前我国民众的道德建设相对滞后，难以与加快民主政治建设和推动经济发展的呼声相适应，也与新闻参政对道德水平的要求相距较远，因此必须大力推进公众道德建设，培育理性参政者，提升参政的自觉性和道德水准。

5. 培育一批具有较强“道德裁判”能力的新闻参政领袖

“道德裁判”是指民众基于对社会正义和伦理道德的维护，针对某一问题在社会上展开讨论，并对事件相关者进行或褒或贬的评价，促使道德失范者回归道德底线，从而达到自发地构建社会伦理道德秩序的目的。“道德裁判”能惩恶扬善、维护社会公平正义；能对政府实施有效监督，提升政府执政能力；能有效地遏制地方权力对司法的干预，从而促进司法公开。但是道德裁判也有一些弊端需要规避，如容易伤害参政当事人、激化社会矛盾、妨碍司法公正等。

四、社会现代化进程中的新闻参政

此处的现代化，应该理解为发展传播学理论视野中的现代化，即现代化可以看作经济领域的工业化、政治领域的民主化、社会领域的城市化和价值领域的理性化的互动过程。同时，新闻参政的社会现代化建设还包括一个对其自身的发展不断反思和解构的问题。

新闻参政与民主政治化、法制化与理性化建设和发展在前面已经作了详细讲解，这里不再赘述。之所以提及社会现代化进程中的新闻参政，目的是将其作为一种不断反思和解构的理念来探讨。但作为一种理论来探讨时，我们可以将新闻参政的主题和理念理解为：能坚持把国家的发展目标(经济、社会、文化和政治的)放在最重要的位置上，不断追求国家文化和信息的自主，促进国家的民主化进程，扩大上下沟通的政策“对话”以协商国家发展的方向和方式，促进教育进步，普及国家、民族精神。

第五节　当前新闻参政的主要方式及过程

一、主要方式

(一)民主党派的新闻宣传

民主党派等利用新闻媒体对政治、经济和社会工作进行宣传，可以“外树形象、内聚人心”，塑造自身的形象。当前，我国的民主党派利用新闻媒体参政、议政的热情较高，这可以树立民主党派良好的社会形象，让各界了解民主党派的存在价值和历史使命，加强民主党派各级组织的凝聚力号召力和战斗力，增强党派成员的责任感和使命感。

(二)新闻记者参与提案调研

新闻记者具有敏锐的新闻视觉，参与提案调研，能借助其特殊视觉补充委员看不到的角落。再则，记者写出政府工作人员、政协委员提案的报道后，社会提前知道了提案的内容，这就有利于提案的办结。也就是说，借助新闻媒体，能增加提案办理的透明度，把提案办理置于舆论和社会监督之下，提高了承办部门的办理效果，使一些应解决、能解决的问题在短时间内得到解决。

(三)微博参政

微博能使提案“接地气”，微博参政、议政日趋常态化，从电子提案到微博参政，新媒体正在促进各地重大提案高效率和“接地气”。不仅效率高，而且可置于社会公众的监督下运行，新闻参政能力得以极大提升。

(四)举行提案媒体交流会

在重大提案时，要搞清楚几个问题：民间关心的到底是什么问题和制度？各种社会力量如何通过媒体平台参与相关议题中去？代表和委员怎么说？专(砖)家怎么说？“土豪”

怎么说？老百姓又怎么说？要解决这些问题，最好的办法还是新闻参政这一渠道，借助新闻媒体，相关提案代表、委员与各种社会组织、专家及媒体记者畅谈交流。

二、新闻参政的参政过程分析

新闻参政的过程，可以描述如下：事件发生(或提出议案)——媒体集聚报道——引发社会关注——政府介入——采取措施或出台政策(或政府未作出反应)。这个过程可以分为问题得以解决、新闻参政起到实效，以及问题没有得以解决、新闻参政未发挥作用两种情况，分别用图 2-1、图 2-2 来表示。第一种情况如图 2-1 所示，图 2-1 所表示的过程为：新闻事件发生，或者有委员或记者提案、公众发表意见后，新闻媒体加以报道，得到政府的关注，及尽快采取措施或出台政策，解决了百姓最关心的问题。

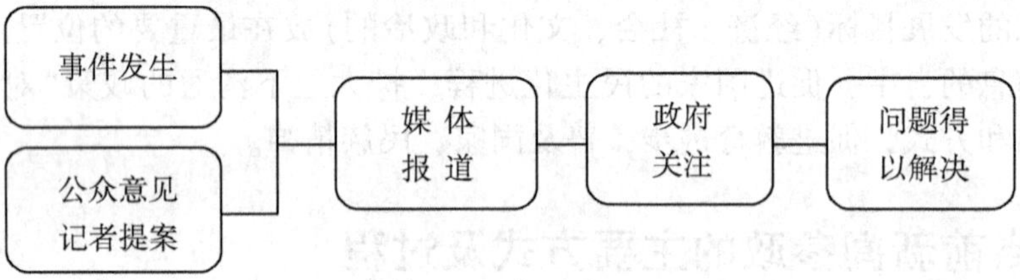

图 2-1　新闻参政过程(一)

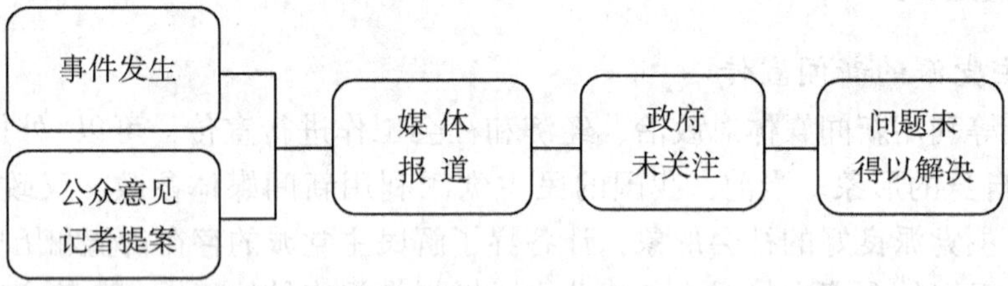

图 2-2　新闻参政过程(二)

如贵州省黔东南州凯里市龙场镇 2014 年 1 月 13 日发生一起爆炸事件，造成 15 人死亡、8 人受伤。经媒体迅速报道后，贵州省委、省政府领导即作批示，要求全力开展案件侦破、伤员救治、死伤者善后等工作，并加强爆炸物管控和隐患排查，坚决杜绝此类事件发生。时任贵州省委常委、省委政法委书记、副省长秦如培接报后即率公安、卫生、宣传等相关部门负责人赶赴现场处置。公安机关刑事拘留犯罪嫌疑人 8 人。2014 年 1 月 15 日，贵州省黔东南州在全州范围内开展禁赌、危化物品大检查和娱乐场所清理整治专项行动。

再如关于贵阳市和尚坡水电八局小区数万人乘公交车难的问题，贵阳公交公司认为那里路窄“弯急”坡度大，大公交车难开进去，况且当地农户的私人营运户不允许公交车进去。这个问题看来难以解决，政协委员就在提案调研时请电视台记者现场报道，居民们见了电视报道，十分欢迎，公交公司领导见了报道也在想办法，私人营运户见了报道，看是大势所趋，也自觉地加入市场竞争，去了“霸气”。结果，公交公司用小型大巴运营，人们拍手称快，这个提案办得相当好，成了“优秀提案”。总结起来，这就叫强势推出提案，痛快办结问题。

当然，也还有些提案，或者公众意见较多的事件，历经多时仍未得到解决的。这是第二种情况，如图 2-2 所示。

例如，贵阳市在花溪公园旁边修地下通道，严重影响花溪的道路通行，不少学生和市民怨言较大。《贵州商报》曾如实报道市民及学生的反映，但是没有引起政府的关注，大家反映的问题最终没有得到解决。

第三章　新闻参政与政治建设

新闻媒介从诞生之日起就发挥着重要的政治作用，在现代政治领域中，新闻媒介对政治的影响可以说是无处不在。新闻媒介参与政治活动，已成为当今社会公共管理的重要主题之一。在这一章里，我们将就新闻参政对政治建设的影响进行探讨。

第一节　新闻参政与政治的基本关系

美国新闻学者威尔伯·施拉姆等人在《报刊的四种理论》一书中，对新闻事业与政治制度的关系进行了分析，认为世界各国的新闻传播制度与其社会政治制度是一脉相承的，并把西方不同历史时期的新闻思想归结为集权主义理论、自由主义理论、社会责任理论和苏维埃理论。

在马克思主义经典新闻理论里，传媒和政治具有天然的联系。马克思主义认为报纸等大众传媒“属于意识形态”，其能够反映出当前的整个时局，进而影响世界。列宁在《苏维埃政权的当代任务》一文中指出，社会主义报刊是为苏维埃群众服务的。邓小平认为，传媒要报道中国“不信邪，不怕鬼的形象”。我国的大众媒体是党、政府和人民的喉舌，政府良好形象建构有赖于传媒的支持、配合与监督。

随着新闻传媒与政治的联系不断加深，新闻参政与政治之间呈现出以下两个趋势：一是以政治为主体的传媒政治化，二是以传媒为主体的政治传媒化。其中，传媒政治化立足于传媒，研究新闻媒介对政治的依附性，以及政治对传媒的控制和制约。政治传媒化则以政治为主体，研究新闻媒介对政治的渗透和约束。① 随着新闻参政的不断深入，政治对新闻媒介的依赖性不断加强。这两个趋势说明，新闻参政与政治两者相互依存，又相互对立；相互影响，又相互制约。

一、政治对新闻参政起着主导作用

新闻参政是新闻参与政治活动，没有政治，新闻参政就无从谈起，新闻报道和舆论监督必须不断从政治活动中汲取资本。为了维护政治统治，统治阶级及其政党向来从法律、政策和纪律、规章制度及新闻来源等多个方面对新闻参政进行控制和引导。

（一）政治指导、控制新闻参政的倾向性

新闻参政受政治影响、受政治制约这是无疑的。特定的政治制度决定了新闻媒介的政

---

① 张蕾. 传媒与政治：大众传媒政治角色的转变——以若干新闻事件为例［D］. 华中师范大学，2012.

治属性和政治取向，政党、政府、社会团体等通过法律、行政、经济等手段促进或限制新闻媒介的发展，其制约体现在对新闻媒介的产权、人权、财权等各方面，最终会具体表现在新闻场内的新闻生产上。首先，统治阶级及其政党通过《新闻法》、《出版法》及《著作权法》等法律对新闻参政进行控制。其次，政党或政府还通过制定新闻政策和宣传纪律等控制新闻参政活动。也就是说，新闻事业隶属于一定的阶级、政党或社会集团，是一定的阶级、政党或社会集团的舆论工具，并为它们特定的利益服务。因此，新闻媒介在参与政治活动的过程中，不可避免地要受到一定阶级、政党或社会集团的制约，因而新闻参政就不可避免地带有倾向性。

在我国，新闻事业是党领导的事业、国家的事业，是社会主义上层建筑的一部分，本身就是社会主义事业的"齿轮"和"螺丝钉"，新闻事业与党和政府拥有共同的利益，共同的政治方向和纪律。例如在中华人民共和国成立前后，新闻媒介的工作主要是宣传党的路线、方针、政策，教育人民，打击敌人，夺取胜利。如今，我国的新闻媒介在参政过程中，则担负着传播政治信息，推动社会主义物质文明和精神文明建设，起着为社会进步提供决策参考、舆论支持和精神支撑的巨大作用，成为党和政府的耳目喉舌。同时，由于中国共产党是全心全意为人民服务的，因而新闻媒体也倾听群众的意见，反映群众的愿望，在党和群众之间架起一座联系的桥梁。

因此，我国的新闻参政就不可避免地表现出服从党性原则、党管媒体的倾向性。党性原则是我国新闻媒介参政要坚持的首要原则。它要求新闻媒介在参政过程中，体现无产阶级的思想意志、政治要求、组织原则和行为准则。具体表现为，在思想上，要宣传党的理论基础和思想体系，以马克思主义作为新闻工作的指针；在政治上，要宣传党的纲领路线、方针政策，使之成为亿万群众的自觉行动；在组织上，要接受党的领导，遵守党的组织原则和新闻宣传工作的纪律。① 而"党管媒体"的体制保证了政治权力对新闻媒介的掌控。"党管媒体"是我国新闻媒介管理的基本原则，是发挥新闻媒介功能、服务发展大局的行之有效的管理方式。② 新闻媒介参政的一项根本任务是服务于党和国家工作的大局。

(二)政治决定着新闻参政的主要内容

政治活动为新闻参政提供了大量的报道线索和信息内容。在新闻媒介的报道中，来自党政的消息和声音一直占有举足轻重的地位，有价值的、与公众密切相关的政治信息也越来越受到关注，有关政治的报道内容也是新闻媒介竞争的焦点。可以说，有了政治活动，新闻参政才有存在的意义和价值。

在西方国家，政治场内的大量信息给新闻场带来了丰富的新闻资源。美英学者研究表明，1949 年至 1969 年，《华盛顿邮报》、《纽约时报》的头版新闻的提供者中，国内外政府官员占消息来源的四分之三。1979 年至 1980 年，美国各地六份报纸均以政府官员为主要消息来源，以行政主管为消息来源的比例最高。在英国新闻媒介中，社会上层人士或精英分子是新闻的主要消息来源，政府官员及政府发言人借此机会提供观点、界定社会现实，

---

① 何梓华．新闻理论教程[M]．北京：高等教育出版社，2002：160.

② 卜宇．新闻场与政治场的互动与博弈——以区域性主流媒体为例[J]．学海，2012(5)：103-109.

并且制造新闻。①

在我国，政治活动也是各级各类新闻媒介的重要新闻来源。其中，党报、党刊以“党和政府的喉舌”的角色，在获取党政信息资源上具有极大的优势。地方党委和政府的重大决策和部署以及重要会议和活动等，都会首先向党报、党刊等新闻媒介提供信息。地方党委和政府各部门为了营造良好的舆论氛围，推动工作开展，也会把自身活动的信息主动提供给党报、党刊等新闻媒介。而对企业化运作的市场类新闻媒介来说，党政等政治权力控制新闻参政的策略之一，就是对其实施“信息补贴”，即党委和政府通过向新闻媒介提供信息或采访的方便，控制和影响公共议程。而新闻媒介在这个过程中，则以较低的成本获取信息，降低了新闻生产的成本。

此外，政治决定着新闻参政过程中的新闻选择。对新闻媒介来说，新闻参政过程中的新闻选择，和其他所有新闻报道活动一样，要同时遵循新闻价值标准和新闻政策标准。一方面，对不同的传播环境的新闻媒介，以及党报、非党报等不同性质的媒体来说，其新闻价值是不同的。另一方面，新闻政策也要求新闻媒介在参政过程中的新闻选择要符合新闻控制者的利益。新闻政策是国家、政党或地方行政机关对新闻事业所规定的活动准则，它是政党或政府管理新闻事业的重要手段和基本方法，其主要是从政治需要出发，注重新闻的宣传效果，即新闻参政后为阶级、政党和国家的政治利益服务的效果。

二、新闻参政对政治具有强大的能动作用

新闻媒介对政治具有能动作用。新闻媒介担负着反映公众意见、愿望和要求的职责，其所具有的公众立场和相对的政治独立性，使其不可能完全受政治的控制和摆布。不仅如此，新闻媒介作为实施舆论监督的主要手段，时常监督着政治活动的运作过程，推动并促进政治的发展。

(一)新闻参政是政府部门实现政治目的的重要手段

新闻媒介是政治的重要组成部分，是统治阶级维护其统治地位必不可少的政治思想武器，离开新闻的政治是残缺不全的。新闻参政是政府部门实现政治统治目的的重要手段。原因有三：一是新闻媒介接触面广、时效快，能以最快的速度向公众提供大量的信息和情况；二是新闻媒介报道的是事实，具有新闻价值，说服力强，有利于说服公众，取得良好的宣传效果；三是新闻媒介定期出版、定期播放，连续不断，有利于向公众灌输统治阶级的思想，反映统治阶级的意志。

拿破仑把报纸比作三千枝毛瑟枪；林肯认为有舆论作后盾，无往不胜，没有的话，无事不败；毛泽东说报纸是组织和指导工作极为重要的工具……上述政治家的观点，均是在长期实践中总结出来的。可以说，“控制了新闻媒介这个舆论工具，政治权力就拥有了代表自己根本利益的公开发言机关，就可以向全社会系统地宣传自己的思想体系，贯彻所制定的政策法令，并反映和引导舆论”。②

---

① 卜宇．新闻场与政治场的互动与博弈——以区域性主流媒体为例[J]．学海，2012(5)：103-109.

② 何梓华．新闻理论教程[M]．高等教育出版社，2002：75.

“媒体作为一个特殊的组织，是‘国家’控制‘社会’的重要手段，是公共管理的重要主体之一，参与政府主导的社会管理的各项进程，在公共管理中发挥着积极的作用。事实上，当今传播媒介作为权力的核心矢量和重要的社会抗争场域的角色越来越难以回避”。①所以，“大众媒体是最接近政府部门的一个较为核心的公共管理主体，是‘意识形态国家机器’。政治权力“通过利用已有技术进行宣传使无意识的听众接受可能符合也可能不符合他们自己或他们成员最大利益的舆论；通过越来越高深莫测的推销术，可以假冒对推销员和顾客来说是共同的价值观”。②

总之，一定的阶级、政党或社会团体掌握和控制新闻事业，通过新闻参政，使新闻媒介在报道新闻、发表评论时，不间断地传播自己的思想，表达自己的政治主张。

(二)新闻参政监督、推动政治的发展

舆论监督是社会主义民主建设的推动力，是人民群众参政议政的重要方式。舆论监督的实现途径和实施手段是多种多样的，但在现代社会，新闻媒介及其传播系统已成为新闻媒体实现监督功能的主要途径。新闻参政是一种权力，是由新闻媒介代表公众对政治权力行使舆论监督的权力。

舆论监督的实质就是公众的监督。对这一性质的认识，在我国社会主义建设过程中，经历了一个复杂而曲折的过程。1945 年 7 月，在设计中国未来蓝图时，毛泽东在回答黄炎培的“其兴也勃焉”、“其亡也忽焉”的疑问时表示：“我们已经找到了新路，我们能够跳出这个周期率，这条新路，就是民主。只有让人民来监督政府，政府才不敢松懈，只有人人起来负责，才不会人亡政息。”刘少奇在 1948 年对华北记者团的谈话中，也提到了有关舆论监督的明确清晰的思路。他说：“你们的报道一定要真实，不要加油加醋，不要戴有色眼镜。群众对我们，是反对就是反对，是欢迎就是欢迎，是误解就是误解，不要害怕真实地反映这些东西。……党的政策到底对不对，允许你们去考察。如果发现党的政策错了，允许你们提出，你们有这个权力。如果你们看到党的政策大体上是对的，但是还有缺点，也要提出来。……你们不仅可以这样做，而且你们的任务就是如此——在群众中考察党的政策执行得怎样。”③这种立足于真实、全面、深刻的新闻报道思想，为新闻事业发挥舆论监督功能提供了政策保障。

新闻媒介广泛地、适时地反映社会公众的意见，在形成和引导社会舆论，实施舆论监督等方面起着十分重要的作用。新闻媒介在参政过程中，完成舆论监督功能的方式也是多种多样的，如通过公开地报道事实、褒贬评价、树立典型、设置议题、组织讨论等。同时，新闻媒介对报道事实的取和舍、抢或压、详或略，以及对新闻、对事实所做的评论即肯定或否定、赞成或反对、倡导还是贬斥等，也表现出自身的政治立场。

社会舆论本身可以成为检验上层决策是否正确的一面镜子。特别是新闻媒介，它是现

---

① 黄月琴．“公共领域”概念在中国传媒研究中的运用范式反思与路径检讨[J]．湖北大学学报，2009(6)：106-110.

② 卜宇．新闻场与政治场的互动与博弈——以区域性主流媒体为例[J]．学海，2012(9)：103-109.

③ 新华社新闻研究所编．新闻工作文献选编[M]．新华出版社，1990：99-100.

代社会人们参政议政的重要渠道，通过这个渠道，社会公众可以在重大决策制定之前或实施过程中，对决策进行广泛的评议和论证，为政府部门提供可靠的社情民意，从而实现决策民主化、科学化。新闻参政对决策的监督，主要表现在对决策过程、决策实施和决策效果的全面评价上。

同时，随着网络等新媒体的发展和普及，新闻参政在惩治腐败、倡导廉政、保持政令畅通、强化执法力度、加强行政管理、提供工作效率、反对官僚主义、监督干部等方面发挥着越来越大的作用。新闻参政以其公之于众所产生的强大威力，形成一股强大的社会批评力量，使监督对象在公众面前接受“审判”，代表舆论监督充当了守望者和卫士。①

第二节 新闻参政与执政党的政策

高度发达的新闻媒介已成为政党必须开发并加以利用的政治资源，传媒政治的形态特征逐渐显现，政党运行模式中的新闻媒介因素的作用越来越明显，新闻媒介对执政党的政策制定、执行和评估、执政环境、自身组织结构等都产生了巨大的影响。

一、新闻参政对执政党政策的影响

政治运转的核心是公共政策，这要求执政党和政府制定良好的政策，有效地执行并正确地予以评估和总结。要实现这些目标，就要求执政党和政府拥有较高的执政能力。在今天，社会阶层越来越多元化，各方利益诉求不尽相同，甚至有巨大的冲突，执政党和政府要想解决各种冲突，维护社会稳定，仅依靠自身力量来处理社会中存在的各种问题显然是不明智的，也是不可能做到的。因此，调动一切社会力量参与解决问题成了不二选择，而这就需要与各个利益群体进行交流沟通，共同发现和解决问题，满足各方的利益需求。毫无疑问，新闻媒体在这方面能发挥巨大的作用。

执政党和政府可以用新闻媒介来收集信息，宣传大政方针政策，进行舆论引导。在新闻执政中，政府部门应密切关注社会各方的意愿表达，掌握社情民意，不断调和不同利益群体之间的矛盾，创造良好的施政环境，进而推动执政党和政府政策良性地运行。鉴于新闻媒体的巨大威力，社会公众也越来越关注它，越来越多地向新闻媒介寻求解决问题、改变政策的可能。面对这一形势，执政党和政府必须正视、重视新闻媒介的重要现实意义，合理地利用新闻媒介，促进新闻媒介的和谐健康发展。

(一)新闻参政在执政党政策的制定中充当着“守门人”、“议程建构者”的角色

随着社会的飞速发展，各种社会问题大量涌现。而伴随着民众维权意识的提升和参政积极性的提高，很多社会问题不容忽视，有些时候，相关政党或部门认为可以忽视或者压根就没有发现的问题突然显性化，顷刻间掀起轩然大波，使政治权力及决策层迅速卷入其中，往往促使相关部门修改有关政策或法规，甚至催生新的法律法规。

促使社会问题向法律问题、政策问题转变的因素不一而足。西方政治学家认为，存在于国家中政治领袖、各利益集团、各政党、民意机构，甚至是选举活动、抗议活动、突发

---

① 何梓华．新闻理论教程[M]．高等教育出版社，2002：187.

事件、特殊事件、大众传播媒介等都是影响公共政策问题认定的重要因素。我国政治学者认为，在当代中国，促使公共政策问题产生的确定性的因素主要有：政治领导人(包括政治领袖和政府部门的权力精英)、突发事件和危机事件、公众等。① 其实大众传媒这一因素也是不容忽视的。

在社会问题被发现并被纳入决策层政策制定的过程中，新闻媒介发挥着重要作用，担当着"守门人"的角色。公众需要借助新闻媒介这一载体对问题进行了解和认识，并表述自身的意愿与政治诉求。新闻媒介运用自身广泛收集信息的特征，广泛搜集社会中存在的各种问题，在汇总分析后，将有价值的、公众所需要或急需为公众所知的社会问题报道出来，让公众了解社会的真实状况，维护公众的合法权益。此外，新闻媒介在政策问题发现的过程体现出的"议程建构者"身份，通过筛选出适合的社会问题，使之成为政府关注的政策问题。新闻媒介对社会问题的报道，使得许多社会问题转变为可以具体论述的问题，它不仅可以发现现象，还可以总结和汇总问题，这将可能引起也值得引起相关部门的重视，从而促使社会问题转化上升为政策问题。②

(二)新闻参政在执政党政策的执行中具有"宣传"、"监督"、"纠错"等功能

政策的执行是使预定的政策目标得以实现的最重要的环节。而执政党和政府要使制定的政策得到有效的执行，就必须与政策对象达成共识。而新闻媒体对政策的宣传就是达成共识的有效手段之一。新闻媒介在宣传上得天独厚的作用和影响力，使其成为执政党和政府政策的"宣传"者和组织者，被定位为"党和政府的喉舌"和"党联系人民群众的桥梁"。近年来新闻媒介发展迅速，逐渐由报纸期刊、广播电视等较为单向的传播方式向网络、自媒体等能够双向互动交流的模式发展，新闻媒介在表达民意、反映社会现象等方面进步显著，也让公众感觉到新闻媒介对政策运行的影响力。

政策执行的根本任务是实现政策目标、落实政策制定的内容。要使政策执行落实到位，产生实效，就必须对其执行的过程进行监督。众所周知，我国的监督主体大致可以分为两类，一是党和政府内部监督、人大监督、民主党派和社会团体监督、司法机关监督；二是公众监督，以及公众通过新闻媒介进行的舆论监督。

在这两类监督主体中，党和政府不仅是政策的制定者，同时也是政策执行的主体，既当"运动员"，又当"裁判员"，而其自身权力系统的利益关系，有可能直接影响政策的执行。所以，公众监督和舆论监督显得尤为重要，这是一种自下而上、由外而内的监督。而公众监督由谁来发言？舆论监督由谁来体现？我们认为，其主要的代言人和发言人是新闻媒介，新闻媒介在参政过程中，对政策执行的监督成为极为重要、非常有效的监督方式。

此外，新闻媒介的监督功能，不仅包括揭露和批评，更重要的是提出建议。党和政府制定的政策不一定都是科学的、合理的，政策的制定受到决策者和执行者的主观影响，即使经过严密的论证，在执行政策的过程中，现实中的一些客观因素，也可能导致政策出现偏差甚至失败，所以为防止偏差和错误，政策的执行必须接受监督，以便及时调整。在新闻参政中，新闻媒介可以及时将信息反馈给政策的执行者和决策层，促进政策执行的改进

① 胡伟．政府过程[M]．浙江：浙江人民出版社，1998.

② 张国庆．公共政策分析[M]．上海：复旦大学出版社，2004.

和改善。

(三)新闻参政在执政党政策的完善中具有“要求通道”和“议题游说”功能

发现社会问题只是新闻媒介影响政策的第一步，其参与政治、影响政策的第二步则是对有价值、亟待解决的社会问题进行探索和研究，通过报道产生影响力，进而产生强大的舆论压力，从而引起执政党和政府的注意，迫使相关部门了解当前问题，并提上议程，促使执政党和政府为这些问题制定相应的政策来解决。这就是新闻媒介对政策制定环节造成影响。

在政策制定过程中，新闻参政担当着向上传递公众呼声和诉求的“要求通道”。当公众发现问题，并且明确感觉到该问题十分紧迫时，就会想向执政党和政府表明自己的态度、表达自己的观点，要求执政党和政府解决这些问题。此时，公众便需要一个能与政府沟通的平台和渠道。新闻媒介可以通过采访和报道，对相关问题进行详细报道、阐述观点，不仅能够让更多的公众了解问题，也可以引起执政党和政府的关注。因此新闻媒介成为公众向执政党和政府表达需求的必不可少的“要求通道”。①

此外，在参政中，新闻媒介也为所要解决的政策问题进行“议题游说”。新闻媒介对社会问题的报道，会影响公众对公共议题的兴趣以及了解程度，被新闻媒介报道较多的议题相对更容易成为公众口中的重要议题，当其影响达到一定程度、影响范围达到一定广度后，这些议题就会被列入政策议程。

而当执政党和政府认为一项政策问题需要解决和处理，需要制定政策时，政府最需要获得政策对象即公众的支持，而获得支持就必须使公众了解政策问题的相关内容，新闻媒介在此时可以扮演其“议题游说者”的角色，宣传并分析政策问题，促进执政党、政府与公众的交流。此外，新闻媒介这两个角色还相互影响，相互作用，这体现在政策制定后，通过新闻媒介的宣传使公众了解政策的制定；通过新闻媒介的反馈，使执政党和政府不断改进和完善政策。

(四)新闻参政在政策评估中发挥“信息搜集员”的功能

对政策执行效果的评估首先体现在政策目标是否实现、问题是否得到解决。政策是否能够真正解决公众的需求，是否真正为公众谋利益，是否对社会产生好的影响，是否有效配置社会资源等都是评估政策需要考虑的内容。另外，还需要评估政策的效率，即政策投入和政策效果相比，投入是否有效率，耗费的政策资源是否取得了应有的政策效果等。

在这些政策执行的评估中，根据评估主体又可以分为政策的制定者和执行者对自身的评估及公众对政策执行的评估。无论是在哪一方的评估中，信息收集都成为十分关键的一环。一方面，政策的制定者和执行者即执政党和政府需要利用各种调查方法、调查手段，全面收集与政策制定、执行以及效果和影响等方面的信息，并对之进行分析，以此得出真实可靠、经得起推敲的政策评估；另一方面，公众只有在获取信息、了解事实真相的基础上，才能对政策执行的影响和效果有自己的评判标准，而不是由执政党和政府自己为自己评判。在这个过程中，新闻媒介便可以发挥信息收集这一最基本的功能，为双方提供广泛

① 余成琛．大众传媒对公共政策过程的影响研究[D]．南京：南京航空航天学院，2013.

的政策信息。而且，在政策执行效果评估过程中，新闻媒介的监督作用也同样得以体现。公众是执政党和政府制定的各种政策所产生的效果的直接体验者，合理公正的评估是公众对政策执行的必然要求，这直接影响公众的利益，因此不允许对政策效果过分夸大，更不允许弄虚作假。在新闻参政中，新闻媒介对评估主体的评估标准、评估方法、评估流程以及评估人员等内容的报道，使公众了解政策由谁评估，如何评估，监督其评估是否合理、公正。对于最终的评估结果，新闻媒介不仅可以通过报道让公众了解政策执行所产生的效果和影响，还可以通过分析结果，披露不真实的信息，报道真实的政策效果。

二、新闻参政对执政党执政环境及组织结构的影响

(一)新闻参政对执政环境的影响

执政党是现代政治的神经中枢，在传媒政治及传媒社会发生变化时，执政党比社会公众及各种团体表现得更为敏感。如今，新闻媒介正越来越广泛、越来越深入地介入政治生活中，其强大的“冲击波”正对执政党的运行发展形成冲击，执政党在传统中所依靠的许多“生存之道”都受到新闻媒介发展和作用逻辑的约束与支配。在这一大背景下，执政党的宣传教育、利益表达等功能正在被弱化。社会公众则可以通过新闻媒介获取其所需的政治信息，了解政治事态变化，并自由、相对客观地发表观点和意见，表达自身诉求，对执政党的依赖性已经有了较大的降低。新闻媒介不仅从各个环节影响执政党和政府的政策制定、执行和评估等，还改变了执政党生存的现实环境，对执政党的政治产生了不可忽视的影响。这主要体现在以下两个方面：

首先，新闻媒介在传播内容上的选择性注意，对执政党的舆论掌控产生了重大影响。世界瞬息万变，政治信息层出不穷，新闻媒体不可能对所有发生的事情都进行报道，而是根据自身的价值判断、社会公众的需求及党和国家的政策导向选择报道内容，对符合要求的信息进行筛选、过滤，再经过“编码”等加工，打上“传媒制造”的烙印。而媒体对重要信息的选择性报道，加之公众的积极参与，往往会在社会上形成舆论潮流，影响执政党的舆论掌控。

其次，新闻媒介通过对民众意识、公众的政治情感以及社会思想等因素的报道和塑造，会形成某种独特的政治文化环境，直接影响政治议程、政党形象乃至政党政府的决策走向。这种情况在当今世界各国正越来越明显。

当前，我国经济社会进入换挡期、转型期，改革进入攻坚期、深水区，执政环境发生了很大变化。在经济全球化的背景下，跨国际、跨文化传播的趋势不断加强。同时，有几种新的情势不得不予以关注：一是新媒体的强劲的发展势头对公共权力的社会舆论监督更加直接、便捷、广泛和深入；二是公众公民意识的觉醒和社会监督能力的提高，也使政务公开透明等知情权的获得成为公众关注的焦点和迫切需求；三是执政党的决策方式也由过去单纯的精英式决策向公众协商共同进行决策的模式转变。这些情势更是加剧了政党执政环境的复杂性。面对这种复杂环境，执政党如何维护社会主义核心价值体系，以此确保意识形态安全并不断巩固执政基础，是十分严峻但不得不面对的重大问题。

(二)新闻参政对执政党的组织结构的影响

新闻媒介还对执政党本身的组织结构造成影响。在传统模式下，公众有诉求时，必须

通过各级组织逐层向上反映。这种模式周期较长且效率较为低下。新闻媒介特别是网络等新兴媒体的发展，为公众提供了一个迅速、广泛地表达利益诉求和意见观点的公共平台。这使得公众对政党的独立性相对变强。同时，新兴媒体能突破时空的限制，并具有较强的互动性，使其逐渐成为政党各层级之间进行组织沟通的常用工具，提升了执政党运作的透明度，促进了党内民主的进程。使“政党组织结构由‘党中央←→党的各级组织←→党员’垂直式的层级结构向所有党员平等享有权利的扁平式网状结构转变”。①

三、运用媒体的能力成为执政党执政能力的重要组成部分

传媒运用能力，是指执政党能够有效运用法律、行政、经济、科技等传统手段或直接手段，及信息提供、线索引导、信息控制、特殊影响等新兴或间接手段，有效地发挥所直接隶属、控制的传媒影响力，有效地利用国际传媒等的影响力，从而实现传播主张、体现意志、争取人心、配置资源、塑造环境、引导力量的目的。②

新闻媒介是维护政治系统稳定的重要力量，也是政党、政府与社会成员之间进行有效沟通的重要平台。如果对新闻媒介资源开发不当，就有可能造成新闻媒介资源错误使用，进而严重损害执政党的执政能力，甚至危及其执政地位，这在媒介化社会的今天并不是耸人听闻的。为此，在新的历史条件和执政环境下，执政党必须重视对传媒资源的合理开发和利用，以不断增强其执政能力。由此可见，运用媒体的能力成为执政党执政能力的重要组成部分。

在我国，中国共产党在十六届四中全会上提出了“党的执政能力建设”这一重大命题，此后党的执政能力建设便被提上了全党的重要议题。在不同的执政条件和环境下，党的执政能力建设的具体内容也有所不同。党的十六大将中国共产党当前的执政能力概括为五个方面：不断提高科学判断形势的能力；驾驭市场经济的能力；应对复杂局面的能力；依法执政的能力；总揽全局的能力。但随着新形势的变化，党的执政能力有了新发展，将引导舆论的能力、面对媒体的能力纳入其中。新闻媒介作为党、政府和人民的喉舌，同时肩负着宣传党的执政主张和表达人民群众心声的责任，并在推进党的决策科学化、监督权力运行等方面，发挥着舆论引导和监督的作用。因此，正确、合理地运用新闻媒介的能力，成为党的执政能力建设的重要构成部分。

近年来，党和政府在运用传媒的认识论和方法论上已发生了较大变化：从突发事件发生后捂着、瞒着、拖着，到逐步完善日常新闻发布制度、第一时间发布权威信息；从“舆论一致认为”，到加强舆情分析，到“从社会舆论多层次的实际出发”；从“自说自话”，到把握媒体分众化、对象化的趋势，研究各类受众群体的心理特点和接受习惯等。③ 但总体看来，运用新闻媒介的能力还有待进一步提高。

除需大力加强运用国内媒体的能力外，对国际新闻媒介的运用能力建设也是刻不容缓

---

① 李舒．传媒与执政党的互动关系探析[J]．中国广播电视学刊，2012(2)：36-38.

② 特约专家．传媒运用能力与巩固执政地位[J]．中国记者，2004(12)：77-78.

③ 2008 年 6 月 20 日胡锦涛在人民日报社考察工作时的讲话[OL]．http：//www. gx. xinhuanet. com/newscenter/2008-06/24/content_13625778_1. htm.

的问题，在全球传播时代，必须把国际新闻媒介尤其是影响力较大的主流媒体作为能够为我所用的新闻媒介资源加以开发和利用，不断提升运用国内、国际媒体的能力，更好地为新闻参政开辟新路。

第三节 新闻参政与政府形象的构建

良好的政府形象是政府重要的资源和无形财富，是政府受到社会公众认可的前提条件，也是其政务得以有效运行的必不可少的条件。因此，政府不能忽视自身形象的构建，必须采取包括新闻传播在内的各种有效手段构筑良好的形象，以提升公众的向心力，维护社会的稳定和发展。

一、新闻参政已成为提升政府形象战略的有机组成部分

(一)政府形象的内涵及其在我国塑造和传播的历史溯源

1. 政府形象的内涵

政府形象就是“政府这一巨型组织系统在运作中即在自身的行为与活动中产生出来的总体表现与客观效应，以及公众对这种表现与客观效应所作的较为稳定与公认的评价”。①

政府形象包含两层含义：一是政府的客观实在即政府本身，因此政府应从自身做起，提高政府的整体素质，加强执政能力，创造良好业绩。政府形象首先是“做”出来的，而不是“说”出来的。二是公众的认知和评价，公众的认知和评价与政府对公众的传播和沟通有关，如果政府与公众缺乏沟通、传播不力，公众就不能获得正确的认知，就可能得出错误的评价，从而影响政府的形象。② 因此，政府形象既是政府客观表现的反映，又是社会公众的主观评价。

政府形象涉及员工形象、组织形象、效率形象、行为形象、管理形象、知觉形象、理念形象、服务形象、政策形象、环境形象、信誉形象等。影响政府形象的因素涉及许多方面，总体而言，主要有政府施政的战略目标、政府政策的发布实施、政府的法制化程度、政府运转的高效透明、政府施政的公正廉洁等。③ 赵宝煦教授认为：“政府形象研究是从一个更高、更全面的视角对政府的民主与法制水平、行政效率、公共关系、廉政建设、危机管理等等诸多方面，作一种由表及里的认真考察。”④政府形象的优劣，关系到整个政府管理活动能否顺利进行。因而应该将其作为一个系统工程来建设，而非仅仅是权宜之计。

2. 我国政府形象的塑造和传播的历史溯源

早在延安时期，中国共产党就有了执政和新闻管理的经验，塑造了良好的政府形象。中华人民共和国成立后，党和政府也十分重视自身形象建设，在政策的制定和实施上，均显示了中国共产党执政下人民当家做主的权利。但在后来，由于种种原因，一系列错误政

---

① 陈力丹．舆论学——舆论导向研究[M]．北京：中国广播电视出版社，1999：28.

② 廖为建．论政府形象的构成与传播[J]．中国行政管理，2001(3)：35.

③ 彭伟步．信息时代政府形象传播[M]．北京：社会科学文献出版社，2005：11.

④ 李文良．中国政府职能转变问题报告[M]．北京：中国发展出版社，2003：5.

策的制定和实施，严重破坏了党和政府在人民心目中的形象。

党的十一届三中全会之后，邓小平强调政府形象建设的重要性和必要性，并把它作为党继续执政的基础。但政府形象建设仍停留在较低层面，虽然经济取得了相当大的成就，但是部分官员腐败、干群关系恶化等因素也严重损害了政府形象。

党的十六大以来，党对执政规律的认识不断提高，对政府形象和执政能力日益重视。当前，我国政府坚持“以人为本”的发展理念，进一步加强对政府机构和官员的监督，严惩腐败分子，把政府形象建设放在了相当重要的位置。

运用新闻媒介进行政府形象塑造和传播的关键，就在于建立并完善政府与媒体以及社会公众间的有效的沟通机制，包括沟通方式、沟通渠道、沟通内容和沟通技巧在内的综合体系。目前，我国政府正在尝试建立一系列有效的沟通机制，包括新闻发言人与新闻发布制度等，认真建设自己的形象。

(二)新闻媒介对传播政府形象的意义

从政府形象的本质内涵可以看出，“政府形象与传播有着密切的关系，政府形象的塑造需要传播来完成，通过传播才使得政府形象战略的计划安排与控制实施紧密结合起来，所以说，政府形象传播是政府形象战略的有机组成部分”。①

政府形象传播是指“有关政府的一切信息从政府向内外公众进行传递，再由内外公众作出反馈的动态过程，是一种信息共享活动，也就是说，它是将有关政府的各种信息通过一定的传播手段和途径进行公开，将政府对信息的独占转变为政府与公众进行信息共享，以增加政府的透明度，争取民众的认同和信任”。② 从本质上讲，“政府形象传播可以表现为三种状态：政府行政过程就是政府形象传播的过程(即政府行为)；传播媒介及其他专门机构对政府(国家)行为的解释(即解释政府行为)；政府行为和对政府行为的解释同时并举。我们认为第三种表现形式(即政府行为+对政府行为的解释(通过沟通互动)=政府形象传播)是政府形象传播的最佳模式”。③

在所有政府形象的传播途径之中，作为上层建筑的新闻媒介是速度最快、范围最广、效率最高的手段，并且与政府有着天然的联系，是政府形象构建和传播最好的渠道。因此，对政府形象起根本性、基础性作用的是政府自身的实际运作，但政府良好形象建构很大程度上有赖于新闻媒介的支持、配合与监督，新闻媒介对政府形象的塑造和传播作用无可替代。

(三)新闻参政为何能提升政府形象

由于良好的形象能够较好地提升政府的权威及民众的认同感，增强民族的凝聚力和号召力，降低政府成本和提高工作效率，促进经济发展和社会进步。因此，在执政中，执政党要解决的关键问题是构筑自己的形象大厦，不断强化自己执政的基础和执政的合法性，以此博得社会大众的拥护及支持，进而顺利地推进自己的施政纲领和政策，推动社会的和谐稳定与健康发展。

---

① 徐家良．政府形象传播：内容与方式[J]．行政人事管理，1997(7)：4.

② 刘蕾，朱维．政府形象传播刍议[J]．安徽电视大学学报，2004(3)：7.

③ 刘小燕．中国政府形象传播[M]．太原：山西人民出版社，2005：21.

当今时代是形象的时代，也是包装的时代。由于传媒在塑造和传播政府形象方面的巨大能力，使政府事务中的各个方面都存在着“媒体逻辑”。有人形象地将新闻媒介的议程设置功能和环境再生产功能比喻为“聚光灯”和“放大器”。执政党及其政府，即使很负责任，如果没有新闻媒介参政过程中的积极互动和传播，就很难了解百姓的呼声和需求，也就难以解决事关百姓切身利益的事情，加之百姓长期以来形成的对政府负面形象的认知，使得政府更加难以得到公众的理解、认同和接受，也就很难在短时间内塑造良好的政府形象。因此，可以说政府形象是信息化、网络化、全球化视野下的政府执政能力的重要表现，其必须借助现代化的新闻参政理念来建设自己的形象，以便实现对社会事务的良性治理。

二、新闻发言人制度——既是新闻参政的重要方式，也是塑造和传播政府形象的重要手段

新闻发言人，是指代表特定的社会组织包括政府、企业或民间机构等发布和传达新闻信息的负责人，其主要职能是通过各种各样的发布方式向特殊的受众(主要是新闻媒介)发布组织所掌握的新闻信息，并通过大众传播渠道向社会公开的过程，从事的活动实际上是一种组织公关活动。新闻发言人的职责及一系列相关活动构成了新闻发言人制度。政府新闻发言人是指就特定的事务(政府所掌握的信息)而承担的特殊任务(与媒体的沟通、协调政府与媒体与公众的关系，在此基础上通过议程设置引导舆论)的特定的传播者(政府新闻官员)。政府新闻发言人制度是政府实施媒体管理的一部分，也与政府形象密切相关，是提高执政能力的重要组成部分。①

在过去，我国主要依靠文件层层传达政务信息，由于传播方式的多层级化、单项式的特征，使得传播速度慢、范围小、成本高，还缺乏准确性，当发生重大事件时，往往在政府信息到达之前就已流言满天飞。这就有必要在各地政府部门设立专门就政府施政和应急信息进行发布和通报的人员，以及时向新闻媒体和社会公众解释政府方针政策、通报事件的真实情况以及政府的立场和处置措施，并同时回答媒体和公众关心的问题，以敞开信息来源渠道，防止流言、谣言，维护社会稳定。

新闻发言人正是在这种大背景下产生的。1983 年 4 月 23 日，中国记者协会正式宣布我国建立新闻发言人制度，这是中华人民共和国官方实行新闻发言人制度的开始。② 然而这一新闻发言人制度主要是在中央政府，近年来才开始在省级政府普遍实行。2006 年 6 月 3 日，上海市政府启动新闻发言人制度，成为我国第一个实施新闻发言人制度的地方政府。③ 近年来，各省、市、自治区政府部门也相继以文件形式规定实施新闻发言人制度，新闻发言人制度得以在全国普及。

新闻发言人制度是新闻参政进入明了化阶段的体现。从实践上来看，其能够实现政府

---

① 吴瑛．中国话语的议程设置效果研究——以中国外交部新闻发言人为例[J]．世界经济与政治，2011(2)：26-52.

② 中国社会科学院新闻研究所编．中国新闻年鉴[M]．北京：光明日报出版社，1985：482.

③ 王漱蔚．新闻发言人制度益处良多[J]．新闻记者，2003(8)：39-41.

与公众的良好沟通；能够协调政府、公众与媒体的关系，利用媒体公开政治事务，推动问题的解决；能够健全和完善政府公共危机应急处理机制，从而能更有效地应对和处理突发性危机事件；能够提升政府形象，更好地发挥政府的政治效应；能够扩大对外宣传，扩大政府的国际影响力。因此，新闻发言人制度是新闻参政的重要方式，也是塑造和传播政府形象的重要手段。

三、完善新闻发言人制度，提升新闻参政能力

我国各级政府的新闻发言人建设尚处于起步阶段，还存在不少问题。一是没有明确的新闻发言人问责制度，对新闻发言人不及时发布信息或没有发布好信息没有相应的约束机制。二是目前我国各级政府和部门的新闻发言人，几乎都由高级别的官员担任，在实际操作中往往无暇应对新闻媒介和公众，难以了解新闻媒介和公众的真实需求，也容易使新闻发言人制度被“官本位”思想笼罩，从而可能有失政务公开、与群众沟通交流的初衷。三是新闻发言人重传递信息，轻互动交流的状况仍然没有得到根本转变。

因此，必须加紧完善新闻发言人制度。首先应推动政府新闻发言人的专业化及专职化，加强对他们专业化知识的培训，以及实施符合新闻规律的全球化传播运作能力的培养等。只有提高政府新闻发言人的综合素质，才能使他们在发布信息的过程中，不仅向新闻媒介和公众公开政府的决策、表明政府的态度，同时实现政府与新闻媒体、公众之间的互动交流，并将准确的公众诉求和真实的舆论评价，及时地向有关部门反馈，使其成为政府决策的重要参考，传播和塑造一个负责、务实、透明的政府形象。

中国人民大学的喻国明教授呼吁在信息披露问题上建立对称的责任制。的确，只有从法律上界定政府新闻发言人的权与责，才能对新闻发言人“说什么”、“说多少”乃至“说不说”形成有效约束。此外，对新闻发言人的“监察和限权应以法律或法规的形式加以规范，明确规定哪些信息应该公开，按照什么程序公开，责任人和追究失职责任如何落实等，并形成监督制约的机制”。①

当新闻发言人制度得到完善后，新闻参政便能在政府、公众和新闻媒介的良性互动关系中展开，新闻参政力必能得到大大提升。但这归根结底还是取决于政府机构及其工作人员的形象，取决于政府与新闻媒介的良性共生关系，这还得从以下几个方面进行努力。

1. 政府应强化运用新闻媒介的公关意识，创新新闻媒介的监管调控方式，为新闻媒介营造宽松的媒介环境

新闻媒介只有遵从新闻规律才能赢得受众的认可和信任，这就使得新闻媒介需要保持一定的独立性和活动空间。而我国的新闻媒介长期以来是党和政府的喉舌，新闻媒介一直发挥着重要的宣传功能，却缺乏对政府形象传播和塑造的策划及公关意识。对此，政府应该转变观念，强化运用传媒的公关意识，学习使用新闻媒介的技巧，营造相对宽松的媒介环境，既给新闻媒介一定的自由空间，又艺术地使其为自己的形象传播和塑造服务。其中，需要尽快调整认识论，不要惧怕突发事件，勇于正确面对负面报道，以此更深入地了解社情民意，及时调整政策。此外，政府要为新闻媒介的报道提供真实的政府信息，从而

① 曹静．新闻发言人制度与政府形象塑造[J]．甘肃农业，2006(6)：270.

塑造良好的、正面的形象。

2. 推动新闻立法，将政府对新闻媒介的管理纳入法制化轨道

目前我国政府对传媒的管理主要还是以行政手段为主，依据的主要是行业协会及有关主管部门制定的相关规定。缺乏法制化的管理形式，使得我国新闻媒介的发展严重受阻，造成政府的一些媒介管理部门不尊重新闻规律，媒介管理混乱等问题。构建政府与媒体的良性互动关系，急切需要依靠法制的力量，让法律代替行政命令，顺应现代社会的发展要求。政府用法律手段管理新闻媒介，既能够促进政府与新闻媒介构建健康、良好的关系，同时又向公众传递了依法治国的理念和政府法治化的形象。

3. 创新新闻媒介传播方式，注重互动，以轻柔的“软传播”方式构建政府形象

所谓“软传播”，是指政府在形象传播和塑造的活动中，从公众喜爱的、接地气的故事入手，合理巧妙运用叙事手法，把原本较为生硬的信息，潜移默化地注入公众意识，增强政府形象传播和塑造信息的可读性、趣味性、亲和力、贴近性等，对政府开展的各项工作和行为的解释也更为人性化。特别需要注意的是，“软传播”倡导传受双方的“平视”，并通过这种“平视”，将政府和公众连接起来，引导公众积极参与到社会事务中来，在互动中建构起政府、新闻媒介乃至公众的良好关系，从而实现预期的政府形象的传播效果。

总之，良好的政府形象不仅为政府聚集丰厚的无形财富，也让社会公众对政府持认同态度。成功的新闻参政不仅能塑造良好的政府形象，也能长久保持和进一步提升政府形象，值得政府部门的提倡和实践。

第四章　新闻参政中的文化维度

新闻参政的形成与建构是不能脱离社会总体文化语境，无论是新闻本身，还是参政议政这种形式都受到文化语境的影响，同时又反过来影响文化与次文化形态的形成。本章从政治文化、法制文化、民众文化三个维度来探讨新闻参政中所体现的各类文化特征，以及新闻参政对当今社会这三类文化氛围的影响。

第一节　新闻参政与政治文化

在所有文化形态中与新闻参政最为亲近的便是政治文化维度，在对新闻参政雏形的构思中政治从始至终都是新闻参政不可磨灭的内嵌话题。

一、政治文化的概念与范畴

政治文化作为潜在影响人们政治行为的内在重要因素，所涵盖的范围非常广泛，而新闻参政作为现代政治补充行为将不可避免地受到政治文化语境的影响。“政治文化”一词的提出早在 1956 年，由美国政治学家 G. A. 阿尔蒙德在其论文《比较政治体系》中提出。虽然其内涵在政治学研究中常常与“国民性格”、“民族精神”、“民族性格”等词语同义，但“政治文化”诞生后一直以来都是政治学术界的新宠，阿尔蒙德、S. 韦伯、G. B. 鲍威尔等著名的政治学家先后都对其著书立说。其中阿尔蒙德首先总结出“一个稳定的和有效率的民主政府，不光是依靠政治结构，它依靠人民所具有的对政治过程的取向——即政治文化。除非政治文化能够支持民主系统，否则，这种系统获得成功的机会将是渺茫的……我们仅仅是使用文化概念许多涵义中的一种，即对社会对象的心理取向。当我们说到一个社会的政治文化时，我们所指的是：作为被内化于该体系成员的认知、情感和评价之中的政治体系”。① 他和 S. 韦伯给“政治文化”归纳出三个内容：“第一，对政治系统整体的态度；第二，对政治系统各个组成部分的态度；第三，对自己在政治系统中的角色的态度”。② 在他们的理论研究基础上，美国学者鲁恂 · W. 派伊则认为：“政治文化是政治系统中存在的政治主观因素，包括一个社会的政治传统、政治意识、民族精神和气质、政治心理、个人价值观、公众舆论等等，其作用在于赋予政治系统以价值取向，规范个人政治行为，使政治系统保持一致。维巴在分析政治文化的构成和作用时进一步指出，一个社会

① ［美］加布里埃尔 · A. 阿尔蒙德，西德尼 · 维巴. 公民文化［M］. 徐湘林，译. 北京：华夏出版社，1989：16，443.

② 百度百科. http：//baike. baidu. com/view/544118. htm? fr=aladdin.

的政治文化由经验基础上形成的一系列信念、符号和价值所构成，它决定了人们行为的条件，为人们提供了参与政治的主观意向。”①但是其他的一些政治学家则认为他是从狭义来理解“政治文化”，并主张“政治文化”的广义探究，认为除了主观部分应该把政治文化延伸到行为模式上，形成结构状态。结合他们所主张的理论与“文化”的概念，我们认为，政治文化有广义与狭义之分。

政治文化从广义上可以包括政治结构的各个环节，是政治系统与理性的一种全程表述，包括政治的物化外在事物；政治的各种制度化结构如政治的组织形式、机构关系与政治规章制度；以及政治的精神范畴，主要是关于政治的思维、意识形态、价值取向、心理反应等。广义的政治文化是整个社会形态中关于政治运转的理性与感性的总体倾向，是政治“硬件”与“软件”的综合之物。

另外，政治文化从狭义则主要是指鲁恂·W. 派伊所主张的主观上层建筑部分，即政治的“软件”之处。它呈现的是人们在政治生活中对于政治深层含义的理解、理念与理想，在政治参与中所持有的政治热情，对公共权威体系的判断，对于政府决策的评价，心中对于政治行为的规则构想，它不是一朝一夕的短暂感觉，而是经过长时间孕育出的比较稳定的理性态度，它是与政治物质、机构、制度等相对应的主观体系，此种主观体系与政治客观体系、制度体系一起组合成了一种互动平衡关系。包括政治认知与意识、政治理论、政治心理、政治信念、政治感情、政治态度、政治价值观、政治理想等。狭义的政治文化的主体内容包含三个基本成分：政治情感性成分、政治认知性成分和政治评价性成分。

二、政治文化的分类

政治文化依据不同分类标准可以分成不同的类型：

(1)按照政治的主体标准来分，政治文化可以分成统治政治文化、精英文化及大众文化。它们的区分，主要从社会的深层阶层结构角度来划分，统治政治文化主要是指统治者在社会生活中所树立的殿堂级政治管理文化；精英文化主要是除了统治者位于社会显要位置的群体文化，这个群体掌握着很大的话语权力，是大众的意见领袖，对于政治的参与出于社会的责任感所致；大众文化主要是人民群众对社会政治管理的政治主张，对前两种政治文化有一定的参考意义，

(2)按照政治的各个阶段标准来分，政治文化可分为初期始拟文化、中期过程文化和后期决策文化。顾名思义，始拟文化主要是人们在接触到政治初态对于政治的大概思维与构想，是一种感性认知文化；过程文化是描述政治主体在对政治进一步了解和掌握的过程，它包括政治的理性认知、主体对自己或者其他成员影响力的自觉与自省的看法；决策文化主要是指政治决策体系中政治主体的政治策略与倾向模式。

(3)从文化形态社会地位标准来划分，可分为主流文化与亚(次)文化。主流文化指的是在政治文化中那些影响力大，对社会政治生活起到主导、导向作用的政治文化形态；政治亚文化是指在整个政治文化之中某一群体或者组织机构有着独特的、与众不同的政治形态，但是这一形态并不具有普遍性，而只是独树一帜值得关注。

---

① 百度百科. http://baike.baidu.com/view/544118.htm?fr=aladdin.

那么，在众多划分标准的类型中，我们可以重点参考一下阿尔蒙德与维巴对政治文化的分类，他们依据政治文化的主观层面上社会主体对于社会政治生活各方面如体系结构、规则制度、权威性和政治体系中自己对其决议、执行过程的自我感情、态度和认知的价值取向为标准，将政治文化存在分为三种类型："第一，参与型政治文化，也称为公民文化，是指社会成员对政治体系作为一个整体以及体系的输入方面和输出方面都有强烈而明确的认知、情感和价值取向，并对自己作为政治体系成员的权利、能力、责任以及政治行为的效能具有积极的认识和较高的评价。在政治民主化水平较高的政治体系中相伴生的就是这种政治文化。第二，臣属型政治文化，也称为臣民文化，是指政治体系的成员对政治体系的角色、结构、权威、规范以及自己在体系输出方面的责任等有较明确的认知、情感和价值取向，而对于政治体系输出方面的取向以及社会成员作为政治参与者的自我取向却非常低，集权型政治体系中弥漫的都是这种臣属型政治文化。第三，狭隘型政治文化，是指社会成员对政治体系中权威、制度、规范等的认知、情感和价值取向处于十分模糊状态，人们没有影响政治决策及其实施的能力，如一些国家边远地区的村落中存在的政治文化就是狭隘型政治文化"。①

不管政治文化的分类如何多样，但是我们应该知晓上述所有提过的政治文化在任何社会中都不可能单一存在，必须是各种政治文化种类相融合，不管其划分如何清楚，但在实际区分中哪怕一个细小的差别都有可能引发政治文化的不同差异，即使是在同一大范围的政治文化，它也会包含若干支系文化体系的不同，通常都会出现你中有我、我中有你的重合。

三、相互联系的新闻参政与政治文化

依据阿尔蒙德的研究，政治文化源自于一个国家或者一个民族某一阶段在政治上所奉行的一套定式态度、情感、信仰，它从本土国情和民族特质中的经济、文化等对政治活动的促进所产生，不同政治文化的开放与否和民众对政治文化的认知程度决定着民众的参政状况，当然包括新闻参政的状况。长久以来，政治的参与机制似乎与普通民众距离很远，政治参与在民众的认知中没能得到很好地认可，其重要性也没能够让民众正视，尤其是文化程度比较低的民众，对政治的参与度和卷入度都是比较低的。

随着大众传媒的发展，特别是网络的迅速更新，民众参与政治的渠道增加、政治文化的信息化促使了民众对自己国家的政治生活建设的关心与参与。因此，参与型政治文化的深入人心是需要借助于大众传媒这个平台，尤其是新媒体的使用上的，随着社会的政治参与型文化不断普及，新闻参政呼之欲出。

而在媒体时代下的新闻参政理念最需要的一是调动广大民众的政治参与热情，二是促进执政党与大众之间的沟通与了解。所以，新闻参政从其文化维度来看浸透着参与型政治文化内涵与外延，从其本质来看就是一种大众传媒发展下的参与型政治文化实践。从上文阿尔蒙德对政治文化的分类中我们可以看出，我国社会目前正处在从蒙昧型—服从型—参

① ［美］加布里埃尔·A. 阿尔蒙德，西德尼·维巴. 公民文化［M］. 新泽西：普林斯顿大学出版社，1963：17-18.

与型政治文化的转型之中。新闻参政蕴含的就是参与型政治文化理念，更表达了民众对于参与型政治文化的新热情、愿望和实现方式，对参与型政治文化的不断深入具有积极促进的反作用力。

（一）政治文化对新闻参政的语境效应

从狭义的政治文化观点来看，政治文化是作为一种社会的主观观念存在，是社会意识形态的组成部分，有着自己的能动性与独立性。独立性体现在只要形成就具有相对稳定性，它的能动性可以体现在其是历时性的产物，是一定的时间段中，人们采用的适合社会正常运转的政治模式，它随着社会实际状况特别是政治要求的改变而变化。同时，一定时期的政治文化不可忽视地对那个时期的执政党的倾向及偏好有着决定性的影响。从一定程度上来讲，政治文化的特质直接决定了某种类型政治体系在政治生活的存在与否、演变状态与运作方式所走的方向与途径，而新闻参政在政治文化的不同类型下的实现程度差别极大。

1. 参与型政治文化影响民众对新闻参政的态度

文艺复兴以来，政治的文明发展预示着的是："人类社会自产生以来，以民主为主旨，包含自由、平等、正义、法治等思想、制度和行为的形成及其不断发展而呈现出的进步状态。"①而政治文明的特性就在于它是不是将一种人类的先进的生活方式体现在其制度内容里，尤其它是不是一种民主政治的体现。参与型政治文化的提倡正是民主政治落在实处的启动阀与启蒙点。在现代政治文明建设中，只有在参与型政治文化基础之上建立起来的民主政治气氛才能让现代社会的相关制度、行为、规律和程序真正得到发育与传播。所以作为现代人的当代政治主体会坚定不移地认同与支持参与型政治文化，其权威性不言而喻。

因此，对于每个独立存在的个人而言，他也将普遍遵循参与型政治文化的政治价值理念与趋向，这也直接暗示了民众在参与或者面对政治生活时应该怎么做。

在旧的政治文化下，普通民众对参政议政呈现出一种毫不关心的状态，大家不关心那些与自身利益没有直接联系的、国家的政治事务，更不会插手政党的发展与未来。而在参与型政治文化的普及下，政党、政治需要民众积极提出建议，参与其中。这样一来，民众将会着力于对政治参与方式的思考，而新闻参政恰恰应时而生，符合民众参政的热烈需要，民众将会对新闻参政抱着积极的支持态度。

2. 参与型政治文化决定新闻参政的风气与精神

参与型政治文化讲究参政、议政作为一个必要的系统主题，其建立在参与主体之间的一种责任与信任的关系之上。

首先，它强调一种双向的输出入政治价值观念。政治建设不仅仅在于对政治政策的贯彻与执行，更加要注重公众对政治运行机制与政策表决的要求与决议。

其次，参与型政治文化同样也表达了一种"宽容、开放及合作"的政治文明心态，这样的心态使得政治主体之间不论强弱都是一种开放非封闭、积极非消极、互动非隔阂、宽容非苛刻、合作非对抗的互信政治风气。

① 胡伟. 关于政治文明建设若干问题的思考[J]. 上海交通大学学报·哲社版，2003(2)：3-8.

最后，参与型政治文化更加体现了“平等”、“自由”、“博爱”、“民主”、“正义”、“诚信”、“自由”等现代社会的观念，是一种人类前进发展的认识结晶。它是一种避免激烈争吵恶化成矛盾与冲突，进而引发政治动荡的和谐政治风气与精神。

新闻参政制度在践行参与型政治文化理念中所提倡的这些价值准则时，新闻参政的主体只有认真贯彻与内化这些精神价值理念，牢固掌握与树立始终如一的决心，有步骤、有信念地去真正落实在每一个新闻参政环节中，才能够切实促进民主政治建设和政治的文明进步。

（二）新闻参政对政治文化的促进作用

随着传媒技术的日益发展，大众媒体对于民主政治文化的传播倾向性大大地影响了公众的政治思维，因此新闻参政显得尤为重要。民众新闻参政成为政治的新热点。同时，中国公民的民主意识正快速觉醒，人们开始主动关注于自身的权利，主动参与到政治过程中，并且使报刊、电视等传统新闻参政方式与网络参政互相促进。当前为了适应市场经济体制的发展，我国的政治文化也出现了新的趋向，应该正确利用新闻参政去冲破我国传统政治文化的束缚，更大程度地提升公民的民主政治意识，为我国的政治文化建设添砖加瓦，注入全新的力量。当代，新闻参政理念的提出正好顺应了我国的政治文化已从政治观念上由集权转向民主，政治态度上从政治疏远转向政治参与，政治参与方式上从封闭走向开放，政治人格上由人身依附型转向独立自主型，政治上也由激进转为理性的转型时期。

1. 新闻参政可以提高政治社会化程度

新闻参政的提出是建立在一系列现代高度科技化的产物之下的，类型丰富、各显其能。它以大众传媒为话语空间载体，传播着海量的信息，而关于政治及其文化的信息就是其备受关注的组成部分。大众媒体的新形态与新媒介的出现与普及，其传播样式不断多元，使得新闻参政在推进参与型政治文化上所依赖的手段越来越高级，效果也越来越达到预期目标。在现代政治生活培养中，新闻参政利用大众媒体对传播和普及参与型政治文化，引导公民政治倾向，培养公民政治情感具有重要价值。

在我国，中国共产党历经几十年的发展，无论是党员还是其他党派及无党派人士，在民主协商制度的完善下都对其政治机制、政治导向、政治态度、政治价值有着很深的认知。但是，在改革的不断深入情境下，作为我国政治生活中的执政党，就应该进一步扩大民主协商程度，使其能够深入群众。新闻参政正好在政府与民众之间互通上有其优势一面，在树立参与型政治文化上更加有力。在中国的政治环境中一是因为参政实践显得流于形式，二是政治文化的形而上的成分影响着民众特别是文化水平比较低的民众对于参政政治文化的理解，他们认为作为老百姓，国家大事都事不关己，在观察和分析中国的政党制度时往往忽视参政的重要性，将中国社会进程中的一切成就与问题都归结在中国共产党的执政能力上，严重缺乏参与度。这些不良的政治误区的改变就需要通过新闻参政的理念落实来实现，而这一转化正好就是政治实现社会化的表现。

政治文化变化发展至今，参与型政治文化已然具有很强的群众基础，而这种政治文化的生存与活动的开展，主要是因其参与主体对这一类型的政治文化机制与机构有着发自内心的归属感和制度中所规定与保护的政治参与行为准则能够认可为前提条件的。无论是通过新闻参政，还是以后对于参政新方法的再次探索，只有民众有了一种对于这种政治文化的归属感和认可，民众在每一个细节上才能自愿为我国政治系统更好地出一份力量。所以对于新闻参政的构思、设计、成形和最后的实践都应该进行更加科学的研讨。

近年来虽然新闻媒体为民众政治社会化创造了良好的舆论环境，但在鼓励公众关心国家大事、践行参政议政政治文明上力度还需再加强，大众传媒在新闻参政落实后，应该更加积极主动地进行民众参与行政工作、参与型政治文化的传播，形象地勾勒出新闻参政的积极元素，为新阶段的政治文化的参与程度提供宣传阵地、话语支持和新闻舆论支持。

2. 新闻参政使政治文化更能发挥人的主观能动性

当前对新闻参政的提倡让政治文化交流过程实现了政治信息的“双向”流动，在这样的文化互动流程中，政治文化不同主体间是一种相互影响、及时沟通的关系。如民众使用网络就可以极其快速、便利地浏览政府的门户网站，查询政府服务计划及其实施情况，了解政府的各种公布的信息。他们就可以充分发挥自我的积极性和主体能动性，向各个政治系统的决策者发出自我的意见与请求，以期得到支持与采纳，有效参与我国社会政治生活。执政党也可以利用各种大众传播技术进行民众意见反馈的收集与自我信息的发布。社会各阶层通过新闻参政的媒体平台，自由安全地表述自我对社会各项工作的观点，形成一种拟态的利益同一圈，足以影响政府与执政党。

3. 新闻参政扩宽政治参与渠道，实现跨级多层次参与

当今，不管任何身份的主体只要关心政治都能够通过大众媒介参与政府政治商谈和处理，这不同于以往受到诸多条件的限制，在一定程度上摆脱了地缘和级别的限制，加大了民主政治参与的深度、广度。新闻参政的载体提供给了民众自由学习、养成公共民主政治文化精髓的全新手段。新闻参政在拓宽参与路径上，培养了民众一种集体的政治认同精神与共同体的责任感，调动了人民的政治参与积极性。

在大众传媒提供的公共空间里，公民可以感受到民主的精神，社会分层被弱化，拥有近乎相等的政治参与的话语权与权力，在匿名的保护伞之下民众可以自由选择进入参政体系或者退出，来去自由。所以，公众能够相信新闻参政内化的公正、公开、公平，其真正的民主政治参与得到满意的想象，如此实行下去，民众将能够有足够的资源条件来建构自我的政治民主思维与习惯，有利于参与型政治文化的培育。这样的参政方式在正式实践后，不仅仅将民主政治文化停留于民众主观层次，更加能够将其深入贯彻在参与行为中。

总之，新闻参政与政治文化之间存在一种作用与反作用的互动关联。

第二节　新闻参政与法治文化

新闻参政作为一种广泛参与政治、各抒己见的集合化传播的民主参政方式，与在党和政府严格监管下的其他参政渠道不同，它在提供参政积极促进作用之时，也会产生许多新的问题。那么，法治也就成为界定其边界、监管其危害的社会利器，新闻参政从其确立初期就应该将法治文化内嵌于其原则中，更好地保障新闻参政的顺利运行。

一、从“法制”到“法治”

“法制”与“法治”的建设都是社会法律文化中不可或缺的关键内容，是人类社会文明

发展到一定阶段的产物。那么，新闻参政的法治文化内化将会历经从“法制”到“法治”的过程。

(一)法制与法治

1. 两者联系之处

(1)两者的政治基础是相通的。不管是法制与法治都是社会语境下的法制与法治，特别是与所处的政治体制相对应。在古代，法制与法治是与那时的封建专制政体相对应，服务的是君主专制系统；与资本主义政体相对应的是资产阶级民主制度，为资本主义统治阶级服务；而与社会主义政体相对应的是社会主义民主制度，为人民群众服务。

(2)在我国，法制与法治的核心内容也是一致的，都是依法治国、依法办事、依法治理。在我国提倡的法制与法治其核心就是要坚持在法律面前人人平等，特别是代表人民群众行使行政权力的一切国家机构以及其公职人员，他们必须和全体公民一样严格遵守我国的一切法律法规，依法治国、依法办事、依法治理，谁都没有法外特权，一切公民的民主自由权利都受到法律的保护，同时，也要依法履行法律所规定的义务。

(3)法制乃是法治的前提与基础条件，法治则是法制发展到一定时期后的历史产物与目标。一个时代或者国家要依法治理社会，实行民主制度，都需要具备完整的法律法规制度，所以法制是法治得以实现的前提与基础，法制是法治的依据与立足点，而法治则是法制不断发展过程中最终实现的目标。

2. 两者相异之处

(1)两者的含义不同。

从其词源来看，“法制”一词来源久矣，在古书早已有记载：“《管子·君臣上》就有‘法制有常，则民不偷’一说；《左传·文公六年》也有‘策之法制，告之训典’；还有《国语·周语》中也有‘是弃先王之法制’”①从《辞海》中对于“制”的解释可以推断出“法制”有三层含义：第一，“制”作制度解释，那么法制首先是指静态意义上的法律制度，是法律文化的器物内容，实际存在之物，是国家法的整个条文体系，强调了社会治理中的具有正式的、稳定的、权威的、制度化和普世的法律形式规则，社会规范与非正式的乡规礼俗、伦理道德约定等相对应；第二，“制”作规定、制定解释，那么法制也可以指立法、司法、执法、守法和法律监管等过程，也就是法律的动态方面；第三，“制”作裁断、制止、控制解释，乃是指依法治理、依法办事、依法治国的方法与原则，含义类似于“法治”。

“法治”一词的词源在我国指的是：“‘法治主义’，‘以法治国’，‘法治天下’，等等”。② 在西方国家对于“法治”的论述中主要是指：“rule of law(法的统治)，rule by law(以法统治)，government by law(依法治理)，government through law(通过法律的治理)等。”③而在《辞海》中对“治”的解释则是管理、治理、有秩序。那么，“法治”是依法治理、建立法治秩序从而严谨治理国家的原则与方法，是治国的方案与方针。而这种治国之道正是与我国所提倡的德治、人治、礼治等立说相对应的治理社会的方法、理论、理念。

① 韩秀桃，张德美，李靓．中国法制史(教学参考书)[M]．北京：法律出版社，2001：2.

② 张文显．法哲学范畴研究[M]．北京：中国政法大学出版社，2001：150.

③ 张文显．法哲学范畴研究[M]．北京：中国政法大学出版社，2001：150.

所以，“法治”与“法制”的第三层面有重合之处，是对实际存在物法制的推动、完善和改造。其主要强调的是在社会治理主体对于法律文化的自觉、能动和民主的观念，属于一种民主社会的意识层面，也是社会的一种整体趋向、结构体系。

(2)两者历史发展不同。

从法制与法治的历史发展来看，“法制”所注重的法律制度、法条与法规的历史久远，在历史上，几乎所有国家都制定一定的法律、法条、法规用以治理国家。国家形成和出现后，国家位于统治地位的阶级需要采用一定的方法来对所管辖的民众进行统治，而法制体系的建立正是统治阶级选用的管理方式，所以，法律是由统治阶级所制定的，体现的是统治阶级的意志，是国家用强制手段进行保障认可、成立、执行的用以规范人们行为的准则，是法文化的工具价值属性。

而法治产生与国家的建立并无直接的关联，法治的产生虽然是法制发展的结果，但是追溯起来法治是在近代文艺复兴后启蒙思想的启示下产生。在过去，我国虽有法治的思想如法家学说，但是并无依法治国，只有在实行民主制度的国家才能让法治存活。我国学者张文显先生就曾总结过法治得以出现必须具备三个条件：“法治的文化基础：理性文化；法治的政治基础：民主政治；法治的经济基础：商品经济和市场经济。”①所以，法治是不同于封建社会的具备这三个必要条件的反人治治国理念和方略。在我国，依法治国的概念从 20 世纪 90 年代初被法学界提出已有十余年的时间，依法治国作为一种治国方略已被载入宪法。

(3)两者的基本要求不同。

法制的基本要求是国家的各项行为都必须依据法律法规的规定进行，国家要实现制度化、法制化，社会的管理要贯彻“有法可依、有法必依、执法必严、违法必究”。而对于法治这种治国方案来说，其基本要求是国家必须严格依照法律行事，国家保证法律在社会调节手段中处于至高无上的地位，防范其他手段凌驾其上，特别是当权者利用其特权任意妄为，国家的法律具有强制性、权威性与至上性。

(4)两者的主要标志不同。

因为法制注重的是法文化的器物层面，所以法制的主要标志是国家要不断完善立法、司法、执法和守法上的法律监督体系，让法律能够适应社会的发展，规范社会变化中的违法行为。一个国家具备完善的法律、法规、法条的科学体系就是法制社会的主要标志；而法治得以在一个国家实施，是法治的治国理念在国家得以树立，国家的主体包括政府机关、团体和个人包括国家最高领导阶层都有着自由、民主、平等的观念，都有严格遵纪守法、依法办事的觉悟。

(二)新闻参政的合法性

1. 新闻参政的法制依据

我们不仅仅可以从我国的《宪法》《刑法》《行政法》等法律条文中找到保证新闻参政涉及人民基本权利的法条依据，并且许多国际公约也对新闻参政中的权利有着普世的认同，我国地方法律法规也对其管辖的人民利用大众传媒实施参政行为进行了一定的规范。同

① 张文显．法哲学范畴研究[M]．北京：中国政法大学出版社，2001：166-178.

时，对于新闻报道行为的法规制度的探讨也已经有一段时间，所以，对于新闻参政来说，是有着充分的法律法规依据的。下面我们将对新闻参政的主要法制依据进行一定的整理，如表5-1所示：

表5-1　　新闻参政的主要法制依据

中华人民共和国宪法		
法条序列	内　容	解析
第二条	中华人民共和国的一切权力属于人民。人民行使国家权力的机关是全国人民代表大会和地方各级人民代表大会。人民依照法律规定，通过各种途径和形式，管理国家事务，管理经济和文化事业，管理社会事务	人民主权的法律依据
第二十二条	国家发展为人民服务、为社会主义服务的文学艺术事业、新闻广播电视事业、出版发行事业、图书馆博物馆文化馆和其他文化事业，开展群众性的文化活动	新闻传播权的法律依据
第二十七条	一切国家机关和国家工作人员必须依靠人民的支持，经常保持同人民的密切联系，倾听人民的意见和建议，接受人民的监督，努力为人民服务	监督权的法律依据
第三十三条	国家尊重和保障人权	人权的法律依据
第三十四条	中华人民共和国年满十八周岁的公民，不分民族、种族、性别、职业、家庭出身、宗教信仰、教育程度、财产状况、居住期限，都有选举权和被选举权；但是依照法律被剥夺政治权利的人除外	具有参政权属性的选举权与被选举权的法律依据
第三十五条	中华人民共和国公民有言论、出版、集会、结社、游行、示威的自由	具有参政权属性的言论、出版、集会、结社、游行、示威的自由权的法律依据
第四十一条	中华人民共和国公民对于任何国家机关和国家工作人员，有提出批评和建议的权利；对于任何国家机关和国家工作人员的违法失职行为，有向有关国家机关提出申诉、控告或者检举的权利，但是不得捏造或者歪曲事实进行诬告陷害。 对于公民的申诉、控告或者检举，有关国家机关必须查清事实，负责处理。任何人不得压制和打击报复	参与监督国家机关工作人员的批评建议权的法律依据
第五十一条	中华人民共和国公民在行使自由和权利的时候，不得损害国家的、社会的、集体的利益和其他公民的合法的自由和权利	公民权的法律依据

续表

中华人民共和国刑法		
法条序列	内　　容	解析
第五十四条	剥夺政治权利是剥夺下列权利： (一)选举权和被选举权； (二)言论、出版、集会、结社、游行、示威自由的权利； (三)担任国家机关职务的权利； (四)担任国有公司、企业、事业单位和人民团体领导职务的权利	对于政治权利细化的明确规定

中华人民共和国民法通则
《民法》的法律依据较为分散，用于调整新闻参政中的新闻传播的相关法条主要是受众作为被报道对象、作者等不同身份时与新闻媒介之间发生的关系，主要是被采访对象人身权利保护的问题。包括保护被采访对象的姓名权、肖像权、名誉权、荣誉权等。有关司法解释有《最高人民法院关于审理私誉权案件若干问题的解答》(1993年)和《最高人民法院关于审理名誉权案件若干问题的解释》(1997年)等

中华人民共和国行政许可法		
法条序列	内　　容	解析
第五条 第一款第二款	设定和实施行政许可，应当遵循公开、公平、公正的原则。 有关行政许可的规定应当公布；未经公布的，不得作为实施行政许可的依据。行政许可的实施和结果，除涉及国家秘密、商业秘密或者个人隐私的以外，应当公开	行政信息公开与制约的法律依据
第七条	公民、法人或者其他组织对行政机关实施行政许可，享有陈述权、申辩权；有权依法申请行政复议或者提起行政诉讼；其合法权益因行政机关违法实施行政许可受到损害的，有权依法要求赔偿	公众具有话语权属性的陈述权、申辩权的法律依据
第十九条	起草法律草案、法规草案和省、自治区、直辖市人民政府规章草案，拟设定行政许可的，起草单位应当采取听证会、论证会等形式听取意见，并向制定机关说明设定该行政许可的必要性、对经济和社会可能产生的影响以及听取和采纳意见的情况	公众对于行政政策的表达权和表达后应给予回应的法律依据
第二十条第三款	公民、法人或者其他组织可以向行政许可的设定机关和实施机关就行政许可的设定和实施提出意见和建议	公众对行政的表达权的法律依据

续表

中华人民共和国行政许可法		
法条序列	内 容	解析
第三十条	行政机关应当将法律、法规、规章规定的有关行政许可的事项、依据、条件、数量、程序、期限以及需要提交的全部材料的目录和申请书示范文本等在办公场所公示。 申请人要求行政机关对公示内容予以说明、解释的，行政机关应当说明、解释，提供准确、可靠的信息	行政信息公开的法律依据
中华人民共和国各级人民代表大会常务委员会监督法		
法条序列	内 容	解析
第九条	常务委员会听取和审议本级人民政府、人民法院和人民检察院的专项工作报告的议题，根据下列途径反映的问题确定： （五）人民来信来访集中反映的问题； （六）社会普遍关注的其他问题	人代会常务委员收集人们意见的法律依据
中华人民共和国消费者权益保护法		
法条序列	内 容	解析
第六条	保护消费者的合法权益是全社会的共同责任。 国家鼓励、支持一切组织和个人对损害消费者合法权益的行为进行社会监督。 大众传播媒介应当做好维护消费者合法权益的宣传，对损害消费者合法权益的行为进行舆论监督	大众传媒参与舆论监督的权利的法律依据

除了表5-1中我国主要法律的相关法条以外，国际公约、地方法规、网络法规、新闻法规等一系列法律、法规、法条、司法解释组成了较为庞大的法制依据来支撑新闻参政的合法性。

2. 作为依法治国引领的新闻参政

依法治国的法治思维是一种完整性的思维模式，是一种治理国家的信念、角度和思想。它不仅仅是一种精神层面的价值追求，更是一种具有实践意义的治国方略，它侧重于依照法律办事的基本点。它不仅注重国家制定一套完整法律体系，更注重将法治作为一种示范的行为模式深入民心。

依法治国的基本内涵与要求是："依法治国的主体是人民群众，社会主义法治体现的是人民群众的意志；依法治国的客体是一切国家事务、经济文化事业和社会事务；依法治国的核心是切实保障广大人民群众依法管理国家事务、经济文化事业和社会事务的权利；

依法治国的依据是国家宪法和法律；依法治国的关键是依法行政；依法治国的根本是教育人；依法治国的目的是树立法律的最高权威，逐步实现社会主义民主制度化、法律化。”①依法治国是一种治理国家与社会的思维方式，而我国就是运用这样的模式作为基本的国家方针政策的。因此，我国新闻参政也必然在这种依法治国的思维引导下进行。如果要建立我国的新闻参政制度，那么就应该提升新闻参政的规范性、合法性和程序性，这样才能将依法治国的内涵及要求真正贯彻于新闻参政，让依法治国成为新闻参政的路径指导，使新闻参政走向法治化。从目前新闻参政的发展轨迹来看：新闻参政必将历经从现阶段的参政现象的随意性，到新闻参政提出、确立的制度化，再到新闻参政理性化高度发展后完成新闻参政的法治化建设的路线。首先在新闻参政过程中要提倡参政者熟知我国法律的意识，要在参政者内心树立“法”的绝对权威性。在“法”的统治下开展话语的表达、信息的获取、信息的采编、信息的整理、参政议案的提出、参政的回应等新闻参政所涉及的活动都应该在我国法律法规的规定范围内，做遵法、依法和守法的典型。其次，要积极推动关于新闻参政的细化法律制定，这样才能让新闻参政进入法的管辖范围内，使新闻参政的地位和作用真正得到国家、社会、人民的认同并获得切实保障。再次，树立法治思维，将新闻参政包含于“依法治国”的框架内，并伴随时间的推移和新闻参政各方面条件的成熟，使得新闻参政的各项制度不断被法治细致化、完善化，最后，让新闻参政的身份、功能、运行各个环节实现法治化，唯有此，才能与依法治国的内在逻辑与目标一致，才能从根本上让新闻参政长期实行、稳定实施。随着“依法治国”思维在新闻参政中的不断深入与落实，可以让新闻参政逐渐成为一种我国民主政治的共同氛围。

二、新闻参政中的法治文化核心：依法问政、依法参政

依法治国的核心是依宪治国，法治政府的理念重点不是“治民”，而是“治官”，其基本的精义在于“治国者先受治于法”。而依法治国的前提则是制定出反映人民意志、可以良好运作的“良法”。如果立法者和执法者不懂法律，不信仰法律，那法治就只能是一句空话。所以，在新闻参政过程中，无论是平民百姓还是专家学者或是新闻机构，都应该依据一套稳定的法律机制，构建良好的法治文化，使参政议政有法可依。新闻参政应该重视其在国家政治生活中的作用，真正做到：依法问政、依法参政。

大众传媒作为参政主体，成为我国依法参政的组成部分，只有履行好“自我依法、自我守法、自我懂法”的基本依法问政、依法参政自律机制，才有望确保新闻参政的权力在法律规定的范围内行使，确保新闻参政主体依法参与政府科学决策，确保新闻参政在法治的轨道上良性运转。

从新闻参政的参政者来说，其成员众多、组织相对松散、难于组织掌控，如果他们不熟知法律、不了解新闻参政必须以法治为前提，那么，参政质量、问政状况都不会乐观。如今，新闻参政正是初步提倡阶段，更是要明正法治观念在新闻参政中的关键地位。应该看到，每一个参政者术业有专攻，媒体记者懂得的是新闻报道和经营，民主党派与政协做的是民主协商，普通百姓可能法律意识比较薄弱，因此在新闻参政的实践中应该做好一边

① 韩明玉．论依法治国的基本内涵和现实意义[J]．焦作大学学报，2004，18(1)：59-60.

普法，一边坚持新闻参政的每一个环节，依照法律程序办事，不违法。显然，对于将新闻参政作为基本民主参政制度的延伸方略来说，应该贯彻依法参政这个核心。

不言而喻，法律体系就其制定来说就是一种规范、严谨的标志，新闻参政的实现也应该是平稳健康有序的协商民主过程，也是需要借鉴法律的法条、依法治国的制度体系和司法公正严明的程序来进行具体话语表达、思想沟通和提出议案的。历史的教训警示我们，自由不是随意可以做我们想做的，而应该是考虑如何做才使我们真正获得自由，自由是在正当的边界内的合法行为：要确保民众的人权，需要依照合法的程序约束行为；要实现现代民主可持续政治建设，需要依照合法的程序约束行为；要实现有制约的公平话语权，更是需要依照合法的程序约束行为。法律所界定的规范系统首先内化的是人民的意志、国家的尊严和人文主义的精神，它既是国家的意志，也是集体的意志，还是个人意志的表现。所以，所有涉及民众切身利益或者民众最为关注、最为重大、最为直接的事务，法律都是保护民众参与决策的权利的，至于方式方法、执行程序和救济措施都是受到我国各种法律法规尤其是宪法条文的宣示、固定，并且在各政治部门的纪律中加以确保的。我国经济物质建设的井然有序、国家运行的良好公信力树立、公民合法权益的保障、民主政治的顺利执行都是依据法律程序作为公共的制度前提进行清楚界定和严密保护的。新闻参政既然要作为现代我国民主协商参政的重要表达，那么就需要进入依法治国的程序得到国家强有力的支持与保护，新闻参政得以科学执行是必须依赖系统化、严谨化的法律制度予以确立的，只有依赖法律体制才能真正合法让新闻参政制度完备，才能够真正进入可操作的范围，才能够使新闻参政权的执行做到有法可依、有章可循。

就拿目前具有新闻参政属性、备受关注的“网络问政”来说，作为现代政治发展的一场信息革命的网络问政、听证、参政已然成为时下民众积极参与的一股浪潮，对中国政治文化来说更像是一场当代政治话语权的战斗。网络为我国新闻参政提供其他媒介无法达到的便利，打破了过去的信息传播规律，也打破了传统媒体对于信息的垄断格局，形成了多中心扩散模式，把政治参与的话语权实实在在地分散给了民众，为草根阶层的言论自由提供了前所未有的便利途径。但是，由于一些复杂的原因，如现阶段我国民众的法律素质、媒介技术发展的不平衡、民众“技术沟”的存在、对网络监管技术不到位等，网络问政、听政、参政时有“众声喧哗”的杂乱局面，引起公共领域的无序或者新闻参政的过度等行为，这样的混乱就有可能危害国家政治安全，甚至给政府带来无法解决的麻烦。“无边界”的特性促成了网络问政的开放性，因此依法参政、依法议政，形成符合社会主义体制的，既能保障广大民众参政热情，又能维护良好社会机制的法制文化。网络具有不分时间、不限空间、不论地理位置的特征，赋予民众自由、充分参政的公共权利，不同于过去的政治参与方式，它能够使公众摆脱监管、躲开审查，传统的堵、压、控、管等监控手段在这种新媒介上显得无能，所以，对它的科学管理也显得更加急需，制定相关的法律法条来对新闻参政进行确保的同时也要对其进行合理合法的约束。使之在保证民众权利的同时也要履行自己的义务和社会责任。

要充分意识到新闻参政中的那些风险，也应该科学看待它的双面性，依法抑制其消极方面，发扬其积极效应，成为有效维护政治安定，确保社会顺利改革的迫切且重要的现实课题，依法问政、依法参政是新闻参政不可忽视的核心问题。

三、新闻参政的法治前景

(一)新闻参政者都具有主动的契约意识和规则意识

契约意识有着三方面的基本思想：自由平等、诚实守信、权利本位。第一，契约彰显了人类的自由平等，民众有着属于人权范围的各种自由，包括参政的自由，这样的参政自由里当然包括选择以什么方式进行参政的自由，所以新闻参政蕴含着现代的契约精神，新闻参政者理应作为契约精神的拥护者；第二，契约提倡了人们诚实守信的做人原则，为人正直、重信诺、一言九鼎、大方真诚，在新闻参政中参政者首先从人格上要保证其诚实守信，做一个合格的新闻参政人；第三，贯彻权利本位，人的权利是法律所保护的利益，新闻参政的权利同样受到法律保护，有法可依、依法参政。新闻参政对于契约意识的提倡，就是提倡了基本的法治精神。社会主义法治是一种视契约精神为灵魂的依法治国，而新闻参政也必须大力弘扬这样的契约精神，使得民众在利用媒体进行匿名的、隐蔽的参政交往中能够做到诚信诚实，注重自我话语的真实性、严肃性和平等性。

在新闻参政中建立法治的理念和法治的自觉，最主要的是确立参政者的规则意识。规则意识指的是："在对法律信仰、认同的基础上，积极主动、自觉地遵守和服从法律规则。"①它处于公民意识中的核心层面，是其内涵的重要组成部分。规则意识的有意培养需要注重五方面的意识强化：第一，强化权利意识，保护合法权利以及权利主张积极；第二，强化权利行使程序正当性意识，就是要求民众在对自己的合法权益进行维护之时，要讲究方法方式，要依照法律程序规则办事，绝不是权利滥用；第三，强化权利节制意识，在运用权利时要做到合理合法，要与身处的语境、社会要求、经济发展状况、法律法条规定、文化形态相符，不可越权；第四，强化自觉守法意识，懂得尊重法律法条规定、严格依法办事、依法行政等法治意识；第五，强化社会公德意识，要在现实社会中以公共道德作为行为操守准则，尊重道德风尚、道德精神和道德价值取向，有公共意识。

(二)新闻参政可以做到"问政"必有"回答"

新闻参政作为中国建立在信息共享、话语互动基础上的参政准入，在初期的践行中可能会出现强调"问"的单向民众意见、主张，社会政治信息的发出路径上及参政的程序上也比较重视政府能够批准"问"的启动。但是单向的"问"只是新闻参政中的前奏，那么，如何将其延续，做到有问有答，双向交流，这才是新闻参政面临的最大的现实挑战。如果"回答"环节不能得到落实，这样就会影响民众新闻参政的热情、积极性和主动性，一般没有得到回应或者得到的回应非沟通态度、官僚主义严重的新闻参政是毫无意义的参政，这样的新闻参政最后都会流于形式。

从长远来看，对新闻参政民意表达的"回应"体制是一个仍需引起关注的环节，怎样强化对参政民意的吸收、反馈、评说已成为关键。倘若缺少这一环节，新闻媒体的参与和表达，都将陷入表面化、符号化。因此，应该形成良好的互动机制，如对新闻参政中民众所提的提议、意见，都必须回应并且公开，行政机构也可以对那些不同观点进行整理、归

① 蒋传光. 法治文化的内涵及其特点[N]. 人民法院报，2012-09-21.

档、研究，并作出回馈，阐述相应理由，切实将“问政”变成有“回答”的双向政策交流和互动。

(三)在新闻参政实践中实现法制教育

在新闻参政中内化法治文化，核心在于法治理念的树立。新闻参政的法治文化是要求民众要具备一定法治意识和法治素质。然而，民众形成新闻参政的法治意识并非一朝一夕的事，首先要提倡他们学习与运用法律，这也是一种法制教育的方式。进行依法新闻参政就其实践来说就是在新闻参政的过程中对于法律的学习与运用。大众传媒中的新闻参政学习起着一种对法治的传播功能，传播中重视受众的需求，促使法制教育具备民众根基。依照他们的需求来学习，增加其学习的兴趣和动力，才是符合学习者需求的法制教育方式。在所有的法治观念中，哈贝马斯和胡克就高度重视传播在法治运行中的价值，而使他们的法治学理论打上了传播的印记。一个社会建设的理论构想最终要成为人们的思维模式和理论习惯是需要层层传达、说服和灌输的。法治要进行法制教育，贯彻其理论体系，为人们所接受，并成为人们的内心信念、行为准则、思维方式和选择模式，建构社会生活，达到教育目标的一个重要的途径也依然是传播，通过新闻参政这个即时即地的、关乎民众切身利益的、民众感兴趣的民主参政形式进行传播，新闻参政天然地具备传播性，这也正是法制教育的途径之一。

(四)新闻参政中网络问政实现法治化

目前，正是网络问政开启了对于新闻参政的探讨，而网络问政中的法治体现以及对于法治的探索，正是新闻参政法治化中不可或缺的组成部分。虽然网络问政改变了旧的参政方式，将传统媒体传递的单向性改变为多中心扩散模式，但是，网络问政仍然带有一定的随意性，网络的开放性可以实现掌握网络技术的民众进行自我意愿的发表意见，这种随意性伴生着随意的不良行为，拿捏不好就会反向发展。同时，网络参政者身份的隐蔽性也急切需要法律的关注，网络的虚拟性造就了参政主体可以进行随意伪装、隐秘，自由表达度加大，但是随着自由产生的则是责任的缺失，网络的隐蔽性也伴生着不负责任的言论。网络的随意性与隐蔽性衡量不好都会产生一定的危害性，所以网络问政、听政和参政都是需要实现法治化管理的。

1. 规范公开制度，提高政务透明度

首先，政府在行政工作中要坚持政务公开的原则，政府需要利用网络与网民沟通，促进行政透明度、开放度，特别是关系到老百姓切身利益的重大政务，如住房、就业、教育、医疗、养老等关系民生的政务，利用民众目前最为广泛运用的网络向民众与社会公开，将政府与民众连接起来，提高公权力执政水平。

其次，提倡民众利用网络公开的信息，充分收集不同民众的信息需求，确保其公开表达权。依据民众所公开的信息进行归档、整理和分析研究，建立政务大数据系统，并将大数据所显示的内容进行公开，这样保证政府与公众能对时代的信息进行了解，构建民众对国家、社会的信任感、安全感。

最后，建立健全的民众“网络问政”处理过程和结果公开规范制度。在“网络问政”过程中，网民作为参政者对于自己的参政行为都希望有一个回应与结果，所以“网络问政”理应采取公开透明的方式，使民众的知情权、参政权得以实现，从而有利于民众对政府行政管理职能进行必要的监督，防止政府过度的行政行为、权力滥用。因此，网络问政应该确立一套可行的、健全的信息发布体制与信息反馈体制，政府要以主动的态度去积极接受民众对于公权的监督，使民众有渠道去了解政府对于"问政"的态度、处理意见。

2. 有法治网、依法治网、违法必究

应该就"网络问政"行为过程制定一系列的法律法规制度。目前我国对于网络的法律监管处于初级时期，对于这个虚拟的空间我国尚没有一套完整可行的正式法律来进行有效管理，而现行《计算机信息网络国际联网安全保护管理办法》《中国互联网络域名管理办法》《中国互联网络域名管理办法》《互联网新闻信息服务管理规定》等这些分散条文存在着很多不足与滞后，操作起来非常不便，并且很多新现象、新问题无法管辖，漏洞极多，因此，网络问政的法治化首先应该从立法开始。第一，要立法细化以保障网络问政主体的参政权利。这些年来，党和政府一直提倡："加强制度建设与保障社会公开正义，进一步完善民主权利的保障制度；加强制度建设，保障社会公开正义，完善民主权利保障机构，巩固人民当家做主的政治地位……推进决策科学化、民主化，深化政务公开，依法保障公民的知情权、参与权、表达权、监督权；扩大人民民主，保证人民当家做主……要健全民主制度，丰富民主形式，拓宽民主渠道，依法实行民主选举、民主决策、民主管理、民主监督，保障人民的知情权、参与权、表达权、监督权。"①所以"网络问政"正是扩大人民民主权利、完善公开正义的渠道，所以将"网络问政"中所涉及的民众权利进行立法保护是近年来法律进步的总结和政治开明的结果。第二，制定关于"网络问政"中所呈议题的查察与审查法律，用以引导、规范和救济"网络问政"。公众通过"网络问政"得以表达意见，网民借助传播迅速、参与便捷的互联网，可以随心所欲地发表政治观点，但是这样无序的参政方式是危险的，如果缺乏外在法律监管，仅靠道德自律，将产生极坏的舆论影响。由于种种原因，这样的表达方式也是有其不足之处的，比如非理性、不文明、主观色彩和非规范性。虽然，民众有权通过网络进行问政，但是这样的问政也迫切需要科学性，倘若要推进"网络问政"的良性运行必然需要立法，凭借法律强有力的有效规范可以使问政的流程整体被并入统一法制化管理。另外，由于"网络问政"是在新兴媒体技术发展基础上进行的，所以其问题也将层出不穷，因此，关于网络问政所制定的法律也要具备灵便性和前瞻性，不能一成不变、目光短浅。不断建立各类法律法规与时俱进，保证网络问政的实效运作，同步规范秩序。

体系化的公民网络参政法律条文必须紧密联系实际、操作性强、宗旨明确、定位准确、内容全面，只有通过建立网络问政的法律制度体系规范、引导和救济问政主体及其问政内容、行为、过程，明确网络问政的权责关系，才能促进网络问政有法可依、有序进行、健康发展，为整个新闻参政在法治轨道上能够正常运转起到借鉴作用。

① 可分别参见2006年10月8日至11日召开的党的十六届六中全会作出的《中共中央关于构建社会主义和谐社会若干重大问题的决定》；2007年3月5日温家宝在十届全国人大五次会议上作的政府报告；2007年10月15日胡锦涛在十七大作的报告《高举中国特色社会主义伟大旗帜，为夺取全面建设小康社会新胜利而奋斗》的第六部分。

3. 建立健全的网络举报人制度

依据 2005 年 12 月 14 日生效的《联合国反腐败公约》中第三十三条保护举报人的法条规定："各缔约国均应当考虑在本国法律制度中纳入适当措施，以便对出于合理理由善意向主管机关举报涉及根据本公约确立的犯罪的任何事实的任何人员提供保护，使其不致受到任何不公正的待遇。"①在"网络问政"中民众对行政进行的监督最为具体的、最为有力的就是反腐，而网络揭腐往往附带直接或者间接的非常规风险和压力，如果不对揭腐民众进行保护，使他们被拥有强力行政公权力的腐败公职人员打击报复，就会严重打击民众的反腐热情，也会动摇网络问政的意义。因此，建立健全的网络举报人制度来保护网络问政的举报人，通过有效的法律体系对网络举报进行规范，既可以保护举报人也可以监督举报人，将网络问政的举报纳入正规渠道，有效进行正规的打击行政腐败犯罪行为，降低国家反腐成本，实现全民反腐，提高反腐效率。

新闻参政的法治文化维度主要包括：其法制构成；法治思维的树立以及依法参政、依法问政等合法的行为模式；平等、自由、民主、公平、正义、人权等具有启蒙思想价值的人类优秀文化精神。新闻参政的法治文化是以公众与政府之间的话语平等、信息公正、表达自由等为目标的民主政治参与型策略。新闻参政的法治文化是立足于广泛而自由的新闻事业的法治文化。新闻参政的法治文化是民众对于既有的民主参政建设的一种反思与补充的产物，更多地回应了现代民众对于人民权利、现代政治权利和基本人权等的要求，特别是在精神和理念层面要求民众聚集在大众传媒这一公共话语领域，一起形成参与国家政治建设的人类智慧结晶。

第三节　新闻参政与公众文化

一种制度的产生会体现、表达、衍生出与之相适应的文化风气。新闻参政所提倡的是一种在舆论领域下的公众文化氛围。

一、公众文化的内涵

(一)主体区分：公民、大众、公众

目前，最让学术界关注的众多文化主体是公民、大众、公众这三个看似十分相近的主体类型。对主体的明确辨析乃是讨论与之对应文化类型的出发点。

(1)公民，英文为"citizen"，源于"city"一词。一般来说，其最早出现在古希腊时期，是指古希腊各城邦之中被允许进行政治参与和决策的一部分平民，并且其所涵盖的平民范围时常随着时间的变化而相异，时而人数较少(比如有时必须拥有一定数量的财产的限制)，时而人数较多(比如最多时可指所有自由民)。虽然如此，但是古希腊时候的公民是一种早期人类萌芽的不完整概念，而真正意义上的公民概念应该是资产阶级革命后才产生的。主要是与个人的政治权利与法治权利相对应，是个人具有某一国家的国籍后必须依据其国家法律规定享有权利和承担义务，即"公民的定义是享有从事管理社会和国家等公共

① 可参照《联合国反腐败公约(中文本)》第三十三条。

事务的权利的人。公民的身份或者资格应该是指具有从事管理社会和国家等公务活动能力的人。一方面，根据政治权利的平等原则，每个国民都应该享有政治权利，都应该享有从事管理社会和国家等公务活动的政治权利；另一方面，根据人作为政治动物之本性，每个国民都具有从事管理社会和国家等公务活动的政治能力：实在的或是潜在的。因此，每个国民便都应该具有公民资格，都应该成为公民，都应该从事管理社会和国家等公务活动"①。而英国对公民理论讨论集大成者 T. H. 马歇尔在其《公民身份与社会阶级》一书中曾经阐释了与公民身份相关联的三大要素：公民、政治以及社会。他认为："'公民的要素'由个人自由所必需的权利所组成，包括人身自由、言论自由、思想和信仰自由、财产权、订立契约的权利以及获得公正审判的权利等；'政治的要素'是指公民作为政治实体所应拥有的选举权和被选举权等参与和行使政治权力的权利；而'社会的要素'是指从享有某种程度的社会福利与安全，到充分享有社会遗产并依据社会通行标准享受文明生活的权利等。"②上述三大要素实则为公民拥有的三大基本权利。

(2)大众，英文可译为 mass 或者 popular。首先，因雷蒙·威廉斯自身深受精英文化与高雅文化的熏陶，认为译为"mass"的大众一词与上述两种文化的主体相对立，将大众与"'下层民众'、'粗俗者'和'乌合之众'这些词语相联系起来，专指在城市人口关系之中，那些兴趣不高、习性低下的下层民众、愚昧工人和容易上当受骗的群众"。③ 他觉得这样的一群近乎低俗的市井小民与泼皮混混，是一群反复无常、狭隘自私的人群，不值得政府服务，并认为他们对民主和文化的发展没有任何积极作用。这些观点带有强烈的个人偏见，而另一位英国学者迈克·费瑟斯通则不赞同威廉斯的这些说法，他认为大众是指人数众多的一般普通工人阶级民众，他在其倡导共同文化的前提下认为我们应该"平等地承认那些粗俗的下里巴人文化，承认普通民众对狂欢传统的大众化满足与僭越。尊重民众的尊严和无文字传统，对工人阶级的工会组织和日常生活予以充分认识"。④ 虽然费瑟斯通试图想要让人们重新认识大众，但是，大众一词始终在法兰克福学派的理论著述下无法摆脱其低俗、消极、无知、已被操控的一面，在法兰克福学派论及的文化工业理论里，大众形象群一直以来都是工业社会下，被程式化、工业化抑制了能动理性思维、主观创造力，机械的、非人的、标准生产的、模式化的、僵化的被动者与消极者，会促使工业文化下的社会关系不断疏远、契约化，人们之间充斥着孤独与偶然。法兰克福学派在对大众进行否定辩证、批判反思的基础上展开了对消费社会与工业文化的深刻批判。

其次，因为 mass 的歧视、轻蔑倾向，为了更好地进行文化研究，英国伯明翰学派的学者将大众译为 popular，侧重了大众群体性的一面，强调其"与贵族阶级和知识分子相比，是来自民间的，是流行、受欢迎的、普遍的、活跃的民间文化参与者，可做通俗、民

① 百度百科，http://baike.baidu.com/view/7983.htm?fr=aladdin.

② [英]T. H. 马歇尔. 公民身份与社会阶级[M]. 郭忠华，等，译. 南京：江苏人民出版社，2008：10.

③ [英]雷蒙·威廉斯. 文化与社会[M]. 吴松江，张文定，译. 北京：北京大学出版社，1991：377.

④ [英]迈克·费瑟斯通. 消费文化与后现代主义[M]. 刘精明，译. 南京：译林出版社，2000：197.

众、庶民等解释"①。popular在伯明翰学派的立场下意指一个中性词语，用麦克唐纳的话来说，大众"是一个社群，即由共同的利益、劳作、传统、价值标准和情趣彼此联结起来的一群个体"②。如果说mass的乌合之众是形容那些无序的、孤立的工业社会成就的不稳定原子，那么，popular就是个体相互联系后的产物——群体，他们有着积极活跃的一面，时常作为社会的有序进步力量出现，有着他们共同的政治价值观念，相对社会主流文化存在的民众集合，与社会权力机构相反，结成了普通市民与工人阶级大众的联盟，与他们相符合的就是现在所称的民间文化，来自于老百姓的日常生活趣味与政治倾向。

(3)公众，英文可译为public，美国学者沃尔特·李普曼对于public的讨论最为有名，在其《公众舆论》一书中对公众虽然没有一个确定的定义，但从其论述中可以总结到，他指的民众是一个具有政治意义的概念，在争取类似于"公民"一样的政治民主权利的同时，他们与媒介有关，可以形成一股无形的力量——舆论，媒介与之相伴，他认为在公众这一主体的促使下真理凭借其特殊的力量最终会浮出水面，公众在各种舆论的竞争中具有认识真理的能力，他们将实现真理自由传播后对其公认的责任。同时，他们对于新闻媒体有着一定依赖程度。"公众会为新闻报道付钱，但支出必须是隐性的"③。公众对于关乎自身群体切身公共利益扮演践行者和维护者的角色，经常会关注日常生活中公共问题和公共事务并进行自我思考，采取积极主动的行动。公众在国家民主政治生活中具有坚不可摧的基础作用，是公共意愿的代表。美国社会学家C. 赖特·米尔斯曾对大众和公众之差别进行了区分，他认为相对于那些容易被大众媒介操控的、被动接受媒介观点的、消极的大众群体来说，"公众快速、积极参与到了民主运作中，表达意见的人占多数，而且自治程度颇高"④。他们心怀民主协商后集体达成一致结果的共同行为方式和共同行为目标，他们可以产生出集体智慧和民主理性的结晶，这一点与大众的缺乏主观创造力与理性思维恰恰相反。又因为大众之间的孤独存在，大多数情况下都是缺少沟通或者沟通无效，常常引发权利的争夺与斗争，而公众之间更能互通有无共同讨论，积极参与民主政治，得出公正有序的结果。我们经常用到的"人民"与"民众"只是对于公众的中性表述，公众更为贴切。公众可以说是大众在政治领域与公共话语场域语境下所呈现的形态，虽有一定的联系，但是有着较大差别的。两者可以对照来考察，不能孤立静止脱离。

(二)公众文化：大众文化的提升

所谓公众文化，也就是以公众作为文化主体的文化形态，是新闻参政中所映射的文化意识类别，是在民主政治社会这一语境下产生的，公众通过共同意愿的快速积极参与，表达群体意见，理性思维、民主协商后建构社会舆论，推动社会进步发展的集体智慧与民主理性文化。它源自大众的群体性质，但又是对大众文化的提升与精炼，是民主政治参与型

---

① [英]雷蒙·威廉斯. 文化与社会[M]. 吴松江，张文定，译. 北京：北京大学出版社，1991：3.

② 王先霈，王又平. 文学理论批评术语汇释[M]. 北京：高等教育出版社，2006：817.

③ [美]沃尔特·李普曼. 公众舆论[M]. 阎克文，江红，译. 上海：上海人民出版社，2006：257.

④ [美]米尔斯. 权力精英[M]. 王崑，等，译. 南京：南京大学出版，2004：385.

社会所提倡的文化类别，它的成形需要社会的推动与积极响应，也是人类文化素质不断提高的表现。

从文化的历时性发展来看，随着人类文明的不断进步，大众文化过渡到公众文化，公众文化得以成形，是极其可能的。目前，倘若要让新闻参政中折射出来的这一积极公众文化得以实现的话，需注重以下几个方面。

第一，要对大众文化的积极方面给予认可。如果要把目前颇有消极影响的大众文化加以提高，应该杜绝那种全盘否定或者全盘肯定某一文化形态的划分模式，将学界由无谓的学术对抗转入对于文化本体的探究上来。我们应该认识到大众文化依然是当下的主流文化的代表，有广泛的群众基础与社会化比例。现今，大众的世俗性文化消费也越来越向专业的高雅欣赏水平靠近，公众文化也在大众文化中得以孕育而生。

第二，提倡民主自由平等的理性思维。目前，我国民众中商业消费、娱乐化、诚信丧失、自私化等社会不良问题频频发生，这些对于公众文化的深入起着不可忽视的负面效应。究其原因来看，一方面是民众自身的不良特性决定，缺乏自省与自律，缺乏理性思维的缘故；另一方面，民众的精神追求不高，公众文化因其本身具有民主、自由、平等、理性的特点，因此，大力提倡公众文化的核心精神有利于对目前民众的观念与行为进行引导，构建社会良好舆论风气。所以，在公共领域中实现社会各阶层的互动，使公众文化的核心精神在人们之间交流，将其精神不断延续下去。

第三，借助大众媒介这一公共话语平台。公众文化的积极实现，需要与我们当今的大众媒体联合起来，大力传播公众文化中的良性公众舆论、价值观念、社会风尚、生活方式，积极为大众接受。

第四，提倡多元性、民主性。民众文化应该是一种共同性质文化体系，不是为哪一个特定的统治阶层服务的，它所具有的多元性、民主性使其具有极强的包容性，适合社会各个阶层的受众。

第五，提高民众的文化自觉程度。公众文化本身表现出高雅文化、精英文化与理性自觉等内容。伴随公民素质的提高，社会的文化将会朝向更加合理、更加成熟、更加自觉、更加丰富的方向发展，在如此的社会发展趋势下，公众文化所要担负的历史使命与社会职责已无法推卸地出现在人类文明的眼前。

第六，提倡新闻参政，积极践行民众文化。新闻参政的提倡本身就是对其蕴含的民众文化的最大社会实践过程，将民众文化真正落入实践，也是哲学实践观的积极体现，在实践中不断验证与发展公众文化正是适应了不断变化发展的社会潮流走向。使公众文化在实践中与时俱进，富有时代精神。

二、新闻参政的公众文化特性

(一)政治性

新闻参政的公众文化首先与政治有着紧密的联系，也是民主性政治参与意识的体现。这种新闻参政的公众文化意识形态是在我国社会主义人民当家做主的政治形势下，公众对国家的政治关系、政治结构、政治制度、政治行为的主观反映。外在表现为公众的政治思维、政治立场、政治价值取向、政治心理、政治行为以及政治道德等。这种民主参与的政治意识是国家政治社会化的产物，也是政治文明发展的必然趋势。公众是新闻参政的主体，也可以作为社会发展的推动力量，新闻参政的公众文化的深入是我国政治生活发展的重要组成部分。公众能否正确理解国家政治的实际情况，利用大众媒体的公共平台，监督国家执政人士在政治建设中的步伐，对于国家的政治生活有着极其深远的效用。我国正处在社会的转型时期，各种思想与意识都同时交织存在，新闻参政中折射的公众文化自觉体系对文化有着自觉的态度，对社会的健康发展具有积极的作用。新闻参政的公众文化的主体意识的形成以及参与意识的增强是我国政治发展建设中的两大亮点。

（二）自觉性

新闻参政的公众文化体现了一种自觉辩证、批判的思维性质。为了能够全面地认识世界，树立人生观、价值观，更为了在媒体公共领域中掌握话语表达结构与权力，我们需要能够自觉认识周围事物的能力。公众的日常生活是一个纷繁复杂的社会汇聚地，在一个公共场域中怎样去了解事物的主观、客观关系，认清事物的本质，抓住事物的主要关键点，辨析那些“虚假需求”与“真实需要”的模糊分界对文化的自觉，特别在新闻参政的主题下对公众文化的自觉为人类提供了一种辩证的思维能力。另外，新闻参政的公众文化还必须在民主社会中肩负起与宰制政治力量对抗的使命，具备自觉的文化生活态度和文化认识。新闻参政的公众文化是反抗宰制、规训民众的公共价值思想媒介，因此，公众文化对其社会的责任也应该有着极其主动的自觉意识的。

（三）理性化

我国社会主义的民主政治建设的首要任务就是民众必须消除传统封建主义文化中对权力的崇拜意识和臣民的纲常伦理，逐步实现发达的政治平等主体感以及权力观等理性精神。而新闻参政的民众文化之中蕴含了这样的理性精神。这样的理性精神首先体现在新闻参政对于法治文化的认知上，社会主义的法治建设的核心便是理性的精神，新闻参政的公众文化主张的是公众要依法参政、依法问政，使得新闻参政合理化，公众文化扩大化。新闻参政的公众文化提倡公众具有成熟的法律意识，认同、尊重、信任并维护法律在新闻参政过程中的权威，从而理性地去参与政治生活，履行公众的政治使命，承担公众的义务。其次，新闻参政的公众文化理性主要是对消费社会中媒介传播的理性反思，它对现今市场中成批在大众传媒生产出来的，广播、电视、电影、网络小说、科幻小说等塑造出来的种种媒介文化拟态环境有着一定的辨识度，不会盲目地被媒介虚拟出来的幻想所统治。

（四）公共性

新闻参政的公众文化的公共性源自于传媒的公共性质，传媒的公共性体现在其作为公共领域的重要建制之一，是其天然的物质属性，同时，它的公共性更是其服务于公共利益的生存目标的属性体现，也就是常说的媒体的“为人民服务”的社会属性。引用潘忠党对于媒体公共性的概述来说，他认为“传媒作为社会公器服务于公共利益的形成与表达的实践逻辑，认为传媒的公共性不是先天的，而是历史的，也是社会各方互动的过程和结果”①。另外，新闻参政的公众文化也就是指其在公众舆论参政体现出来的理念。面对参

① 潘忠党．传媒的公共性与中国传媒改革的再起步[J]．传播与社会学刊，2009(6)：1-16.

政者要采取兼容并包的开放心态，对所有公众开放，提倡话语必须公开，实现公众可以针对国家政治政策决议开展理性的辩论意愿，形成批判性的社会舆论，实现积极参与民主政治的强烈愿望。此外，新闻参政的公众文化还关注关系国计民生的公益性的事务，具有人文关怀的思想，服务与维护社会的公共利益。同时，对于媒体自身的体制结构要采取公开的原则，提倡言论自由、新闻自由，以及媒体产权经营管理上要真正落实清晰、透明的原则，传媒内部要做到公共性的“实然”。

（五）民主性

如果要建立一个公平、公正、平等的民主社会，就需要有着与之相匹配的价值取向及道德标准。而新闻参政的公众文化是一个民主社会应该大力推广的价值取向及道德标准，它赋有民主的思想意识。新闻参政的公众文化蕴含的民主意识，要求每一个民众在新闻参政中要有一定的约束力和权利意识。新闻参政实践本身就是一种多元主体政治力量并存、互相沟通的行为，这些社会政治力量的多元存在真实体现了政治的民主性，为社会的稳固发展提供了政治土壤。我们应该知晓，越是在多元化下能够平衡和谐并存的社会，其自由与民主的程度就越高，民主就越牢固，反之，倘若一个社会以削弱自由与民主的力度而发展成为集权主义、霸权主义、独尊一家，那么其民主几乎就无从谈起。在新闻参政过程的公众文化中提倡的就是多元主体文化共存的广泛价值的求同存异，提供了民主参与政治的生成内因和空间。

（六）使命感

新闻参政的公众文化是一种有强烈历史使命感的文化形态，它在内部自律的机制下发挥着文化各个环节的功能。我们可以看到，新闻参政的公众文化的这种自律性实际上来源于其内化的精英文化的维度。随着我国高等教育的逐步实现，民众的文化水平将会得到不断提高，我国知识分子数量和质量也会得到增加与增强，而精英文化价值融入公众文化是不争的事实，精英力量从其诞生之日就是提倡其文化启蒙的社会责任，他们是社会文化精华的集合体，也是文化的守望者，更是社会文明的开拓者，也是文明的传播者，他们发扬着文化中优秀的部分，警惕与反思各种不良社会成分，对整个社会有着强烈的使命感。那么，新闻参政公众文化中精英文化的加入也就意味着其对社会政治建设的使命感的强化。

三、人文精神：新闻参政公众文化精神品格

从新闻参政公众文化的语境分析中我们可以总结出，其精神品格就是启蒙思想中的全部人文精神构成的体现。人文精神是18世纪西方“人文主义”的基本核心与价值取向。具体来说，具备三个基本的特征：“其一，人文精神始终以人的关怀为主题，其核心是人的生存格局和历史命运；其二，人文精神具有超越性特征和理想性指向，立足和反思‘实然’并不断地追问‘应然’，是人文精神的价值目标之所在；其三，人文精神反对狭隘的人类中心主义，其价值视域涵摄人所生活于其中的整个世界”①。人文精神是以“以人为本”作为其价值取向，对人作为主体地位的社会发展的认可，并以人的自由全面发展为终极目

① 黄湘莲．人文精神与公民文化[J]．湖南医科大学学报(社会科学版)，2008(3)：35.

标，是人性的社会化外显，是人进行自身解放的自觉标准，以真善美的追求为其美学价值，是人类的内在灵魂，内含着对自由精神、理性精神、民主精神、伦理精神、主体精神、平等精神的强烈追求。

(一)政治交往的人本精神

新闻参政中的公众文化已经把人本精神作为其文化的共识。改革开放以来，我国与全世界的联系加深，国外各种形态的文化与意识不断涌进我国，人们的思维方式、价值取向、生活态度也正在变化，人们的私生活边界不断拓展，在政治生活的体现就是人们对自我权利的维护，因此，需要一个能够维护个人权益，社会各层民众平等、人民正当的政治诉求得以满足的社会政治，也需要一个以平等自由与人权意识为行为准则的公共政治领域。故此，新闻参政这种着眼于民主参与的政治形式就势在必行。在政治文明发展的过程中，政治交往对于政治文明的进步影响颇深。政治的参与者需要在各种共同利益需求的政治交往中得到他者的尊重与支持，通过政治话语的交流产生政治诉求的共鸣与呼应，最终得到社会的认可，或者是在政治疑惑时与别人倾诉，从而调整自我政治心理，追求认同，平衡落差，调整心态。这样的政治交往需求、政治认同需求、政治平衡心态的需要都可以通过新闻参政中实现的交往来达到，这就是一种典型的以人为本的核心价值实践。新闻参政作为政治公共空间的营造方式，可以为公众提供同步水平的社会政治网络，通过这样的新闻参政平台不仅可以满足人们政治交流的需要，还可以经由传播系统将人本精神整合起来构成民众文化，构建群体认同观念，让参与政治的夙愿得以实现。

(二)政治参与的主体精神

人的主体精神就是在承认人的主观能动作用的基础上，确定人对外界世界的改造能力，人类可以主宰自己的命运，尊重人类追求发展进步的愿望，贯彻“人之所以为人”的人文原则。

新闻参政的公众文化就是充分承认了民众的独立能力，相信其对于政治的敏感度，鼓励其积极参与到国家的政治生活中来。同时，充分认识到人的主体意识要自我进行主动把握，培养、塑造人利用自身主体能力，发挥政治主观能动性的作用。所以，为了保持个人在新闻参政中的积极性，应认识到主体精神的核心是要认知到自身认识水平与实践技能的局限性，不断学习、积极进取，在改造政治客观世界的同时，也要改造自身的主观世界，让公众保持独立个性，培养不为某一政治团体所奴役的主体精神，培养反思的多维度世界观和人生观。现在，我国正处于现代化建设的深度转型期，虽然还要继续以经济现代化作为契机，但是也不忽略人文精神的培养，它所代表的是新闻参政的公众主体对个体现实政治参与的自由、平等权利的宽容与尊重。对政治人格的培养、现代人格的塑造、主体政治意识的培育才是新闻参政中公众文化的价值目标。所以，当下公众文化重点在于凸显各阶层公众的政治个性、政治视角、政治拓展能力，造就以德性为基础，以能力为根本的具有主体人格和实践理性为特色的现代政治公众。

在这种公众文化支持下，公众能够清晰地意识到自己应该作为社会政治生活与公共事务主体的重要部分，而不是仅仅处于政治生活的对象客体位置。公众能够作为独立思考、独立人格、独立行为的政治权力和权利主体，被纳入社会政治程序实施以及社会主流政治关系中去。公众能够意识到其主体地位的本质是在于政治实践过程中的参与，参与权是自己作为公民的社会法律角色权益，也是自己作为人民对我国当家做主地位的实现。因此，热情、积极、理性地通过新闻参政，遵循公众文化，对政府的政策实施进行必要的参与活动是政治主体精神的充分实现。

（三）政治美学的真善美道德导向

以真善美作为政治美学的道德导向，加强具有人文精神的学习是新闻参政公众文化所必须倡导的。生活在这个世界的每一个个体都会与他人有着各种各样的相互依赖的关系，人们在一切行为举止上也都相互影响。因此，每一个在新闻参政中的公众在实施自我行为之时，都应该选择以人类共同的伦理道德为基点，对自我的行为做出正确的价值判断。只要是那些能够与我国所提倡的道德规范相吻合的参政行为，公众就可以竭尽全力、不遗余力地去执行，只要是那些破坏我国所提倡的规范、有损社会道德的参政行为，就应该坚决制止。新闻参政在受到法律规范的同时，也要受到社会道德的制约。一个人作为参政的主体如果不懂得与国家、与社会、与他人相处，没有社会责任感、没有心理羞耻度、没有畏惧心，那么往往都会做出一些随心所欲造成严重后果的危害他人、国家、社会的行为。所以，公众文化应该体现出来的是一个能够让每一个人都共同生存发展的自觉意识，具有关怀他人的自省，能够惩恶扬善，维护正义、法度、伦理的公众文化。新闻参政的公众文化培育的将是以真善美为导向的社会伦理美学。

在当代，主流商业性背景下的新闻参政公众文化也会呈现出一种商业化特色，虽说媒体起着喉舌作用，但是在当今事业性质、企业管理的传媒体制之下，盈利和利润仍是媒体追逐的焦点，建立在媒体文化基础上的新闻参政公众文化是否真的体现了亲民意识，是否真的体现了人文关怀，这个目标仍有待努力去实现。此外，受到大众文化自发性的影响，新闻参政公众文化还呈现一种快餐缺陷，目前的新闻参政更像是一种经过合成加工的产品，属于媒介自造而非民众创造。新闻参政公众文化的出现在一定程度上代表了国家社会文化的转型，更好地体现了以人为本的内涵，但是在较为混乱的社会文化语境中，要使新闻参政民众文化真正做到民主、自由、平等、理性、自觉等还需继续努力探究，需要更准确地去衡量和定义民主的含义，更准确地把握新闻的内涵，并且找到一个真正合适的结合点，真正地发挥新闻参政公众文化的巨大潜力。

第五章　新闻参政的程序、效力及要求

本书中新闻参政一直是作为现代民主参政的一种全新探索来分析论证的，在前面的章节中我们已经探讨了新闻参政的基础理论，那么这一章我们将对新闻参政的实践过程、社会效应与达到新闻参政所需的条件进行一一阐述，试图把理论探索落实在现实领域中。

第一节　新闻参政的程序

新闻参政得以实现进入实践环节，涉及新闻参政的具体程序制定问题，如何理解与设计新闻参政程序，是一项需要积极探究的艰巨任务。

一、程序共识的基础：协商民主原则

程序作为内容的外在实践的表现形式是客观中立的，因为从表面上看这一程序本身只是形式，它并不涉及具体的内容，甚至于它只是一切内容的万能容器，或者对一切理念都开放。但是，就“程序”本身而言，它有着不同的具体实施办法与类型，比如程序在某一事情的解决措施上也许表现为会议中的对话交流，也可以是某一群人进行抽签表决，还可以是某一个人全权操控。那么，为什么对于一个事件的处理，人们会采取不同形式的程序呢？只要我们深入一步加以考察就会发现，实际上作为表现形式的程序在基础理念共识上并非真正的中立无私，其本身就是某种原则的表达，在程序实施的方法选择上依循的是某种约定的道德价值或者事务准则，这就是程序共识的原则。因此，程序在共识原则上讲，与其内容是不可分割的。

新闻参政的程序依循的又是什么共识原则呢？归根结底，新闻参政程序共识的基础是协商民主原则。我国学者陈少艺、杜艳华在其《从民主协商到协商民主——中国共产党协商民主观的新拓展》一文中结合与总结了国内外学者的理解，得出对协商民主的看法，他们认为：“协商民主应是平等的主体，自由、公开、平等地参与对话、沟通和协商或倾听各种不同的意见，通过理性、负责的思考，审议各种理由的合理性，或者改变自身的观点，或者说服别人改变自身的立场，积极参与国家大事或公共事务的决策，通过自由平等对话来取得共识，保证公共和普遍利益的实现，使决策合法化、科学化。”①新闻参政的程序依循的协商民主与经常见到的民主协商不尽相同：首先，两者所涉及的协商参与主体及其地位有较大差别。民主协商的主体主要包括执政党与各民主党派及相关的社会团体，在

① 陈少艺，杜艳华．从民主协商到协商民主——中国共产党协商民主观的新拓展[J]．上海党史与党建，2013(4)：10-13.

保证执政党拥有绝对决策权的前提下，各民主党派和相关社会团体可以对国家所有事务进行参政与议政；而协商民主的主体是一个较为宽泛的群体组合，不仅仅指代党派的互动协商，还可以将其主体延续到人民、人民代表、不同性质的集体团队、媒体等。其次，两者协商所覆盖的内容也不相同，民主协商较之于协商民主的内容较为单一，民主协商的内容主要是指国家的政治建设方面的民主参与，民主协商着重于国家各方面建设政策制定中各种社会主体之间利益的协调与整合，而协商民主的内容较丰富，除了政治生活它还涉及经济、文化、日常生活等社会各方面的民主协商参与。

新闻参政程序体现的协商民主是一个更大涵义与外延的原则：

(一)扩大新闻参政中的主体范围

在程序的设计中应该尽量扩大参与协商的主体的范围，程序应该有助于多元主体的新闻参政。2005年，中共中央颁布《中共中央关于进一步加强中国共产党领导的多党合作和政治协商制度建设的意见》，针对协商制度进一步提出："在新的历史条件下，发展社会主义民主政治……其中一个重要方面就是扩大各界人士有序的政治参与，拓宽社会利益表达渠道，促进社会和谐发展，实现中共领导、人民当家做主和依法治国有机统一。"①媒体的新闻参政并非是媒体本身存在什么特权，它只是代替人民行使权利，扮演了人民的代言者角色，它应该生活在人民当中，真诚地为人民代言，不论主体身份，只要合理，只要有诉求便是新闻参政主体。新闻参政应该人人平等，将主体的范围逐步扩大到民主党派、各层级的集体组织、基层群众、团体组织、群众和人民代表、媒体公共舆论代表等社会组成部分。突破传统的殿堂式、精英式政治，力求"草根"民主协商参与体制。

(二)创新和拓展协商民主渠道

程序设计中要全面考虑参政信息的多重途径畅通，创新和拓展协商民主渠道，减少"噪音"。新闻参政的主体多元化也就决定了其程序中考虑实现的渠道多样性。从国家、地方到基层，从内参、进言到会议，从代表、司法到新媒体等不同层次、不同方式，只要有利于参政，有利于协商对话都应该去开辟。各种研究已经用事实证明了在国家、社会、生活的建设中局限于"民主协商"这种单一渠道已经再也不能满足当代我国多元利益主体的各种现实的需求，我国在现代化建设的推动下，社会的民主政治与社会公共事务的发展需要将不同协商路径进行合理化调整。新闻参政也应当在程序设置中体现出来。

(三)程序设计上要规范化、严谨化，依照民主法制规律

虽然新闻参政是公权力的社会化拓展，但是在其程序的把握上不能有半点马虎。新闻参政的程序制定上就应该充分体现现代新型协商制度——协商民主的原则，将我国的民主政治建设与发展真正落实到实践工作中来，体现其现实意义。首先，它有利于提升媒体的公信力及赋予参与决策的合法性。程序的规范性是新闻参政中协商民主的必然要求，只有通过深思熟虑、功夫打磨的细化，程序方案的具体拟定、贯彻、实施，才能够争取民众的全心支持与真心配合，这样媒介进行的新闻参政才能够赢取社会公信力，赋予新闻参政社会价值和延续的生命力。其次，新闻参政需要对参政的规则与程序进行熟悉与灵活运用，

① 十六大以来重要文献选编[M]．北京：中央文献出版社，2006：673.

通过科学的操作在政治决策者给出重要决策之前，能够将各种新闻参政主体的意见与提议经由合法的程序进行反馈，真正达到主体所期望的参政实践效果与预期目标。采用独有的途径与运行办法，在实践过程中保证进行最大限度的收集、整理、研讨、磋商、整合，酝酿出新闻参政中的充分民主协商氛围，在各种各样的意见、想法、观点中进行比较解析，去其糟粕、取其精华，促使新闻参政实现协商民主所要求的群策群力、集思广益、广开言路的科学目的。

二、程序生成之逻辑：程序正义

新闻参政是社会公共管理中使国家（政府）与公民进行互动后的一种公共政策得以实现的促进机制，它通过一定的程序进行交流对话，并建议与监督国家行为，解决公共问题的过程。它的实践程序也需要正义的生成逻辑。新闻参政在拟定、执行、审评与结束的实践程序中，必须遵守相关法律法规法条的要求，依据合法的排列顺序、实施步骤与方法来操作。正义的实现理所当然地包括程序的正义执行，对于新闻参政来说，经由理性思考与权衡，才能够真正寻找到行之有效的新闻参政中传媒与公共决策相互融合的模式。所以，新闻参政的实现是一个极其复杂的过程，涉及的范围很广，仅用一个单一的程序来确立是很难的。

在新闻参政提出的初期，虽然我们在新闻参政程序设计中都一直着力于对程序正确、完美的追求，但是因为处于初级阶段的新闻参政理论思考的局限所在，还是会出现某些人为的偶然决定因素影响其程序的正义公平，出现偏差。目前，即使我们无法做到设计出一套完美的万无一失的程序，但是我们应该看到，新闻参政所要求的程序正义往往可以寄托在新闻参政后所实现的积极结果与匡扶的社会正道中。新闻参政的程序正义不仅仅体现在严谨的程序设计上，还可以体现在其最初的伦理价值的理性思维方式上。所以，去除偶然性不良因素，实现正义公平是我们进一步思索与完善新闻参政程序的出发点。在未来的设计中，我们应该保持正义的初衷，要看到决定一种程序的正义度量，最为基础的就是看其是否可以实现其参与公共决策的价值取向，它是一种实质性、深层次的正义孕育，并非是简单的表层概念的正确表述。程序能否提倡正义是由其本质正义所决定，本质上的正义才是判断程序正义的核心价值标准。

设计新闻参政的程序过程中，民众对政府公共决策参与深度与广度、社会管理权益的分配，以及权力的运用应当是正当的。第一，新闻参政代表的是公众，依附在公众的意识形态上，代表公共意志，新闻参政的程序也应该是公共意志幻化的正义程序，这样的程序才是本质上体现正义的所在。程序中应该充分鼓励公民进行深度参与，让公民真正意识到新闻参政的程序是为其参政提供便利的根本途径。一种程序在识别上需要投射出公共参与的意愿，才能够被称为正义的程序。第二，新闻参政的程序设计不能脱离公共权力的运用，公共权力在程序上的合理且多样使用是一种程序的正义所在，在新闻参政的程序中应该尽量避免政治的强制权力，使独断专权能够在程序上得到充分的抑制，与此同时，也不能让公共权力越界操作。正因如此，新闻参政的程序必须体现公众的要求，但不滥用公众的要求，过度参政或者新闻执政会给政府带来不良后果，甚至损害大众利益。

所以，程序正义是新闻参政程序设计最为重要的逻辑起点。

三、新闻参政的程序设计

新闻参政虽然着力于参政，但是新闻参政还是不可回避其媒介信息传播自身的运行规律。媒介新闻操作中历经采集—发布—反馈三个环节，那么，本书中对于新闻参政在程序上也参照了以下三个环节进行设计：

(一)前期程序

因为媒体的特殊中间公共地位，是代表一定范围或者整个社会的公众进行政府决策参与；而其及其信息载体的性质，是需要进行信息采集与整理的，所以，在正式进入与政府对话之前需要进行很多的信息收集，为参政作准备的。

1. 设立新闻参政机构

新闻参政机构是指依照具体参政事务所设立的机构，其基本职能是确保新闻参政能够顺利进行。在机构设立中新闻参政的机构大致可分为两类：新闻机构内部参政增设部门及外部与新闻参政机构对接的部门。

(1)新闻参政机构应增设的部门。

新闻参政机构应增设部、处、科或室。若要传媒进行新闻参政，考虑到新闻参政的专业性、严肃性、重要性，必然会在新闻机构内部依据媒体级别大小设立专门的新闻参政部、处、科或室。此部门的导向应该是确保国家政治安全，因此部门的第一领导应该是具有过硬的政治觉悟的人。部门要设立领导人委员会制度，举行表决，在正式与政府对话之前对于参政的内容进行讨论并进行表决以决定取舍与先后顺序，当然在领导人员设立上应该以单数为基准。

新闻参政议案中心。此中心隶属新闻参政部、处、科或室，主要负责与新闻参政所代表的主体进行对接，进行信息采集、整理、归类、归档，即时上报。新闻参政议案中心是新闻参政中最为基层的情报部门，工作庞杂，专业知识要求很强，应该选择一些具有公众认可度、新闻素养较高、公共责任心较强的人进行。并且，这个中心的工作人员一定要高薪聘任，按时段进行考核，以免新闻租借、贪污受贿渎职等有损新闻参政之正义的恶性事件发生。

新闻参政舆情中心。此中心主要负责对媒体自身所采集的信息进行整理，形成舆情汇编，谈论一些参政主题，上报新闻参政部门。这个中心的工作人员必须是新闻专业人士，专业知识很强，新闻敏感度很高，具有多年从业经验的新闻部门工作人员。

(2)外部与新闻参政机构对接的部门。

在行政、立法、司法、民主协商、社区等部门中设置与媒体对接的部门：

各级政府的新闻参政稽查司、处、科、室。政府部门设立的新闻参政稽查部门主要负责平日新闻参政中的提议与议案的处理，即时了解公众对政府决议的不满、意图和建议，根据新闻参政部门的提案联系各政府机关，这一个部门应该比所在部门级别高一级，这也才能有监督与检查的实际权力。

成立新闻参政案件审判庭。法院部门的新闻参政案件审判庭的设立是国家“硬法治—司法”与“软法治—舆论监督”的互补、互动。在司法部门设置新闻参政机构，一方面，从司法角度能够承认新闻参政的合法地位，确保其合法权益；另一方面，依照法律的规定与程序来惩治新闻参政中的不法行为、恶性事件、不良影响。所以，新闻参政案件审判庭主要职能就是着手新闻参政中涉及民事、刑事、行政、经济及国际不法行为的多种案件审理，除此之外，还要着手新闻媒介在参政中的违法案件的审理。此审判庭类似于一个特殊的小法院，是一个综合办案部门，案件性质复杂，依据具体案件进行简易或者合议审理，在此类案件中的弱势一方也可以实行指定代理律师方针，这样将开辟一个新类型的律师行业。此部门的从业人员应该既掌握法律知识又具有媒介知识储备，可以重点招聘学习法制新闻专业的大学毕业生。

"媒体·政协"参政会议。在民主党派的参政机构中定期召开"媒体·政协"参政会议，并设立专门的小组进行具体的会议操作与安排。在会议的召开与安排中，应该注意"媒体·政协"参政会议的召开间隔应该比政协会议短，会议相对比较频繁，或者可以因为具体特殊事件进行临时会议安排。"媒体·政协"参政会议是民主党派高层次会议，规格较高，由新闻参政部门的高层与民主党派高层进行对话、交涉。

社区新闻参政绿色通道。社区新闻参政绿色通道是面向基层民众的，之所以被称为绿色通道，体现了对于在政策决策信息处于弱势地位的民众提供一个便利的途径。由于社区工作性质庞杂，工作人员较少，而社区新闻参政绿色通道的开通将如信访部门一样，遇到棘手事件的频率较高，而且社区的行政权限层次不高，实权不多。社区新闻绿色通道的主要职能是将负责本社区范围内人员的参政提案或者发生在本地区属于本地区管辖范围的民众参政提案记录在册，并交付给指定媒体，无形中在新闻参政媒介与居民之间建立了一个互通的渠道。

2. 进行程序

进行程序主要是指在新闻媒体整理好参政的内容后与政府相关部门进行对话，提出参政议案的过程中所历经的程序。

(1)新闻参政代表配额筛选(轮流制)。

参加媒介新闻参政不可能是一只人数众多的庞大队伍，所以需要引入人代会制度，进行代表筛选，组成一支精壮的媒体队伍与政府近距离沟通，实施参政行为。在各地的新闻参政实践中新闻代表由媒体的新闻参政部、处、科或室进行人数配额选举，并实行轮流制，人数控制在7~20人，与行政各级政府的新闻参政稽查司、处、科、室进行提案接洽。

(2)新闻参政季异地地区参政。

在新闻参政的具体实践上，新闻参政的时间一般应以季度(三个月)作为参政周期，而且在空间上以媒体所在地区的同级异地参政为主，这样可以杜绝同地区政府部门的肆意报复，确保新闻参政媒介参与者的人身安全和事业安全。同时，可以在一些程度上提高新闻参政的客观性，减少人情牌、人际伞、保护私心。

(3)新闻参政提案并议案。

新闻参政主要以议案的提交方式为主，并对议案进行一定的口头、图文阐释。并且，这样的提案都是在与政府相关部门正规的安全保密会议上进行，会议期间注意安保工作。通过这样的新闻参政活动，新闻媒介从会议报道者、会议提问者身份转换到会议参与者、会议内容的参加者(提案者)上，由完全的中介身份转换到一个群体或者公民对国家政府政治事务的参与中去，这样的新闻参政更加促进了媒体人这份职业的神圣感和工作人员的责任心。发挥了媒介作为社会公器的作用，发扬了新闻专业主义的理念。

3. 后期程序

因新闻参政的信息传播的性质，信息的反馈也是新闻媒介传播中重要的一环。所以，在新闻参政中后期程序在新闻参政过程中也扮演了重要的角色。后期程序中主要分为两个部分的程序设计：第一部分是新闻参政产生一定效果的程序，也就是说政府在决策或者失策中采用了或者采纳了新闻参政的提案，并加以落实和修正的程序；第二部分是新闻参政中未起到作用的程序，也就是对于政府未采纳的议案进行后续工作的程序。

(1)新闻参政产生效果。

新闻参政评议人进行评议与备案。在新闻参政得以实现的基础上，应该就产生的社会效果进行评述，还应该对政府的较高民主理念与采纳公众意见的行政行为进行相应的评论，设立新闻参政职业评议人进行评论。同时，将所采纳的新闻参政提案备案，以供档案查询和相关司法工作所用。新闻参政评议人应该是媒体中德高望重的传媒人士，如政府官员、民主党派成员、知识分子或者其他相关人员。

新闻参政政府决议回收、传达和实施监督。除了评议之外，媒体的新闻参政部门还应该回收政府的相关批复与回执，并传达政府的决议给议案涉及的相关主体。同时，还需要进行后续政府执政的监督。使得新闻参政在信息上公开、透明、明了。

(2)新闻参政不产生效果。

新闻参政再议案完善、重新拟订。新闻参政若不产生效果，确定新闻媒介与相关主体有充分理由进行组织新闻参政提案的，那么，可以将议案进行相应的修改与完善，形成新的议案在下一次参政季进行再次提案。

向"媒体·政协"参政会议进行议案三提交。如果进行两次提案都被驳回，那么，对于驳回议案媒介可以在与民主党派的"媒体·政协"参政会议进行第三次提交，借助政治协商制度进行最后的议案送达，是并且只能是进行三次提案，实行三提案终结提案制。

4. 主要补充程序(即时程序)

新闻参政中的补充程序主要是为了弥补新闻参政季的三个月周期的间隔，处理一些被搁置下来的、无法及时处理的、失去效力的参政内容。也可以换句话说，补充程序实质上是新闻参政的即时程序。

(1)新闻参政"内参"提案。

新闻参政内参提案主要是针对焦点问题进行及时性参政的程序，是内参报道的一种制度性延伸，是依循内参的操作程序进行较为有时效的新闻参政，这些内参应该指明特定媒介机构，限定在小范围内，做到严谨和机密。

(2)网络参政。

网络参政主要是利用网络的匿名性、网络传播的互动性、快捷性、廉价性、跨时空性等作为一种新型通讯工具的特征行使参政的权力。网络参政主要有以下五个层面的特征：其一，网络参政主要以群体或者集体的基本形式进行参政活动；其二，网络参政的价值取向往往渗透着"天下为公、公之为本"的判断；其三，网络参政动机是非某一利益追求作为出发点；其四，网络参政的主体将现实与虚拟合二为一、虚实参半、辩证统一；其五，网络参政的主体行为大多是在网络的公共平台争取“话语发声权”为主。而这种以互联网为中介的虚实性群体行为形成了网络围观式的政治管理参与特征。从目前提出的网络问政相关研究理论中可以总结出，网络参政在程序上可分为七个步骤来进行：政治议题突出—语境共享话语围观—博弈型参与—多元参政主体互动—塑造同一认同感—政治议题延伸—政治议题消解。主要形式为网络民主恳谈会、BBS 论坛制度、政务网站等。

5. 救济程序

救济程序是针对新闻参政中的违规行为和产生不良影响的参政行为进行相应处置的程序。主要是监督与处罚程序，分为自律程序和他律程序。自律程序主要是针对影响较坏、违规操作还没有达到违法行为的新闻参政行为进行处罚；而他律程序主要是指司法程序，用于新闻参政中的违法行为。

(1) 自律程序。

自律程序主要是在媒体内部进行惩处，可以吊销记者证、开除公职、参政权力罢免等，在实行自律程序中一定要做到公平公正、不偏不倚，真正打击不良的参政行为。

(2) 他律程序。

他律程序主要是依照司法程序进行，此处不作累述。

第二节　新闻参政的效力

利用媒介公共场域实现新闻参政后将会达到预期的哪些目的，这将是赋予新闻参政现实意义的积极表现。

一、民众合理诉求得以满足

随着我国改革进入深水区，政治体制不断完善、经济体制发生深刻变革、民主制度的不断发展，广大人民群众对于政治参与的需求也不断发生着变化。在我国现实社会的推进过程中，经济不断进行改革，人们的意识观念瞬时转变，多重利益交错纵横，社会主义建设中各种新矛盾、新现象、新问题层出不穷，民众的要求也呈现出不同的表现形式和许多新特征：

(一) 多重利益并存

伴随全球化经济浪潮的席卷和我国现代城镇化速度的加快，人们的利益需求也从单一化向多样化、从普遍化趋向差异化发展，甚至更多地向人权利益、精神文明、民主法治等的高层次诉求转变，这些诉求几乎涵盖了社会生活的各个方面，特别是这些年来各类涉及民众利益新问题日益突出，如医疗保险、教育事业、征地拆迁、住房保障等关系到民众切身利益的政治诉求，新闻参政在化解这些新时代纠纷、保障人民多重利益上应该发挥其自身的作用。

(二) 矛盾复杂突出

改革新阶段下，国家传统的政治管理秩序已然不能完全解决社会所出现的多项矛盾，这些被群众普遍反映的难点、热点社会矛盾交织着历史问题与现实新问题，合理需求与不合法实践，经济、政治与文化各领域，大多数的合理诉求与少数人的无理取闹等各具特点的问题，特别是在一些矛盾集中表现领域如信访问题上存在“大闹大解决、小闹小解决、不闹不解决”的误区，并且随着社会交流的加深，各种矛盾涉及多地区、多部门、多领域的互相渗透融合，复杂程度增加，处置难度加大，稍有不注意就可能将小事扩大到大事，小问题上升为大问题，个别与局部矛盾延伸到整体与全局矛盾，所以，新闻参政中对于新环境下的复杂矛盾不可忽视。

（三）影响因素多样

就多重矛盾的形成原因来说也是多样化的，包括了政治建设决策失误、社会策略处置方式不当、民众诉求渠道受堵、政府公信力下降、精神信仰缺失、事态发展认知偏差、社会心态不稳等多种原因。此外，正因为多种原因相互交织在一起，在实际问题的认知上很难第一时间进行正确分析、总结原因，致使矛盾与问题的解决不断延迟，加之一些群众的急切心理、不够全局战略的眼光、非理性的怨气与不满情绪使得很多矛盾不断加深。尤其是受到外来破坏分子的利用后矛盾越演越烈，直到无法解决，最后异化成敌我尖锐矛盾，构成社会最为不稳定的元素，影响极坏。因此，新闻参政可以动员各方面主体来进行问题处理、寻找原因，这对于及时协调矛盾具有积极推动作用。

让公众参与公共事务和政府决策过程中各方面信息的通达是公众提出诉求的前提条件。因此，新闻参政的首要任务便是将公众的诉求集合起来聚合成信息流，并将下情顺利上达政府决策机构。新闻媒介因其庞大的信息收集与传播能力，为繁杂的民众诉求提供了一条公共途径，使得民众参与政治，表达合理诉求成为可能。同时，重构新闻参政中民众话语自由也是不断完善问计于民、问需于民、问政于民的执政理念的。在新闻参政中我国有关政府部门可以凭借传媒来聆听人民的呼声与夙愿，切实关心人民的愿望与疾苦，正确进行政府政策实施，确保人民日常生活的顺利进行。加强贯彻法律保护与新闻参政的理念，保障人民经济、政治、文化、精神各方面的权益。

1. 新闻参政必须反映人民群众心声、为人民群众谋利

新闻参政实践中需要真正做到以代表人民的利益、关心人民关心的事情、替人民说话办事为出发点，新闻参政的各项主张都应该尽量对群众的意愿进行反馈，为维护好、实现好、发扬好人民大众的权益考虑周全。

在参政的信息汇总环节应该面向基层的群众，做好人民群众的诉求信息问卷调研工作，积极获悉人民群众的真实心声，把人民所关心的问题作为信源，在新闻参政的实践过程中直面人民的问题所在、关注百姓视角、聚焦热点问题、强化大众眼界，能够在官方话语空间与民间话语空间之间扮演好桥梁作用，在新闻参政的第一信号中应该将镜头聚焦于人民的身上，对人民的冷暖具有高度新闻敏感性，搜集好信息，积极做好议程设置，扩大对于民生诉求的传播力与阐释力，真正反映人民心声、回应人民关切，让新闻参政工作更好地服务人民群众。

2. 新闻参政必须重点反映积极的政治精神空间，不断推进合理的民主文化的进程

新闻参政应该在人民的诉求中进行有效筛选，重点为人民群众健康向上的精神诉求服务，以人为本，促进人民的全面发展。当下，人民的需求不仅仅停留在对于日常生活的普通需求愿望，对政治生活和精神文明的政治环境的关心也是人民对于社会发展的关注与需求。积极的、合理的政治民主需求才是新闻参政中所提倡和提交的精神诉求议题。把握好

方向、把握好导向，把服务群众同引导群众结合起来，把满足人民民主需求与提高人民政治素养结合起来，更好地发挥新闻参政引导社会、教育人民、推动发展的功能。

3. 引导群众、动员激励群众积极理性参与公共事务和政府决策

新闻参政影响人民群众的表现就是站在信息潮的风口浪尖引导人民群众，培养人民群众的公共意识与大局观念。当正当诉求不能得到表达或者不够通畅时，新闻参政提供了一种平等的新的渠道，来促使人民利益的表达，使人民群众的某些不满情绪得到及时发泄，不至于将正当诉求激变成恶性事件或者过度要求。通过新闻参政方式来代言人民诉求，将分散凝聚形成力量，使得人民的自身利益得以充分表达，使更多方面的利益关系得到有效集中调解。同时，向人民群众正确解释政治的发展与社会的战略推进，认识眼前与长远利益、局部与整体利益、个人与集体利益，使得群众更加理性地参与政治活动。

二、群体性事件得以疏导

群体性事件主要是指："由某些社会矛盾引发，特定群体或不特定多数人聚合临时形成的偶合群体，以人民内部矛盾的形式，通过没有合法依据的规模性聚集、对社会造成负面影响的群体活动、发生多数人语言行为或肢体行为上的冲突等群体行为的方式，或表达诉求和主张，或直接争取和维护自身利益，或发泄不满、制造影响，因而对社会秩序和社会稳定造成重大负面影响的各种事件。"①近几年，我国进行了快速的现代化建设，经济得到了较大发展，但是也出现了不少的问题。与此同时，公民素质不断提高，民众的权利意识日渐觉醒，人民群众对自我权益的维护意识也不断强化，甚至不时会出现参与群众广泛、言语行为偏激、组织化程度较强、政治权利诉求增多的群体性事件。群体性事件发生后往往会追求真实、公正，并且与事件没有直接联系的"第三方"提出的看法对于深处群体性事件的人民群众更具有说服力，中间力量的双向交流与协商更有利于政府与群众之间进行有效沟通，事件也可以得到高效率的疏导。美国传播学家拉扎斯菲尔德在其所论述的"两级传播"理论中提出"意见领袖"经典概念。他认为："信息并不是从传播者直接'流'向接受者的简单过程，而是要经过'意见领袖'这一中间环节，即一个从'传播者—意见领袖——一般受众'的两级传播过程。"②

在群体性事件的新闻参政形式中，媒介扮演了官方政府与群众之间的"意见领袖"角色。一些影响力大的媒介往往在事件解决过程中具有权威性、影响力、号召力，这些新闻媒介把握着事件中的消息阀，媒体的观点与信息选择引导着受众在某一事件的观念与看法，用传播学的说法就是媒体是引导受众的"意见领袖"。党委、政府应重视各种媒体在群体性事件处置过程中的作用，开放相关信息，启动群体性事件的媒介说明渠道，组建面向群体性事件的大众传播体系，引入媒介参与政府决策与实践处理中来，积极提供决策咨询帮助，促进事态解决，从而更好地确立公共危机沟通机制的畅通。与此同时，公共媒介的话语系统能够保持通畅，可以给社会的稳定和谐提供"安全阀"的保障，给社会的安定与安全又提供了一层保护膜。当群体性事件突发后，新闻参政中的媒体可以汇集报纸、期

① 百度百科. http：//baike. baidu. com/view/61543. htm? fr=aladdin.

② 郭庆光. 传播学教程[M]. 北京：中国人民大学出版社，2011：162.

刊、新媒体、自媒体等的民间观点、关注的热点、焦点问题，有针对性地进行群体性事件的新闻参政活动，尽其所能地把民众与新闻参政中的媒介相融合，构成最大范围的共鸣，然后形成与政府进行对话的互动力量，起到避免恐慌与维护稳定的效果。我们应该看到，在处理群体性事件的危机公关的时候态度的诚恳、沟通的坦诚是解决问题的最好策略，而首要的就是做到信息的透明。媒介在群体性事件后引入的新闻参政行为需要政府解决问题的诚意，得到媒介与公众的理解与支持。

此外，新闻参政对于群体性事件发生之前有着一定的预警能力与排解效果。群体性事件虽然具有突发性的特质，但其发生均有一定的预兆，及时的新闻参政可以依靠媒体作为群众政治参与政府决策的载体。政府的相关机构及其工作人员应该具备正确的防范意识，精通分析舆情、借助媒体的信息平台达到警示的功效。通过新闻参政途径时时与群众互动，把握新闻参政在群体性事件"潜伏期"下的预警前瞻性效用。应该相信，合理的政治管理政策的实行是可以将群体性事件在萌芽的初期进行排解和避免的，而新闻参政的时效性可以预计群体性事件的态势及其发展状况，在群体性事件中发挥自己的积极作用。

首先，新闻参政蕴含民主政治特点，是我国现代化政治建设的体现，与群体性事件的语境变迁同步。从群体性主体来看，社会的不断发展变化也会影响着主体结构的变化。我国现阶段的群体性事件的主体大多集中在农村人口、工人等生活在社会底层的弱势群体，但是随着人们文化水平的提高，底层群众的认知能力增强，群众性事件的主体就会向底层的知识分子与他们的意见领袖转型。同时，随着人民群众社会资源的获取其不再为贫弱的主权人群，而是向中产阶级转化，所以群众性事件的主体结构将发生较大改变。同样，因其社会资源与主体文化素养的提高，群体性事件主体利用媒体这一公共信息平台与政府进行交流越发成为可能，特别是网络时代对于技术知识的要求进一步凸显了主体具备较高素质的重要性，群体性主体素质的提高更加是新闻参政主体的不可或缺的一部分。

其次，新闻参政理念的不断深入，促使了主动进取的参政实践，其中包括了对于群体性事件的主动把握。时下，群体性事件基本上是因为群众的自身利益受到了一定程度的损害后，引发了被动反应型的群体性事件。然而，我国社会经济政治的发展，新的利益博弈格局将逐渐取代传统的群体性事件。公众权利意识得到逐步的提高，一些新的引发群体性事件产生的原因及条件层出不穷，公众也将转变维权的方式，公民将从消极维权逐步转向积极维权，从被动维权逐步转向主动维权。新闻参政这一主动参与政府决策、提供诉求的方式恰好符合了公众的维权转变的趋势。

最后，群体性事件的新闻参政方式可以使得在事件正中心的发展事态中的暴力倾向降低，理性维权尝试增加。在发生过的群体性暴力事件中可以印证，每当群众的合理维权渠道不能够让其维权满意之时，长时间的不满情绪积攒起来瞬间爆发，极易引发群众的集体性暴力抵抗。新闻参政补充下的民主政治与法治建设，更加扩宽了公众的维权途径，它打破了传统单一、单向的维权系统，使社会的政治参与多元化，为民众营造了一个维权的公共领域，这样就能够使维权得到更大程度的保障。传媒使政府与群众事件主体之间的中间阶层参与其中，将群众在群体性事件中的要求集中起来形成"大议题"与相关部门沟通，有助于提高群体性事件的组织化程度以及相应的行动能力，维权形式也从以往的暴力维权转变为以温和适宜的协调为新闻参政手段的理性维权，从而使群体性事件的暴力化程度逐渐降低，使公众将更倾向于以合法的方式维护其权益。

三、舆论得以正确引导

胡锦涛在考察人民日报社工作时指出："舆论引导正确，利党利国利民；舆论引导错误，误党误国误民。"①舆论是否得以正确引导成为我国社会建设中至关重要的环节。参照百度百科对于舆论引导的理解来看："舆论引导，又称舆论导向，是一种运用舆论操纵人们的意识，引导人们的意向，从而控制人们的行为，使他们按照社会管理者制定的路线、方针、规章从事社会活动的传播行为。"②舆论引导应该注意三个方面的内容：第一，我们要对公共舆论进行定性解析，认清舆论的性质，分清它是健康的、向上的、积极的、有促进作用的，还是腐败的、落后的、消极的、有不良影响的。只有对公共舆论的定性进行清醒的认知，才能够引导人们对众多表面现象进行区分，获取精神现象，获取人们的普遍认同，从而把人们的看法与观点向正确的良性趋势进行引导。第二，争取能够对公共舆论进行引导，增强公信力和说服力度，通过人民群众喜闻乐见的温和教育与循循善诱的方式进行话语导向，讲究语言的艺术、手段的恰当，真正在人民群众中处于意见领袖的位置，这也是舆论引导中较为核心的部分。第三，善于利用平台组织和制造言论，营造舆论，调动一切传播工具，发动一切可以利用的媒介资源，对所持的观念和思想意志重点反复加以传播，力争成为社会话语舆论场的最强音。

20世纪以来，改革的浪潮席卷我国，使我国政治环境得到了较为宽松的发展，人民民主范围不断扩大。人们言论自由的程度得到加强，可以发表不同的看法与想法，可以运用各种手段进行言论发表，也不必担忧"因言获罪"。由此反映出，我国的民主已经有了明显的提高，法治也得到相应的健全。这体现了我国社会的进步，这时的舆论与话语格局发生了巨变。同时，媒介传播技术的不断更新，急剧改变了人们思维与语言模式，我国政治改革也提上日程。另外，近些年新兴媒体逐渐在我国建立市场，网络、手机等在人们的生活中越来越重要，成为人们主要的传播形态。新媒体的普遍运用改变了我国话语与舆论格局，也改变了舆论引导的主导力量。格局的改变导致人们意见的表达也不同于传统社会，对舆论的引导也不同于以往。舆论格局由传统的单一型转变为多元化构成。新媒体成为人民获取信息的"集散地"和"发源地"。政治的宽松与传播技术的发展使得新闻参政成为正确引导舆论，为参与政治建设提供了必要条件。

(一)新闻参政通过"度"的把握坚持正确的舆论导向

新闻传播承载着一定的意识形态，用以影响人们的思想、行动，如果能够把握传播的路径与模式，就能掌握社会的导向、人们的思维方式、行为方式。新闻参政需要掌握社会的动态、社会的价值标准，从而能够迅速、准确地进行事实的判断，辨析事件发生的趋势，明晰新闻参政的标准。新闻参政中应该明确什么能够进行提出议题，什么不能作为舆情进行上报，着重进行什么样的参政，一般情况下怎么处理民众参政的意愿，即迅速、准确地判断哪些事件符合作为参政的信息源泉，是否可以进入新闻参政的备案。不会给政府

① 王晖．把提高舆论引导能力放在更突出位置[J]．新闻战线，2008(8)：8-9.

② 百度百科．http：//baike. baidu. com/view/18367. htm? fr=aladdin.

的政治工作带来不利影响。通过准确地把握新闻参政的度，以正确的导向，在注意事实真相的基础上，以战略、发展、多方位的眼光来观察社会，分析民众的政治需求。具体来说，在新闻参政过程中，应该明了以何种主观意图，为什么要选择和倾向某一新闻事实，通过什么样的手法表现，加以总结，进行提案，对提案的态度是批判还是褒奖，或是单纯为了传达新闻参政主体诉求而保持中立、客观，新闻参政后将达到什么样的效果与感染力，这些都是新闻参政过程中应该把握的“度”的各项指标元素。

(二)新闻参政通过“讲政治严把关”正确引导舆论

每一时代的舆论导向都受统治阶级政治方向的决定并受其政治方向的制约，那么新闻参政中首要传播的就是参政主体“讲政治”的重要理念。新闻参政中所提到的“讲政治”并不是空洞的理论宣传，而是进行具体的政治参与行动。要做到新闻参政“讲政治”意识的社会传播，首先要杜绝机械化、程式化、形式化的政治理论策略，还需要把新闻参政“讲政治”的理念深入民众中去，提倡群众积极参与政府政策的制定与监督，化理念为行动。其次要防止在新闻参政中彼此不分，头重脚轻的做法。新闻参政的“讲政治”并不是动嘴皮子、刻板说教的规劝，而是应该入情入理、贴近群众自身利益的艺术性引导。讲政治理念的传播，要求新闻参政要极力把关好参政中的政治管理策略，体现出对国家、社会、人民的负责任，也只有这样新闻参政才能称之为新闻参政，而不是新闻干政。只有新闻参政从政治高度把好前期采访、责任编辑、领导审稿、节目制作、节目监制诸多环节的关，才能够在舆论导向上做到万无一失。

(三)新闻参政通过舆论监督坚持正确的舆论导向

大众传播进行新闻报道，宣传典型，引导舆论，进行社会监督，是媒体作为公共话语平台的重要实践内容与环节。媒体的新闻报道从其属性上来看是意识形态的传播，归根结底属于上层建筑的范畴。媒体以各种手段来报道事实，从各个方位来展示事件的全面貌，通过各种观点的表达来传播社会的新思潮、新观念，从而影响与推动社会发展。在新闻参政中要做到与时俱进，掌握时代的新脉搏，展示新观念与精神，挖掘新的社会典型素材。用心努力营造激励民众的民主政治，通过舆论的良好氛围推动社会的良性积极管理。新闻参政一个主要职能体现就是媒体以新闻批评、揭黑、反腐等一系列时政新闻的报道为主的社会舆论监督功能，此类报道向社会的黑暗面、社会政治腐败现象出拳，毫不留情地进行揭发、批评、打击，净化了社会的风气，为精神文明建设添砖加瓦。如中央电视台今日说法、焦点访谈等栏目，它们在舆论监督上起到了身体力行的示范作用。新闻参政通过弃恶扬善来实现其正确的舆论导向。

(四)新闻参政通过提高媒体工作者自身素质把握正确舆论导向

媒体工作者是新闻参政的民众代表，更是新闻参政的主体之一，培养高素质的新闻参政的工作团队是正确把握舆论导向的关键所在。在新闻参政中，加强新闻参政的媒体工作者的整体素养，提高其政治与业务的意识，是高素质新闻参政优秀工作队伍的体现。作为新闻参政的主体，媒体工作者应该把政治素养的培养放在首位。他们必须学习政治学、社会管理理论知识，懂得行政工作程序，训练优良的政治敏锐性、政治辨析度和强烈的政治责任感。就具体工作人员的分工实践而言：首先是提升媒体领导干部的政治敏感意识，坚守政治的正确导向，培养全局观念；其次是新闻参政的具体工作人员要养成学政治、学行政、学法治的学习风气，从而在这个复杂的社会形势中，明辨是非，站稳立场，不犯政治性错误；再次是对新闻参政的人事分配安排进行严格把关，在提拔与引进人才的考核中重点要求其需要具备过硬的政治素质；最后是要不断提高个人新闻专业主义的职业道德修养。

总而言之，新闻参政对于我国正确舆论导向的树立具有极大的促进作用。

四、国家公共政策得到有效执行

公共政策之所以具有公共性主要是有三大基本社会职能：其一是促成社会资源平等分配；其二是促进公民参与公共政治生活；其三是促进公共利益的建设和维护。在信息社会蓬勃发展的当下，大众传媒改变了人们的政治生活的方式，民众利用媒介这一公共场域，凝聚成了一股强大的力量参与和监督国家政治和公共建设。大众传媒尤其是新媒体成为我国当下民众意见表达、政治参与的主要渠道，改变着传统意义上的政治生活格局。

(一)新闻参政可以正确处理公共政策问题

应该看到，公共政策的形成是以公共政策问题为逻辑起点的。所谓的公共政策问题，就是一些由社会管理的权力机构实行观察、提上日程并得以认定，能够进入政策议程中产生话题的相关问题。因此，一个公共政策问题的形成主要取决于两个方面，一是能否被政府接受，二是能否进入政策议程。分析新闻参政对公共政策问题形成方面的影响，也可以从上述两方面着手进行探讨。首先，新闻参政推动着公共问题进入政策议程。政策议程包括两种基本议程——系统议程(或公共议程)和政府议程(或正式议程)。其中，系统议程属于讨论议程，由那些已经引起公众普遍关注并且属于政府权限范围内需要政府加以解决的问题组成。政府议程则由那些已经为政府决策者所察觉和注意并将其列入政府议事日程的事项组成。从现实来看，在西方，政策输入过程更多地表现为各种政治力量的互动过程。而在中国，长期以来，公共政策问题主要由党和政府来体察和认定，可以直接获准进入政策议程，呈现出较为明显的内部输入特征。这些内部自产自销的政策问题对于民意的体察是十分不充足的。而新闻参政在很大程度上表达了公民的利益诉求，自动形成公众共同关注的公共问题，能够自然且自觉地将这些公共问题推入政府的议程设置中。从这个角度而言，新闻参政某些议题的优先化，有助于设计行动方案以影响政治议程，弥补了原先我国公共政策问题形成过程中议程环节的薄弱，丰富了公共政策问题的来源，使公共政策的问题在体现公共利益方面更具代表性。

其次，新闻参政拓宽了政府对公共政策问题的视野。政府机构从本质上讲就是一个信息的生产、分配和消费的组织。几乎所有的政府工作者都有可能成为信息的编译者，他们将所接触的政府决策原材料进行转换，就可以将信息录入政策的规划范围，而政策的落实则意味着原初信息已经被转换为权威信息。所以，从狭义的角度上说，对于政府政策信息的把握能力就是在考量政府自身的本质工作。在我国传统决策体制中权力分配结构的集权和精英决策色彩较为浓厚，权力集中，缺乏制约，社会精英作为公共利益的代言人出现。但在这种体制中，政府虽然是信息的绝对掌握者，但对信息判断和处理难免因为自身偏好以及信息来源的局限性而产生偏差，从而使其制定出的公共政策未必符合公共利益，导致决策失误的出现。在中国社会转型时期，中国的传统决策体制更是制约了政府对公共利益作出合理有效的判断，一些政府部门甚至在信息传达过程中，有意通过过滤信息或制造虚假失实信息，对决策部门对公共政策问题形成的判断造成干扰，从中维护本部门的权力或牟取私利。从而使政府工作陷入政府决策难、民众满意度少的困境。而在新闻参政中所提倡的信息共享理念，可以打破公众较于政府在信息上处于劣势的不对称，帮助公众获得自我话语空间，这样可以调动民众的主动参与积极性，改善过去政府政策体制信息来源偏差的弊病，促使政府部门能够了解更加全面的实际情况，部署战略性政治方案。

新闻参政中这样的民意集合扩散效应加快了社会问题向政策问题的靠拢，促使政府决策的政府声音与民众利益表达的民间声音有效地结合起来，进而形成合理的公共问题，拓宽了政府对公共政策问题的体察和认定，打开了政策窗口。

(二)新闻参政影响政府方案选择

在公共政策问题形成后，对于公共政策问题的解决，会有多种方案。影响公共政策方案的因素很多，如个人价值观、党派认同、公众舆论、传统与习惯、利益平衡等。政府决策出台后的社会公共政策是否能够在实践中印证其长远性、科学性、民主性等，往往在于政府方案选择的适宜性上。而方案的择优选择是需要在一个平等的平台上，听取各种声音与意见，集思广益而得出的，当然，集民众普遍观念为一身的公共舆论显得尤为重要，可以让决策避免失误，而且可以增加公众对政府决策的认同，营造良好的政治环境，提高政府公信力，新闻参政就是这样让政府接触公共舆论的协商民主渠道。

倘若新闻参政重要性在将来得到日益体现，我国政府也将越来越重视通过传媒来释放“决策气球”打探民众意愿，并以此作为参考，进行政府最终公共政策的决议，使其真正匡正在公意范畴之内。

(三)新闻参政监督政策实施

互联网的发展使社会管理面临新的挑战。加强社会管理，满足公共需求，提供公正服务，是现代政府的基本职责。在新形势下，有限政府与法治政府、服务政府与透明政府、受监督政府与可问责政府的理念渗透到公共管理领域，使人们对以前各种落后的管理模式产生较强的抵触。互联网上各种涉及政府的负面消息层出不穷，集中凸显了这类问题的严重性，更引发了新闻参政对于政府监管方面的要求。

首先，改变“政策失真”。“政策失真”的具体形式有政策架空、政策夸张、政策缺损、政策替换、政策贪污。其根本原因在于对政策执行缺乏有效监督。我国公共政策过程中的“暗箱操作”过多，必然导致政策执行监督的缺位。形式上，我国法律规定的监督机制相当完备，有司法机关的监督、权力机关自身的监督、党的监督、行政机关的监督、新闻舆论以及群众的监督。但是，由于没能发挥群众的监督作用，致使国家机关的政策监督仅停留在追究违法犯罪的事后监督层面。信息网络化使政策过程变为各方广泛参与的民主开放流程，便于及时发现纠正“政策失真”现象，并追究相关责任。

其次，简化监督信息反馈的传输渠道。传统的行政监督信息主要通过繁琐的行政流程输往决策层，监督者与决策者被人为阻隔。互联网使民众可以通过新闻参政直接发表意见，实行监督，避免了反馈信息传输过程中的失真。一些网站推行的投票也使“秘密投票”的方式成为可能，使民众敢于监督，为监督活动的顺利进行提供了保障。

最后，形成全民参与的权力制约平台。公共选择理论认为，政府中的个人在行为上可能不倾向于最大限度地为增进共同利益而服务，而是依据自己获得的信息和个人效用最大化原则来决策。如果对公权缺乏有效的制约，那么在政策实施过程中，就会导致权力部门或个人借助公权来牟取私利。而通过新闻参政，则可以创造一个全民参与的权力制约平台，可以有效地进行反腐。不仅民众可以通过新闻参政来揭发腐败问题，形成舆论压力，而且新闻参政甚至可以承担起动员和组织民众的工作。比如，我国司法部门直接在网上开通反腐栏目，司法机关下的正义论坛成为民众反映腐败问题的渠道之一。

（四）新闻参政对公共政策进行评估

公共政策的评估是公共政策得以改进的动力来源。但是长期以来，我国公共政策评估却存在着种种弊病。首先，公共政策评估主体的单一性。我国的公共政策评估的主体都是以政府机关为主的，公共政策的评估往往带有严重的片面性。其次，公共政策评估主体的依赖性。我国官方的政策评估主要依靠各级政府和党委下属的政策研究中心进行的，角色本身的不独立和种种人事利害关系制约其客观评价政府政策。第三，公共政策评估中的信息不对称。在信息评估的现实运行中，某些政策机关部门为了自身的利益制造虚假消息，隐瞒真情，误导结果。

这些不良做法造成信息的不全面而无法得出真正应有的评估，但是，新闻参政却直接跳开了体制束缚，避免了上述的政策评估弊病。新闻参政对公共政策的评估因而显得相对客观、多元而真实。一项政策还没出台前，通过新闻参政，可以评估其可行性。如果方案已经实施，则可以通过新闻参政评估其有没有效果。尤其是一项公共政策出台后，网民会在网上通过新闻跟帖等方式对政策进行评价。这些零散的言论，经过新闻参政的传递和互动后，逐渐融合，形成对政策的整体性评价。这些评价真实地表达了公众对一项公共政策的满意程度，以及对公共政策的意见和建议。

总之，政府的民主决策需要收集民众对公共政策的真实反映，以进一步改进公共政策，提高政府的形象和地位。政策制定执行的整个过程与民主参与监督制度、政府执行力之间存在相互渗透、相互促进、相互制约的互动关系。完善新闻参政的民主参与监督制度是确保政策制定执行即政府执行力有效实施的关键，它们之间存在内部的互动关系。这就从制度上强调了政策制定执行中民主参与监督制度完善的重要性。

五、推进和谐社会的构建

构建和谐社会对于社会的统一繁荣、安全稳定具有重要的现实意义。而有序的政治参与体制乃是构建和谐社会的题中之义，更是重要手段。历时一个漫长的发展过程，虽然，公共政治管理有了一定的成效，但由于我国国情的基础局限，政治、经济、文化的初级发展引发了一系列的问题。例如：民众参与政治的积极性不高，政治参与水平较低，政治参与主体构成不平衡，政治参与中法律保障机制的不健全，政治制度自身的不完善，政治参与中人为等非理性因素较多等，这些不良的社会与政治管理机制给社会的和谐构成了不同程度的冲击与破坏。

因此，建立一个积极健全的政治参与模式来解决社会不和谐因素，合理发挥这种政治参与势力，平衡政治参与结构的组成部分是当下刻不容缓的一项紧要政治工程。我国学者曾经预想过政治参与的最佳角色结构："以大众传播媒介为导向，以中国共产党的政治领导为核心，以人民代表大会为国家权力载体，以民主党派、人民团体、咨询智囊组织为桥梁纽带，以基层群众民主自治为基础的相互依存、各尽其责的政治系统"①，从这个角色结构上来看，大众传媒扮演了一个极其重要的角色。因此，大众传媒在政治参与中的地位应该得到崛起与勃兴，大众传媒的这一导向性角色构成功能，能够在广大人民与国家政府相关机构之间搭建互动桥梁，扩展人民当家做主的权益，增强参政议政的能力，引导与协调各个角色构成的单元充分发挥自己的职责与政治权力、义务。所以，新闻参政舆论导向作用正是有序政治参与的重要基石。

(一)新闻参政是民众有序政治参与的有效平台

和谐社会的建构需要一个政治文明的环境，而文明政治的重要内容是要求民众有序的政治参与行为能够顺利地实现。新闻参政中提供给民众一个新的有效平台与机遇进行相关政治参与，在参与中不断学习、进步，一步一步地培养和塑造文明的政治环境也是新闻参政的功效之一。因此，新闻参政能够吸纳尽可能多的公民参与到和谐社会建设中来。

(二)新闻参政是公民有序政治参与应有之义

建立平等互利、协调统一的和谐社会，实现人民当家做主是社会主义的根本目的。确保能够实现这一社会目标最为有效、最为基础的一条渠道就是公民能够进行有序的政治参与，从而实现社会管理的进步。新闻参政能够实现公民的有序政治参与。因此，新闻参政是公民有序政治参与的应有之义。

(三)新闻参政有利于实现安全稳定团结

将社会各阶层主体之间进行糅合、平衡是我国社会主义和谐社会建设的必然要求。我国现实状况是极其复杂的，在改革进入深水区的转型阶段，社会多重矛盾之间错综复杂，人们越来越关心自己的利益在社会发展中是否能够得到保障。在众多的社会利益的拥有者之间达成和谐共赢是我国社会发展的必需条件，只要有一方的主体利益受到损害，就可能会引发影响很大的冲突。为了各主体利益诉求能够公平表达，依凭各种形式的媒体进行自身利益的维护成为多元意志与政治文化的重要途径。所以，面对来自各方面不同的利益，通过新闻参政，开发诉求道路，搭建公共领域的良性沟通形式，将不同利益主体间的差异进行协调，促进各方面的有机融合，从而满足最大限度的公共诉求。这样的现代参政理念提供了人们生活的社会安全稳定、有序发展的精神保证与实践尝试。

(四)新闻参政能够形成广泛的社会监督

在社会监督环节中占重要部分的是对官僚主义思想和政治腐败的监督。从历史发展的轨迹上看，在世界各地的政治领域建设中，腐败和官僚是无法根除与消灭的，只是各个国家存在不同程度与不同层次的情况。并且，这两种不良的政治毒瘤还会在一定的历史跨度中长期存在，如果不加以节制，会使事态更加恶化。因此，对政治决策中消极因素的督导是一个社会得以健全发展的重要需求。新闻参政中舆论监督可以调动全民的力量参与社会监督的行列，在强大的、及时的、全方位的监督中，政治生活中的顽疾能够摆脱其死灰复

① 杨蕊. 浅析制约当代中国公民政治参与的因素[J]. 学理论，2011(14)：19-20.

燃的监督恶性循环，真正达到全景式的社会监督功能。

从现代化不断推动的历史浪潮中看，中国共产党团结带领所有中国人进行的伟大实践便是构建社会主义和谐社会。要实现这一伟大社会实践需要一个漫长的历史时期，而处在发展萌芽的新闻参政的进程也是一个与时俱进的渐进过程，两者相互对应、互相促进、各自制约。要在新闻参政的构建中去建设社会主义和谐社会，从而扩展公民的有效政治参与。所以，进行新闻参政，是构建和谐社会不可或缺的重要部分。

六、推进社会经济发展

我国经济改革与社会市场的发展，使得我国已然成为世界全球经济一体化的一员。社会主义市场经济的日益繁荣和经济全球化合作的加强中，新闻参政为市场经济提供了一个稳定的政治与舆论环境。在社会主义市场经济中发挥新闻参政的优势作用，才能真正促进我国经济向着健康有序的方向发展。新闻参政作为全民参与社会管理的重要方式，媒体在承担其媒体介质的自然属性的同时，又在市场经济中扮演着传播各种经济信息的对称属性的角色。一方面，媒体自然而生的属性是市场经济赖以生存的依凭，经济信息得以深入的传播，使得市场经济拓展了更为广阔的空间；另一方面，媒体的言论自由以及舆论监督，保证市场经济在公开、公平、有序的气氛中进行。可见，新闻参政对市场经济的作用有着重要的促进意义。

（一）新闻参政能缩小信息不对称，拓宽买方与卖方获得信息的公开渠道

“信息不对称”主要是指：“在市场中，由于信息的获得程度及分布呈不均匀、不对称的状态，使得个别经济体提前把握信息动态或信息量多于其他经济个体，从而对市场经济的公平性构成威胁。”①虽然信息不对称理论所揭示的是信息经济学的研究核心理论，但是，应该看到在实现市场经济活动中，信息的相对完全对称才是我国社会主义经济有效运行的保障。

新闻参政可以让市场经济发展中信息的不对称现象通过大众传媒在经济主体中的普及来减少新闻参政开阔了生产者与消费者对自己所需信息的获取渠道，缩短获取信息所消耗的时间，改善信息不对称的不良影响。如目前在市场交易中火爆的淘宝购物网站，它可以在第一时间提供消费者最大限度的商品对比信息，可以及时通过网络这一新媒体话语平台与生产者、经营者沟通，最后还可以依据自己的消费活动与产品质地、物流情况等对所购买商品进行综合评价、自由反馈消费者自己的购物体验，以供其他消费者参考。

这种以大众媒介作为平台的现代市场经济已经屡见不鲜，新的市场交易越来越依赖传播媒介。由于大众传播媒介技术的不断更新，让现代市场中的商品信息得以同时搜集与公布，进行科学配置，从而激活消费者的购买欲，降低了买卖成本，在更广范围内达成良性交易，赋予现代市场经济独有的活力。

随着市场经济的现代化转型不断扩大，经济信息应当在最大范围内进行自由流通，防止信息的不对称而出现的不规范的经济问题。信息即时的交流可以杜绝经济交易中的不正当交易行为，让买卖双方都可以维护自己在经济活动中的合法权益。

---

①　互动百科．http：//www.baike.com/wiki.

(二)新闻参政是市场经济的预警器，提高市场经济活动的公平、公正

新闻参政中所提倡的民主协商的和谐精神作为一股潜在、无形的意识伴随新闻参政的深入而不断贯彻到市场经济的各个环节，也影响着经济参与者的思维、行为，也可以说，它对市场经济的发展起到了一种道德约束和价值标准制衡的作用。事实上，以大众媒介为载体的新闻参政的良性作用在世界各国的经济发展中崭露头角。它不仅可以在市场经济的弊端暴露后对其有一定的监管弥补效用，而且还可以对市场经济中的问题在未爆发之前提早发现，降低市场经济交易中的损失，起到预警器的功能。所以，在社会主义市场的新时期，新闻参政对经济生活有着积极的现实推动意义。如电子商务、专业信誉高的购物网站等。新闻参政借助政治强有的力量在市场经济运行中可以起到“意见制裁”①与“交易制裁”②双方面的监督功能。

新闻参政是一种依靠有效舆论来影响经济生活的通道，所起到的经济作用是其他的经济参与行为无法达到的，它凭借的是一张信息传播大网和运用这张大网的良性价值观及时、敏锐地代表市场主体去观察市场经济的运行全过程，然后将这些信息汇总后提供给相关人士，同样也会把市场经济全方位信息提早反映给相关部门，达到预警与管制的双管作用。

(三)新闻参政是市场经济高效能发展和成熟发达市场形成的催化剂

新闻参政所参与的市场经济与传统的市场经济不同之处便是其市场经济的参与者范围广、渠道多，经济政治主体在信息量的增加下最为普遍。新闻参政还可以把信息的准确度尽量提升到一个高水平，让经济参与者们有机会去接触信息的源头，从而在这样的一手信息基础上作出判断，区分优劣好坏，把市场的外围投放到和扩大到一个可以良性运转的经济环境中去。这种变化如果没有自由的新闻参政是不可能的。新闻参政作为相对自立和中立的经济参与环节，它以第三方的身份活跃在经济的政治决策制定、实施和反馈过程里，将经济活动的相关信息特别是那些误导民众的虚假、不正当经济信息曝光，使我国的社会主义市场经济更加透明化、正义化，杜绝了社会的经济与政治之间媾和而产生的腐败非法行为，从而引导市场更好地走到健康发展的道路上来。

(四)新闻参政推动我国市场经济一体化，进一步促进市场经济深度改革

新闻参政的信息传播，使得全国市场向一体化发展。这意味着买卖双方打破了原来的交易限制与隔膜。这样的信息互通的市场经济可以弥补地理、自然变更、文化习俗等的局限，加深了市场主体的互相了解，促成交易，活跃了市场。随着市场趋于一体化，企业组织形式也发生了明显变化，经济主体面临的是全国性市场。这一切都是得益于信息的自由流通和新闻参政的高效。

---

① 交易制裁主要是指经济体在市场经济活动过程中受到批判时，其经济地位必然受到极大的冲击。若经济体自身违规行为受到曝光，它将遗失已有的或潜在的经济利益相关者。因此，在新闻参政的监督下，经济体的公平竞争得到更充分的保障，同时建立了良性互动的市场经济运行模式。

② 意见制裁是指社会舆论或市场经济主体使用“支配性氛围”，从而促使个人或组织修正对市场经济的观点或态度。任何个人都无法承担社会经济体孤立风险，一旦经济个体的经济行为存在漏洞，并受到新闻揭露，那就会受到利益相关者的批判和指责，若不纠正，就完全可能被市场孤立或淘汰。

通过新闻参政的属性来铺平市场发展的道路，充分发挥新闻参政对市场的促进作用，可以使市场经济在更加公平、更加公开、更加透明的环境中成长与发展。

第三节　新闻参政的要求

新闻参政并不是一蹴而就的事业，它的实现从宏观角度来看需要一定的语境背景；从微观角度来看，为了能够真正实现新闻参政行动目标终将会需要各种力量的积极配合。

一、具有较高媒介素养

对媒介素养的理念探讨与教育实践始于20世纪30年代的英国，1933年，D. 汤普森和F. R. 利维斯首次论述了“文化素养”的概念，他们提出：“要维护传统文化、复兴传统价值观念，抵制流行文化无束缚传播，并阐述了学校引入媒介素养教育的问题。”①它伴随报纸、期刊、电视、电影等一系列大众媒介的不断更新与普及，对媒介的使用与消费在人们日常生活中所占比重越来越大，因而引发各国的高度重视。对于媒介素养这一概念，各国专家学者都有着自己不同的见解。

英国媒介素养教育专家大卫·帕金翰(David Buckingham)提出：“媒介素养指使用和解读媒介信息所需要的知识、技巧和能力。”②在1992年，美国素养研究中心给媒介素养下的定义是：“人们面对各种媒介信息时的选择能力、理解能力、质疑能力、评估能力、创造和生产能力以及思辨的反应能力。”③加拿大安大略省教育部的框架性文件《媒介素养资源指南》则认为：“媒介素养旨在帮助学生发展对大众媒介的本质有知晓和批判的理解力，懂得大众媒介所运用的技术以及这些技术所产生的影响。”④在《为了学习媒介素养的人》一书中日本立命馆大学教授铃木绿指出：“媒介素养是指市民以社会性的文脉批判性的意识分析、评价、接近媒介，凭借多样化的形态创造出传播的力量。”⑤我国学者对于媒介素养的定义始于中国香港地区与中国台湾地区，中国香港基督教服务处对信息传媒素养的界定是：“增进对各种传媒的认识，用批判的态度去接受及分析大众传媒的信息，能解读信息背后的意识形态，了解传媒在日常生活中扮演的角色，做主动的受众，不让传媒牵着鼻子走。”⑥中国台湾政治大学传播学院有学者对媒体素养的界定为：“大众能解读媒体、思辨媒体、欣赏媒体，进而利用媒体，重新建立社区的媒体文化品位，并了解公民的

---

① 张鑫．公务员媒介素养问题研究[M]．工业出版社，2012.

② Elizabeth Thomas. Skills & Strategiesfor media education [CD /DB]. The Center of media literacy of USA, 2000.

③ Elizabeth Thomas. Skills & Strategiesfor media education [CD /DB]. The Center of media literacy of USA, 2000.

④ 吴翠珍．媒体素养与媒体教育的流变与思辨[A]//翁秀琪．台湾传播学的想象．台湾：巨流图书公司，2004：28-32.

⑤ 铃木绿．为了学习媒介素养的人[M]．日本：世界思想社，1997：12.

⑥ 杨光辉．走进传媒——如何开展媒介教育[M]．北京：中国传媒大学出版社，2005：67.

传播权利和责任。"①中国大陆学者卜卫，其在《大众传播心理研究》中指出："媒介素养即使用媒介的能力，包括：对各种特定媒介的认知、了解媒介内容中的各种问题、了解影响媒介内容的因素、了解媒介真实与社会真实的不同。"②而中国传媒大学学者张开则认为："媒体素养是传统素养(听、说、读、写)能力的延伸，它包括对各种形式的媒介信息的解读能力，除了现在的听、说、读、写能力以外，还有批判地观看、收听并解读影视、广播、网络、报纸、杂志、广告等媒介所传输的各种信息的能力，当然还包括使用宽泛的信息技术来制作各种媒体信息的能力。"③另外，谢金文教授认为："媒介素养是指人们对大众传媒的认识、利用和参与方面的素养，包括具有利用传媒的技能。"④从以上不同的媒介素养定义可以看出，媒介素养首先是一种非单一的对各种媒介的综合技能，是一个较为完整的体系，要求个人具备一定的传播媒体的知识结构、开阔的视野、反思的精神，在充分掌握媒介信息的运作过程中去学会控制媒介，并理解其传达的信息，提高自身的社会适应和思考能力。

新闻参政中首要关注的便是参政主体的媒介素养问题。理所当然，每一个个人或者群体对于媒介自身的运作模式的认知是有着或多或少的偏差与高低之分，而这些偏差与高低的认知便会造成人们对于媒介所传播的信息的理解有着千差万别的效果：媒介素养低的受众极其容易对传媒传播的信息的字面表层意义进行理解，使其思考流于表面化、自觉性偏低、受媒体的影响程度较高；媒介素养较高的受众可以做到去除传媒传播信息的语言编译的表象看到其延伸的意义，获取更大的信息量，自我搜集、分类与分析媒介信息的能力较强，从而能够进行社会反思与觉悟，更甚者能够掌握媒介语言、经营、管理等媒介内部机密，能够依循媒介规律为自己所用，从而更好地进行信息的主动控制与把握。所以媒介素养是利用新闻媒体这一平台进行参政的第一要素。

新闻参政能够实现的媒介素养要求，大致可以有三个层面：

第一，媒介自身的素养成熟，职业道德与操守完好，大力提倡新闻专业主义。新闻参政的理想实现是依靠媒介自身在新闻参政过程中搭建的合格平台来决定的。要进行新闻参政就必须肃清自身的弊病，加强组织内部建设、行业规范，提高从业人员的职业道德、行为操守等。新闻参政的提倡支撑了新闻专业主义在我国的提升。在《论新闻专业主义及其本土化策略》一文中指出："新闻专业主义是包括新闻媒介的社会功能的信念，新闻工作的职业伦理规范，服从政治和经济权力之外的更高权威的精神和服务公众的自觉态度，它要求新闻记者对自己所承担的特殊社会角色以及履行的历史使命具有一种发自内心的自觉意识，把自己的工作当成一项事业来做，而传媒的形象则是新闻人这种自觉意识外在的人格化体现。"⑤新闻参政过程中对于媒介自身的要求是较高的，媒介自身素养的提高需要在其具体的传播实践上将客观性原则、新闻自由、为大众服务等新闻伦理价值转化为职业道

① 沈晓霞．信息时代警察媒介素养教育研究[D]．河北：河北师范大学，2010.

② 陈先元，邬彬彬，王翰．传媒素养的基本义及社会定位[J]．新闻界，2005(10).

③ 张开．媒介素养概论[M]．北京：中国传媒大学出版社，2005，97-99.

④ 张开．媒介素养概论[M]．北京：中国传媒大学出版社，2005，97-99.

⑤ 陈文高．论新闻专业主义及其本土化策略[J]．求索，2007(2)：165-169.

德规范，内化在每一个新闻工作者的行为举止中，将新闻专业主义作为新闻参政中对媒体要求的主流价值观念。建立完善的自律体制，加强传媒从业人员的职业道德、提高传媒的社会责任心、明确道德价值的正确性，要有坚定的信念、明辨是非的能力、敏锐的感知力和准确的判断力，扮演好新闻参政中公正公平的价值公共空间的角色。

第二，各类参政主体如公众、民主党派、社会团体等必须具备媒介素养。在这个信息年代，民众如何在一个信息涨潮的混沌中让自己清醒，不至于迷失方向、模糊视线，媒介素养是一门必修的功课。而在新闻参政中对主体媒介素养培养将是一个集中历练的过程：第一步在新闻参政中民众对政治决策的参与需要他们有着超出日常生活的宏观媒介高度，知晓传媒在与社会生活各方面如外部世界、政治生活等都有着千丝万缕的关联，需要深入理解媒体能够建构社会生态环境，影响大众观念的功能，也要注意在媒介与现实之间划清界限，分清各自的本质特征，能够认清媒介，在信息海中作出理性、准确的判断与反应；第二步民众在主体人格上要进行自我重塑，在媒介全球化的纷繁复杂的背景下，媒介以其强势的声音控制着人们的每一个器官与神经末梢，形成了一个由媒介主宰的很强的意识形态孕育体系，媒介所带来的技术革新在改变社会生产力方面也具有举足轻重的作用，方便人们对于各类信息的接受，这样奇观式的状态很容易使新生一代对其产生崇拜感、迷恋心，造成人的异化，所以媒介素养中人群主体人格的塑造是一道要紧的关口，在新闻参政中应该做到媒介为我所用，而不是被媒介所用。另外对于具体的手段来说，这样的调节牵扯到：对语言文字的识别、判断媒介技巧与意图、传媒构建方法、抓住媒介的主要观点、了解其传递目的和传播目标受众。在应对传媒中具备吸收和反思的双重模式，以及对媒介观点辩证统一的思考方法。就媒介自身组织形态来说，媒介是一个庞大且复杂的组织结构。如果要正确解读媒介的传播内容，那么，对其复杂的组织结构需要有一定深度的见解。媒介作为复杂多元组合的综合体，呈现的媒介文化也是需要得到充分的了解。所以，社会公众对媒介需要具备明辨是非良莠和自我保护的意识，这也是新闻参政要求培养媒介素养意义所在。

第三，政治部门也要具备较高的媒介素养。在新闻参政的实践中，相关的政府工作官员扮演了新闻参政的接收者、使用者与管理者三种角色，这些都意味着他们在新闻参政中是不同于其他的参政主体的，处于新闻参政中公共管理特殊的主体位置。在大众传播媒介不断发展的今天，媒介已然成为人类社会交往生活的组成部分，对媒介的认知不仅仅局限于普通民众的话语通道，同样也应该是我国行政机构的工作者获取政治信息、内部联系、外部管理的必备常识与素养。在为人民服务的社会政治管理领域中，政府工作者尤其是行政领导干部都要比一般的民众对媒介规律更加敏感，既要了解、理解传媒，更要学会掌握与运用不同种类的大众媒体。凭借大众传媒提供的“消息海”，能够获取多方面的国内外讯息，预见社会发展态势，明了民众关心的热点难点社会现象与问题，洞悉社会深层中隐藏的矛盾与不安定因素，为国家的方针政策、科学的管理打下坚实基础。另外，还要掌握组织各种类型的媒介形态，进行交叉式多面使用传媒，使国家各方面的工作部署和决策信息得到有效传达，从而促进民众与政府这一公共桥梁的畅通无阻，树立良好的政府形象，争取正确引导公共舆论，接受舆论监督，并支持新闻参政在我国实现。

二、具有较高"媒治"化水平

与新闻参政得以提倡及实践紧密关联的又一变量就是社会媒治化水平高低。新闻参政从其传播生态环境来看首先是立足于一个介质化的社会管理机制。在人类生活的各个环节上，媒介扮演了至关重要的角色，不管是单纯的信息互通还是高层次的文化交流都离不开传媒，人们对传媒高度依赖，所以媒介不可推脱地成为公民参与政府决策的主要方式之一。在媒体治理社会，民众通过新兴的媒体渠道获取超越旧的参政方式的力量，为公众提供了多重"发声"机会，也为公众充分了解我国政治生活信息、透视时事政治，参与政府决策提供了便利。

就"媒治"而言，提供了一种主体用"权利监督权力"的参政形式，是目前提倡的"法治"形式的一个有机补充部分：第一，"媒治"是维护公平正义的重要力量，媒体具有环境监测、社会协调等功能，它通过对公权、个人行为和社会事件的监督，是维护公平正义的重要力量。第二，"媒治"能加快"法治"的进程，成熟完备的法治离不开坚强有力的"媒治"，只要不断夯实"媒治"的基础，相信真正建成法治之日不会太遥远。第三，"媒治"时代为公众参与国家事务、社会事务提供了一条有效渠道。长期以来，受众的能动性被大大地抑制，而进入媒介化社会，随着媒体特别是网络的大规模普及，公民获取信息的渠道更加多元化，发言权和话语权也随即增强、增多，大众参与国家事务、社会事务变得容易，"媒治"代表了一个"公民会审"的时代，它促进了社会民主，使社会更加平等和自由。第四，"媒治"可以打通内外权力，改变整体权力生态，完善行政管理体制。中国是一个人情社会，这一特征也体现在国家治理中，这就决定了权力内部监督、内部制衡之难难于上青天，解决问题的出路，显然在于打通权力内外，将民意公论输入政治这个系统，改变整体权力生态，实现这一目标的有效手段无疑是媒体，它能使行政体制尽早完善。第五，"媒治"构筑了一个供大众议论时政的公共领域，随着公民社会的逐渐形成，媒体构筑的公共领域必然在中国社会产生重大影响，在这个领域，人们快捷而方便地针砭时弊、畅所欲言，无疑会在短时期之内构筑起足以影响公权走势的舆论环境。第六，对于媒介自身来说，"媒治"促使媒体加快改革的步伐，要"媒治"，新闻媒体自身首先必须"强身健体"，必须改革创新，这不仅是竞争使然，也是媒体作为社会事件"测风标"和监督者的道义使然，在"媒治"的思想下，媒体必然追求改革创新。

因此，新闻参政得以顺利展开，对于"媒治"的要求是较高的：

一是在新闻参政中"媒治"这种权利监督权力应当成为常态。可以想象，在新闻参政的时代，媒体曝光应该能成为一种"权利监督权力"的常态，而不是像现在这样，只能是一种偶尔为之的个案。这种常态的趋向应该是有关部门"一不小心"就被曝光的几率将大大增加，"没曝光不处理"的侥幸心理将有所改变，主动处理的积极性将大为提高。同时，媒体对公共事件的监督，不会止步于处理几个责任者或官员就完事，而将对有关部门的处理方式、问责程度进行深入的追问与质询——比如对一起"曝光才处理"的公共事件，既要求追究具体涉事人员的责任，也要求追究那些在媒体曝光前迟迟不予处理、涉嫌失职渎职的人员的责任，防止有关部门以严肃查处、严厉问责之名，行应付舆论、"丢卒保车"之实。

二是新闻参政要求"媒治"化要做到媒体对公权力的监督在各种领域应得到充分凸显。媒体对公权力的监督功能和对公共事务的干预功能在新闻参政下的"媒治"应该得到充分的凸显。从媒介发展来看，这种媒介的公共管理功能并非始自今日，"媒体报了，就迅速地治了；媒体没报的，或者媒体没报的时候，那么就希望大事化小，小事化了"。甚至很多被监督的部门为了应对媒体、敷衍舆论对媒体曝光的事件迅速作出处理，更多的是在进行"危机公关"或"作秀式处理"，虽然如此，但是从另一个侧面可以反映出当下媒体对公权力是有很大约束力的。在新闻参政的较高"媒治"程度下，我们应该充分掌握绝大多数被监督的部门和个人都具有趋利避害的心理本能，在媒体对恶性事件进行监督情况下，对其形成震慑力，力求在某些不良公权行为人心理架上一副镣铐，使其有一定的自我反省意识。另外，伴随新闻参政的深入，"媒治"化的提高，能够进一步推动社会的正常治理。不仅仅因为曝光就处理，更应该是不曝光也要正确处理。一起事件要不要处理，该如何处理，不能视其是否被曝光、被曝光后产生了什么样的舆论影响而定，而应当以事件的情节、性质及后果来依照社会规范、法律制度进行处理。这更加体现了"媒治"化程度较高之下达到的最高"无媒介"目的，也是新闻参政的最高理想。

事实上，即便在当今法治发达的国家，也没有达到"媒体还没有动的时候，很多事都解决了"的状态。所以，新闻参政的确立有其时代的需求。在一个"媒治"化程度较高的新闻参政社会下，可以期待的正常状态是，"媒治"作为社会治理和"权利监督权力"的有力形式。"媒治"作为法治的一个有机组成部分，与法治能够互相融合、取长补短。相对的，按照法治的要求，新闻媒体对采访报道权和舆论监督权需要获得法律的保障，被监督者的公权机关无权对此横加干涉和限制。

三、具有较为成熟的官民对话的公共空间

在过去所发生的突发性社会事件中，政府往往意图掩盖真相，而民众却需要对真相的认知，这样就导致了在突发性事件后随之而来的是次级信息灾难性窘困，各处流言飞起，最终恶化为谣言，这样，政府与民众之间形成了天然信息不对等关系。消除这种不对等关系的存在正是媒介作为中间力量的意义所在。传播媒介从其诞生之日起就自然而然地附带着公共话语的气息，它承载了公共主体对于不同信息的需求。它实现了大部分民众的话语陈列，从综合指数上表达着人类的生产状态，是典型的"公共话语空间"。在媒体这个公共话语空间领域里，官方与民间的对话体系得以生存，人们将自己对于政治生活的夙愿在这里进行探讨，官方得以获取社会舆论，当这样的对话达到一定规模时，新闻参政就得以实现了。传媒的出现重新定位了公共话语空间公共和对话的属性，保证了民众政治参与社会科学管理系统的生成：第一，新闻参政中的媒介话语塑造了公共话语空间，具有很强的公共性。新闻参政最具价值的就是对于公共话语空间的追求与彰显，而公共话语的重建是需要诉求于传媒这一天然具备公共性质的通道的。借助于媒体这一较为理想的公共平台，可以使新闻参政的理想得到极大的延伸与扩张，尤其是在现代技术不断更新后的新媒体时代，媒介的"触角"可以遍及传统话语空间所不能到达的空间领域，当然包括公共性的和非公共性的领域。第二，新闻参政中媒介公共话语领域具有另一个重要的特质："对话性"。在新闻参政中的对话模式是一种可以建立在共享语境下的对话，大众在一个友好

的、平等的、和谐的氛围下聚集在一起，对共同关注的话语进行商讨、交流、评论、辨析、反思，最终可以实现话语对话后的双赢与多赢的共识达成的效果。没有任何一方可以垄断、独占话语权；没有任何一方可以任意将自己的话语意志强加给任何一方；没有话语的霸权主义。由此可以看出，新闻参政所建构的公共修辞话语是一种杜绝单一和独断的多元、互补、平等的话语重构过程。

在新闻参政的实现下要求媒体具有较为成熟的官民对话公共空间，这就意味着媒体公共话语空间的范围应得到更好的构建与扩大。如若要实现这样的态势，那么从媒体自身来说应该做到：首先，大众传媒本身要实现自我改革与解放。曾经传统媒体的经营与管理使得媒介自身陷入市场泥潭中，媒体为了在竞争中生存和规避媒体审查制度往往在反映民生的难解决事件中采取消极的回避态度，使得公共空间窄化，无法真正发挥媒体作为公共空间的效用，失去民众信任。所以，在大众传媒自身的经营管理上要不断进行革新、突破束缚、解放自我。真正站在百姓需要的位置，切实为百姓谋福利，确保公众信息知情权，鼓励百姓积极参与国家的政治建设，强化其参政、议政的民主意识。其次，在媒介内部不断寻求延展话语空间的路径。民众依赖大众传播媒介信道加强其自身应对社会政治管理的能力，而不再是传统民主协商制度的间接参与国家事务，仅仅作为旁观者与知情人在事前与事后进行评议，同时也可以对政府部门、社会利益集团进行同步追踪，即时即地参与监督与反馈。正因如此，民众不断增强的参与热情促进了媒体作为公共意志代表的功能强化，使其向社会监督管理的合法机制迈出了坚实的一步。大众传播媒介作为公共话语空间必然得到扩张，与民众的参与热情相匹配，如网络问政的新式政治参与方式的介入，新生媒体在参政这一方面异军突起，挑战了传统媒体的媒介主导地位，满足了民众不断增加的政治求知欲望，更为新闻参政提供了模范与榜样的先锋模式。由此可见，媒体必须担负起参与国家决策、引导公共话语的探路者与拾荒者的责任，在全新的理念上尽力找寻一条行之有效的道路，引领协商民主制度的浪潮，站在更高、更远的战略性视角上扩大自我的公共话语空间，更好地解决社会问题。

在新闻参政实践中，传媒的力量理应是巨大的。新闻参政的设计中一个重要环节便是各种社会主体依赖媒体去协调社会这个庞大有机体的正常运转。借用美国哲学家约翰·杜威在其《民主与教育》一书之言："社会不仅是由于传递、传播而得以持续存在，而且还应该说是在传递、传播之中存在着。"①在传媒与社会这种互生关系上来说，新闻参政对于传媒必须具备成熟官民对话公共空间特性的要求，已然突破了媒体作为单纯信息发布空间与人际交流传播的性质含义，实际上，新闻参政要求传媒嵌入式渗透到社会这个有机整体中去，成为独立的、不可忽视的一个部位，要求传媒具备统领当代社会话语空间领域的一股强大参政力量。

四、具有一定的再语境化能力

新闻参政从其理论渊源来看，是由媒体作为"第四权力"延伸而来。追根溯源，"第四

① ［美］丹尼尔·杰·切特罗姆．传播媒介与美国人的思想——从莫尔斯到麦克卢汉［M］．曹静生，等，译．北京：中国广播电视出版社，1991：117.

权力”的思想是建立在18世纪法国启蒙学者孟德斯鸠提出的“三权分立说”基础上的，而“第四权力”是美国政治家托马斯·杰弗逊在18—19世纪之交首先提出，他关于新闻媒体与政府关系的论述为：“如果一个政府在批评面前站不住脚，就理应垮台，而联邦政府的真正力量在于接受公众的批评，而且有能力抵挡批评。自由报刊应是对行政、立法、司法三权起制衡作用的‘第四种权力’。”①这些断言为后来媒体作为“第四权力”的说法奠定了认识前提。

大众传媒所具有的公共属性，促使其“第四权力”的效力得到发挥，大众传媒在权力上的第四层延续，并不是其自身产生的，而是民众赋予的公权力的社会管理效应的转化与扩张，更是行政权力在其职能短处的一种现代适应性改良、公共性礼让，媒介“第四权力”充分填补了政府力量的空隙，它充当着一个传统“灵媒”的功能，是民众意志得以扩张的平台，也是部分政治管理权力回归社会公共的一个重要桥梁。在某种程度上可以说，“第四权力”酝酿着的是一种“软法”与“硬法”、“权利”与“权力”有效合二为一的果实。

在中国，对媒体“第四权力”的想象一直以来都是西方世界舶来之物，是在西方媒介发展的语境下产生的，对于这一“拿来”之物的有用之处仍需要一个进入中国国情再语境化的过程，彻底的再语境化也是这一媒体理想的内在要求。所以，源于“第四权力”理念，但又不同于“第四权力”的新闻参政构想也需要对西方“第四权力”中有意义的一方面依据中国语境的要求，以新的形式达成某种意义，完成某种功能，使其真正适合我国的公共管理实践。

在我国，媒体在很多方面是不同于西方的：

其一，我国的媒体在性质上被定义为“(执政)党和人民的耳目喉舌”。因为我国是在共产党领导下的人民当家做主的国家，所以我国媒体天生具有双重的身份。新闻参政中对于人民话语权的诉求与我国媒体的根本性质是不相冲突的，可以更好地保护好我国人民“民意”。其二，我国宪法和法律保护人民言论自由和知情权的实现，在法治建设的理念下，新闻参政的公共话语得到了很好的保障。同时，政党的意志必须在不违反法律的前提之下，那么，确保人民的话语自由也就为新闻参政提供了支撑，使得自由的话语空间得以真正落实。其三，作为党和人民的耳目喉舌的媒体，在任何具体话语传播事件中充分行使自己的监督权利，使得那些破坏公共权力的行为得到真正的民主监督。其四，因为依法治国是作为党和政府的基本方针政策的，所以新闻参政中将公共关注的政府决策议案进行话语提交、讨论与商议是进一步实现依法治国这一基本方针政策的举措。其五，社会主义民主政治建设的本质要求是人民当家做主，因此，它也可以对一切轻视、偏离、背离或破坏这一本质要求的公权力行为进行合理评说，当然同样包括新闻参政自行启动评说的自由。中国模式的参政优势，在理论上赋予了新闻参政最大的行动自由。

我们所提倡的新闻参政应具备一种逻辑的自洽，这是其自身实现运作的一种规律。如果照搬或者硬套国外的一系列“原装”，脱离中国语境，难免会作茧自缚。新闻参政的提出刚刚是在构想雏形阶段，还需要不断地加以完善。回到我国民众自身参与国家政治事务的现象中去，回到我国理论研究的本土化，才是新闻参政得以实现的重要基点。因此，对

① 刘国瑛．新闻传媒——制衡美国的第四权力[M]．湖南：湖南教育出版社，2002：23.

于媒体相关经典理念的再语境化与深度语境化显得极为必要。再语境化为新闻参政的不断创新和与时俱进提供了一种可能，深入语境将赋予新闻参政生命的源泉和切实的实践意义。我们应该认识到，再语境化能力的高低直接决定了新闻参政能否实现。

第六章　新闻参政的话语建构

每一种叙述类型中的话语不会被社会政治或者社会经济“真空”包围，同时，在新闻中的话语结构亦不可能作为一种纯净、透明的语言符号，而应该是一种再现、建构的语言与言语的综合体。因此，在新闻话语对事实的叙述或者对周围世界的描述中都可以反映出特殊的立场、观点，并塑造出内嵌中的理念。可以看出，新闻的报道过程实际上是一个真实事件经由一定技巧“选择”和“塑造”的成果，是依据不同语境背景、不同的主导意识所建构起来的。同时，事物的不同发展阶段总伴随不同的特征和不同的需求，从总体发展态势而言，变化可称为事物发展的最根本特征，新闻语言的发展也是如此。

第一节　新闻参政的话语困境与希望

从媒介话语的历时性发展来看，历经了话语的难堪与困境，但是应该看到，暂时性的话语失效也正是话语重塑的最好时机。

一、传统媒介话语权的困境

改革开放以来，我国传统媒体经营管理体制开始了市场化转型，经过“拨乱反正”、“市场化”、“集团化”、“官办分离”、“制播分离”等一系列改革，媒体在市场化经营下慢慢在经济上处于独立的位置。大众传媒已经进行了一个媒介经营管理的改革转型，媒介顺利完成了独立化、集中化的集团格局变化，媒体由分散渐渐集中起来，并且大部分已聚合成了报业、影视、电视等巨头。随之而来的便是话语的重构运作，这些媒体巨头集团将新闻的取舍、话语的资源统统囊括在自己的视角范围内。媒介的多种声音频道、独立制造话语的能力在媒介巨头的控制下渐渐变得单一、扁平。与此同时，市场竞争中依照的“利润最大化”迫使大众传媒不得不进行对“发行量”、“收视率”、“点击率”等的盲目追求，为了吸引受众的眼球，媒体新闻话语开始娱乐化、庸俗化，甚至于将公共的权益作为牺牲品，以达到市场化目的，使得媒体强调的社会责任感一度陷入了虚无。另外，大众传媒为了能够实现“成本最小化”的利润追求，尽量减少制作节目的时间、人工和创作，采用简单的创作模式进行相应的标准化生产，并且生产出来的成品时常相互抄袭和复制，将相同的话语组合一再反复运用，使各种类型的媒介所传播的话语极其类似，甚至雷同，造成各媒体语言特性在这样的机械生产下慢慢趋于一致。此外，现代传媒的经营大部分以广告收入作为其财政的主要支撑，为了获取高额的广告额，拉拢大的广告客户，媒体往往把精力都花在自身大众品牌建设中，其所运用的话语内容大量地被幕后的无形之手——广告商所操控。同时，由于媒体的集团化转型，媒体的话语越来越集中在控股的少数大企业手中，它们控制着媒体的新闻内容、话语符号的编排，由于它们更注重的是在市场竞争中与其他对手进行比拼，击垮敌手，在最终的传媒集团竞争中存活在下来，因此，大多数传媒集团关注的永恒话题便是：传媒集团各时间段盈利多少。最终，媒体监督政府、为民请命只是其盈利系统中顺带的彩色口号。

在我国媒体作为政府的耳目喉舌，政府也是信息资源的一个重大来源。以往我国政府在新闻话语权中处于主导地位，媒介素养较弱，面对公众将新闻消息封锁，媒体通过正式渠道了解公共事务的机会较少，特别是在一些政府规定的敏感领域。在一些重大事件中我国政府往往在话语平台上采取消极态度，媒介常常在依附政府采取合作与监督政府、引起舆论的夹缝中艰难生存。

在这种媒介发展的尴尬局面下，新闻参政所需的媒体独立话语受到了严重的挑战。

二、新媒体语境下的话语蜕变

对话时用某种已经建立的符号体系有意识地传递信息，任何对话总是需要在一定的环境中进行，此环境就是对话的语境，它或许是上下历时的联系，或许是社会文化语境，还可以是对话场景的状况。目前，新媒体的产生为摆脱传统社会媒介的困境、推动新闻参政得以实现提供了所需的必要语境。

继报纸、广播、电视之后，网络作为“第四媒体”成为传播的主流之一，互联网的数字化平台有其独有的传播优势。由于网络媒介的出现，使得报纸、广播、电视变成了网络媒介之前的传统媒介，而网络媒介独自称霸于新闻界。网络媒介与传统媒介在发展过程中应是互补与转化的关系，而不是一方代替另一方的关系。它们两者之间各有所长、各有所短，两者配合可以取长补短。随着新媒介环境特别是网络的时代到来，以社会变迁与媒介变迁为依托的新闻话语正经历着新一轮的变化，新闻独立话语体系拥有了重建的希望。

第一，随着新媒体的不断发展，其可观的盈利空间使得不同的商业投资不断向其倾斜。资金的投入，大量的关注，促使新媒体从其发展的初期阶段的盈利模型就呈现出多样化的特征，使得某一集团或者某一企业想独揽这一现代化“新蛋糕”的幻想破灭。新媒体较之传统媒体，其生产、运转与经营的资金来源不仅仅局限于传统媒体的唯一生命源泉——广告，从其发展的态势可以看出，其将来更多的资金是来自于新媒体受众本身。即使当下新媒体的主要经济来源是广告收入，但人们越来越重视对新媒体相伴的内容产品采取有偿下载、知识产权收费、增值服务、平台盈利等各种盈利方式的开发和利用，这些多方面手段的盈利模式在极大程度上减轻了新媒体过多依赖某一个或者几个广告商的困境。与此同时，随着科学技术的不断增长，新媒体中超链接技术的大力发展，可以让新媒体的版面延伸到多层空间，不再受到版面的限制，这样就能够实现新闻与广告之间的相互脱离，此时的广告对于新闻的影响就能够得以减少，媒体的新闻及其评论能够越来越“洁净”、“纯粹”。广告与媒体话语之间的分离就能够真正实现在新的语境下经济盈利与新闻制作的双赢局面。大众媒介的话语权能够相对独立起来，不再受到经济的制约。

第二，新媒体特别是网络、手机、自媒体的长足发展给政府的政策制定与运行提供了更加透明的平台。新媒体开始摆脱新闻消息对政府的来源依赖，开始进入全民新闻时代，获取能够自主议程设置的权力。在现代信息时代，海量的信息生产已然造成政府相关机构面对信息预想控制应接不暇，政府对信息资源的监管局面被打破。相反的，政府必须就这个信息尤其是新媒体时代中各种媒介上所引发的舆论主动联系相关媒体，及时掌握信息动态、进行导向引导，才能够让舆论朝着真正有利于政府自身运营的积极方向发展。在过去，传统媒体因其特殊的性质很容易受到政府等强势的利益集团的大范围操纵。但是在新媒体时代下，特别是在网络这个平台上，大量信息可以进行匿名传送，在匿名的传播主体的采编下公之于众，受众能够依照自己的兴趣与爱好在网络空间上任意选择与搜索相关的数据与信息，可以摆脱政府等强势机构的束缚。并且，新媒体中的信息传播速度极其迅速，大众参与度高以及所造成的影响极其广泛。这样强大的传播能力也迫使政府对其重视，甚至也要依凭这个不可忽视的新兴话语平台来传播自己的声音、阐述自己的观点、表达自己的指令，从而形成政府依赖媒体而不是媒体依赖政府的新景观。种种新的态势，赋予了媒体相对的独立性，从而为媒体能够重构独立自主的话语体系提供了很大的可能性。

第三，新媒体时代下，各种新媒体的普及和便利使得公众接触媒体的机会远远大于传统媒体时代，新媒体的不同层面的信息足以使不同层次的受众的需求得以满足。伴随现代化工业科技的深入更新，现代社会网民的媒体素养得到了很大程度的提高。公众利用网络、博客、微信等新媒体维护和实现自身权利的意识越来越强，同时，利用网络也开始对政府、企业、社会利益组织的公共政策行为进行关注与监督，还扩展了新媒体的新闻信息来源，拉近了公众与新闻内容的距离。同样，随着受众文化水平的提高，其使用媒体的素质、欣赏水平也得到了提升，致使媒体传播的低俗化、娱乐化内容失去人心，“俗、娱内容”所占市场比重减少，盈利空间萎缩，传播得到良性发展，关注真正具有新闻价值、有独立见解、有高级分析水平、有鞭辟入里的评论的人群越来越多。这样就促进了媒体从业人员对自身专业素养的重视，更加积极地把自己的精力与热情投入到自己最初的职业理想与使命中去，更加注重采编、传播各种新闻价值高、观点鲜明深入的新闻信息，热衷于将新闻报道的质量提高上去。与此同时，也迫使媒体开始更多地关注政府的权力使用行为，以满足受众的需求，提高自己的关注度。这几年，频频出现因为大众媒体的深入调查、揭露真相的网络问政事件发生，促使政府及其相关机构出面澄清、道歉，纠正执政错误和完善执政理念与执政实践。比如，2003 年孙志刚事件、2005 年佘祥林杀妻冤案、2009 年邓玉娇刺官案等。相关研究表明，网民已经开始关注我国时事政治与政府行为。他们开始关心网络是否能真正与现实联系起来，网络对他们实在生活的世界有没有推动效果，他们开始了由虚拟向现实的思考过渡，把虚拟与现实相结合，使自身生活的世界更加丰富、公平、正义。也为新媒体重构媒介独立话语、行使参与政府决策权力准备了舆情基础和群众意识。

第四，新媒体背景下，建立在新媒体基础上的各种类型的新型传播方式逐步获得摆脱各类利益团体的自主权益，它们可以独立参与到社会生活中公共领域的新兴重构中去，发扬新闻专业主义的精神，正确引导公众舆论，形成一股较有影响力的公共领域力量，并与政府的公权力开展互动，从而实现媒体参政。虽然德国哲学家、社会学家尤尔根·哈贝马斯在其《公共领域的结构转型》一书中感叹过：“随着社会和媒介的发展，市民社会与国家不再分离，这导致了公共领域的衰落和瓦解。”①但是，新媒体的运用却使得网络论坛、微信、微博、网络社区、行政网络等可以让公共领域这一概念得到重塑。为现代媒介技术下利用新媒体这一“公共领域”，引导舆论的理性发展，并参加政府公共决策的新闻参政，更好地搭建一个全新公共领域提供了最理想的沟通平台。

媒体技术的发展使得传统新闻话语的困境得到很大缓解，为新闻参政提供了一个可行的话语环境。

第二节　新闻参政的新修辞路径选择

新闻参政在其话语重构中将如何选择其叙述方式，又将会有哪些新的修辞手法进入新闻参政的语言系统呢？

一、基于新修辞法的新闻参政话语意识觉醒

从大众传播媒介的发展史来看，媒介历经了电报、报纸、广播、电视、互联网、智能手机等一系列载体技术创新过程。而从媒介定义的历史时代来看，历史的进程相对应地历经了“泛媒体时代”到“多媒体时代”再到现今的“多元媒体融合时代”。新闻叙述的话语生态也伴随着时代的变迁而不断转化。对于传媒这个话语传播载体来说，其语言的运用方式在不同的历史时期有着自身独一无二的特征，它有着自我的独特的烙印，对应着不同的媒介文化发展背景。当今，这个多元融媒时代，媒介面对的是全球化渗透到了传媒语言的编译程序中，媒介的融合导致新闻语言的融合化。在这样一个媒介语言融合的时代，新闻参政将建构何种语言方式来进行不同主体之间的沟通，减少误读，实现新闻参政的原初构想，将会是新闻参政学构思的首要问题。

在古典修辞学理论研究中，一般认为：“真理是客观的，修辞学只是一种对真理内容的补充性解释，只是起到点睛之笔的作用。它只是在每一事例上发现可行的说服方式的能力，是运用演讲来规劝或说服听众手段，让他们接受某一观点或采取某种行动。”②而新修辞学扩展了古典修辞学的论述，认为知识、真理以及现实都是建构的，修辞活动甚至于与整个传播活动可以等同。当代新修辞学突破了传统修辞学中仅仅把修辞局限于演讲环境或者修辞格的运用理解上，而是将修辞重新定义：修辞是在采用所掌握的话语及象征去实现某一目的。修辞演变成了与其他调动语言和象征方式来达到现实目标与功利权益的同义词。在新修辞的不断丰富的内容填充中，新修辞被界定社会的本质实际上是被象征所构建，即生活是由修辞所构成，甚至修辞也构建了社会的本质——象征。如此一来，可以推断，一切社会、政治、文化运动与传播都可以兑换为修辞运用与传播。我们对于修辞的分析可以映射出的不仅仅是单一的文采或者修辞格，更加能够印证的是修辞中的主体参与者的话语结构以及这些话语修辞所产生的效果。正如新修辞的开创者与奠基人肯尼斯·伯克

① ［德］尤尔根·哈贝马斯. 公共领域的结构转型［M］. 曹卫东，等，译. 上海：学林出版社，1999.

② ［荷］梵·迪克. 作为话语的新闻［M］. 曾庆香，译. 北京：华夏出版社，2003：5.

认为：语言不但导致行动，而且建构我们的现实。由此可以推论，语言的修辞同样构建了新闻参政。

基于新修辞学对于修辞的重视，因此，当代成功学中的标志便是对新修辞能力的强化掌握与运用，这种能力是任何组织、集体或者个人都梦寐以求的本领，更是新闻媒介参政与否的决定因素。就传媒的实际操作来说，与民众之间的交流越来越不仅仅限定于新闻报道中对信息的采编、发布，新闻参政重新赋予了传媒作为公共权力代表的一种积极宣示，而这一权力的真正落实需要对新修辞策略的灵活应用。应该看到，社会互动所涉及的利害关系越深入，其对主体修辞能力与修辞技巧越高，而说服民主党派、社会团体等建立公信力无不需要更高的修辞水平。

二、新修辞手法的运用

新闻参政因其处于特殊的话语场，需要与之相适应的修辞反应，我们吸取西方新修辞的成熟经验，来进行一些较为有效的积极尝试，试图构建符合新闻参政的修辞手法。本书借鉴新修辞学奠基人肯尼斯·伯克的“同一”修辞理论来探讨新闻参政的修辞。根据“同一”修辞视角，伯克对修辞学有着自己的定义，他认为修辞学是某些人对另一些人运用语言技巧来达到规劝与说服，从而形成某种共识的态度或者引起一些行动的途径，他指出：“‘同一’来自于‘实质’这一概念，自我由各种实质或特性构成，包括物质、职业、朋友、行为、信念和价值观等。当我们与他人享有某些共同特质时，我们就取得了与他人的同一。同一离不开‘同体’，当两个实体在实质上通过共同观点、态度、物质拥有或与其他特性相联系时，他们就是同体的。”①新闻参政中的媒介作为公共话语的平台建构，需要的就是这种可以综合所有的同一性修辞。由媒介作为中介对于政府决策的参与需要唤起社会主体的高度认同，形成同一的认识。同样，在媒介参政中，媒介站在不同主体的不同角度将其对国家公共政策的制定、执行、实施、贯彻形成同一文本议案进行提交，也需要采用政府行政熟悉的话语进行对话与协商，将不同类型的语言风格进行适时适地的调整，满足同一讨论事件所需，使社会在新闻参政的环境下达到共同决策与行动的效果。为了培养“同一”的新闻参政话语，动员一切力量参与新闻参政，新闻参政中的话语应该遵循以下几个原则：

第一，顺应自然规律与法则。当媒体的音量强弱与其实现的权力大小并不成正比时，如果时时进行权力的大肆炫耀通常会适得其反，使得权力的功效受到削弱。新闻参政的权力是民众赋予的，在于行而不在于大肆宣扬，在于切实做好而不在于造势宣传。

第二，注意礼貌原则，了解参政不同主体的文化身份，以喜闻乐见的方式进行新闻参政。

第三，诉诸公权，尤其避免私权应用的过分，杜绝新闻审判。

第四，分别对待，选取合适的时机，在规定的时间与场合内进行参政。因为新闻参政中往往会涉及国家机密、商业秘密等不宜公开的信息，所以应该遵守法律法规保守秘密。

第五，平衡的原则，即要平衡各方面的关系，平衡各方利益，树立威望。

---

① Burker K. A Grammar of Motives [M]. Berkeley: Universty of California Press, 1969: 41.

第六，积极发挥话语间的认同因素。从伯克的修辞理论中可以推断，新闻参政的话语应该采用"同一"修辞，尽量唤醒民众的认同意识，利用修辞的艺术传播同一的价值，形成一定力量的舆论影响力。借鉴伯克的三种认同方式来构建新闻参政所需的同一话语力量："同情认同，仅仅强调情感来与公众建立亲密关系，这种用法更接近规劝；对立认同，这是一种通过分裂而达成凝聚的最迫切的形式，对立双方在遇到共同利益时往往很容易联盟；误同，这是最深层次的认同，也是无意识认同。"①把媒体作为平台进行参政的认同是新闻参政现在所面临的修辞情景的核心。

第七，提倡权力联合意识，熟悉权力联合策略，在权力联合的影响下促使话语能够强而有力。

第八，可以在鲍曼所提出的"修辞幻象"中找到塑造新闻参政话语的理论支持。组织参政主体汇集与商议参政主题，搜集大部分民众所关注的"共同主题"和不断延伸的"修辞远景"。在"共同话题"与"修辞远景"中树立一种民众对于现实政治运行与实践的认同感，这样的话语认同感能够使媒体所传播的话语成为公共信息，而公共信息的形成常常可以聚合共同话题形成合力，由此，达到参政理解和说服的最佳策略场。

在新闻参政中，新闻媒介历经话语修辞策略的掌握、实践以及对于自我修辞的反思，可以促使媒体对于话语场中权力运作知识的熟悉、理解与应用，主动使用话语的相关传播知识来改变话语权力结构，打造新的公共话语空间。这样的尝试，可以在新闻参政的对话、交流乃至交锋中，代表公众弱势一方，力争到更多的话语权，从而将新闻参政的构想真正落实到媒体话语行动的实力上来。当下，我们应该预见到，语言所编织的话语场中，权力之间的博弈战争并不能真正实现所谓的"霸权独尊"，倘若能够积极合理地去将话语资源进行分配，话语在实践中可以达到"百花齐放，百家齐鸣"的效应。所以，新闻参政在话语修辞上需要对论证价值观的方法和策略有所改进，即需要提升修辞能力。

第三节 新闻参政的话语系统

显而易见，媒介的话语权利是其天生所具备的，而在新闻参政中，话语将由权利上升为权力，从制度和实践上开拓媒介话语的场域。

一、话语权定义的重构：从"权利"到"权力"

媒介之所以能够进行新闻参政，其根源在于民众赋予媒介代表其言论、引导舆论的权利，是民众赋予了话语权。我国一些学者陈述："媒介话语权是大众传媒在事关公共性话题方面应该享有的客观地言说与公正地表达的自由权利，本源上它是公众话语权的延伸"。②

新闻参政的话语权隐喻着双重含义，在权利的基础上更加强调的是一种话语权力。虽然两种含义具有明显区别，但其相互之间有着千丝万缕的联系。首要的是，新闻参政中媒

① 刘莉．伯克新修辞学同一理论探析[J]．广西社会科学，2008(8)：175-177.
② 陈堂发．媒介话语权解析[M]．北京：新华出版社，2007：2.

介话语权力由媒介话语权利而来，权力由权利而生。新闻参政中对于话语权力的掌控是需要以对媒介话语权利的获取为前提条件的。新闻参政所称之权力是推动社会公共管理现实作出变革的结果，它是建立在媒介代言民众说话之权利的基础之上的。可以想象一下，如果媒介使用者连利用媒介写文章、发表评论、各抒己见的权利都被禁止，又何谈推动现代政治管理机制变革，何谈民众参与政府决策的权力受到保护呢？也可以说，在不使用媒介的群体内部去谈话语权力，那就是天方夜谭。新闻参政的话语权力如果能够得以很好地实现，这就可以从实质上更好地维护媒介话语权利。世界上很多国家，都对媒介的话语权进行着本质上毫无差别的管控，不同的只是各国在管控的严格程度与标准上存在差异。因而，媒介的话语权利从其出生之时就必然会被压制，不时受到监控，在不同性质的国家内部都有着不同规定和名号的新闻管制，如事前和事后检查制度，或许为了保护国家安全，或许为了维护统治，但是这样的监控并不意味着媒介及公众就会放弃话语权的争取。在我国人民当家做主，民众的言论与话语权受到法律的保护。我国政府在国家治理上也是实行人民代表大会制度、民主协商制度等来确保人民当家做主的地位和民主政治制度，给予我国媒体更多的公共维权空间。媒介通过合理的参政方式来形成一种公共权力，促进政府公共政策执行、监督政府、维持公共秩序、保护弱势群体、提供参与决策平台等，让媒介的权利得到更大限度地发挥，确保权利的有力实现。另外，新闻参政的话语权力是媒介话语权利的拓展与延伸。新闻参政的话语权力究其渊源来看是由媒介话语权利演化而来，相对的，新闻参政话语权力的终极目标就是能够更好地实践与维护以媒介为代表的公众话语的权利，新闻参政将媒介的权利推动到政治的浪潮中去，积极参加社会的中心工作建设，使得原本在小范围内适用的媒介话语权利得到更大的效用，挖掘了媒介内在的潜力，是权利的进一步完善与升华。

应该清醒地认识到，当今信息世界，话语权的分配结构直接影响着社会的走势，哪家掌握话语权也就意味着能够控制和引导社会公共舆论的流动方向。在如今的社会公共管理视域场上，新闻参政过程中话语权的归属承载了影响社会发展方向的巨大潜能。而新闻参政中的话语权的首要参考元素是主体说话的“发声素”，以控制“发声”为根源，从而控制话语链条。因此，如何操控“发声”通道成为人们话语权力中必解之难题。在当下，社会的首要发声渠道便是以各种媒体为中介的大众传播平台，发声渠道对于话语权具有决定性作用，在这样一个强有力的发声频道上将民众分散的政治构想与言论表达出来，是民主得以实现的创新性途径。在一个民主的社会中，对于发声渠道应该相应地实行较为放松的管制，应该允许各种不同的声音能够透过多种渠道进行发布，社会的话语权应是较为分散的，社会不同阶层的人们都将拥有与之匹配的话语权。伴随承载媒介话语的空间平台技术的不断创新与完善，同时，规范媒介话语的机制不断改进，那么，我们可以预计，新闻参政所蕴含的媒介话语权在推进民主进程中突显出了自己的新生实力，促进了民主社会中所呈现的话语结构的价值。新闻参政的话语权力以媒介作为一种隐秘的权利，在过去曾长期受到忽视。民众使用媒介的效果往往停留于在媒介平台上有说话的权利的可能。然而，随着民主进程的推进、完善和媒介技术的发展，新闻参政渐渐成为了现实。根据新闻参政的理想构思，公民在媒体上自由发表言论，可以言及政治建设，影响国家决策，推动法治建设，新闻参政使得话语权变成了切切实实的利益权力。新闻参政使得媒介话语权利影响力逐步扩大，参与社会变革，日益使得媒介当初所享有的话语权利上升为附带“权力”色彩的“异体”。它努力想要改善人们的政治生活，它将要促使自己成为一种拥有改造现实世界的力量源泉，它就是新闻参政的话语系统。

新闻参政成为了媒介话语权利到话语权力的指代，新闻参政话语权有着三个递进层面的内涵：说话的权能、发言的权利、权力实现后带来的政治参与权力。新闻参政促使话语权定义重构和解析，有助于推动媒介话语权影响力的进一步扩大。我们应该相信，随着媒介技术的进一步发展，支持新闻参政的民众将越来越多，关于新闻参政话语权内涵的探讨也会持续开展下去。

二、双重话语空间：官方话语空间与民间话语空间

新闻参政话语所处的公共空间场域，将新闻参政话语置于多重话语特质相融合的境地。媒介平台的发展尤其是互联网的广泛运用，媒体的公有性、草根性、集成性等一系列新特质有了技术的不断提高，这些都使得中国政治信息系统的运作方式得到了转变，而以社交媒体发展为主的自媒体的出现与进步让新媒体呈现出传播主体的多元化、传播的技术化、社会互动的日常化，弥补了传统媒体在对话体系中的不足。新技术带来的草根媒体特质，激发了社会公众的意见活力，打破精英阶层对话语的垄断，其基本的改变就是公众能够进行各种媒介操作，发表自我对社会公共事件的想法与理解，甚至是政府行政事件，再经由新兴媒体的“聚合效应”汇聚成社会舆论合力，从而对社会视线与政治议程产生影响，这就是新闻参政的形成过程。

新闻参政使得我国目前的媒介舆论发生了显著的转变，其突出地表现在新闻参政营造出了两重外在各自独立、内在却相互交错的双向空间场域，即官方话语空间与非官方(也可称为民间)话语空间。

从两种不同话语空间的主体成分来看，官方话语空间的话语主体主要围绕着权力组织以及与权力组织有着千丝万缕关系的集体与个人，主要是政府决策的组织者和实施者，其参与身份具有权威性；民间话语空间的参与者主要为媒介受众，包括在媒介中担任意见领袖的精英和群体，其参与身份也不可或缺。

从表达方式上来看，官方话语空间是指政府所颁布的指令、文件、会议等及官媒所进行的各种新闻报道、媒体评论；非官方话语空间主要是大众在公共媒体使用过程中所撰写的相关评论、发表的微博动态、张贴的博客文章、转载的链接文摘等。

从载体上来看，官方话语空间以官方正式规定的特殊载体为准，如公文、会议等；非官方话语空间载体主要以民众能够使用的媒介技术为准，如互联网、手机短信和各种人际传播渠道为载体。

从其侧重点来说，官方话语空间与非官方话语领域针对某一主题选择有着反差极大的框架理解体系，侧重点上明显不一样，具体来说，其差异主要存在以下四个方面：

1. 主流意识的建构与情绪的集散发泄

往往在大多数危机公共事件发生后，官方话语体现了殿堂似的主流社会舆论，而这些舆论的引导主要为了在精神上动员全体民众进行社会整合，塑造主流的意识形态，从而希望社会各种力量团结起来，克服困难，坚持社会和谐，达到社会管理的目的。官方话语在

公共管理中的行为突出表现了政府的社会威信度、政府行动力和政府社会公信力。总之，官方话语在修辞中要贯彻严肃、客观、权威、精确、亲民的话语原则，避免涉足带有主观、情绪、模糊的信息输出。相对的，非官方话语在公共事件发生后往往变成民众社会情绪的散发场。一方面，非官方话语平台是与官方话语平台相对应的，对于官方话语进行反向解构，质疑、诘问官方话语；另一方面，非官方话语平台往往形成一股非理性的嬉笑怒骂风气，经常进行感情宣泄，表达爱恨憎恶，很多时候变成了社会情绪的消极情绪源。

2. 回避与直面

我国学者史安斌、周庆安在讨论新闻“框架”时曾这样论述到：“‘框架’是一种有目的、有意义的新闻组织方式，旨在揭示新闻报道中蕴含的主题和被刻意突出的因素，可以帮助记者按现行主流论调来撰稿，与主流意识形态和话语形成互动，同时它也为读者‘构建’视角，影响他们对事实的理解。”①依此推断，官方话语或者非官方话语这两者都会按照自我对话语编译所需进行素材剪辑、内容取舍。对于官方话语来说，在公共事件话语处理上会尽量回避那些不利于自身的话语主题，进行官方话语框架建构，引导舆论的导向，并期望影响公众的认知水平。但是，非官方话语框架其实在大多数情况下有着自己的建构模式，很少受到官方的引导，偏向对于官方所隐匿的那一部分话语事实进行发掘，寻找突破口，基本是直面那些官方棘手的话语，希望找到深层次的原因，追究责任，解决问题，甚至于对事件中官方话语制度的“缺陷”进行监督与反思，洞悉“制度话语”的漏洞。这些都代表了非官方话语建构自身框架是遵循自我的一套逻辑方式，而这种逻辑往往直面事件，话语犀利。

3. 建构与解构

往往在公共事件的话语处理上，官方话语框架主要是进行官方相关机构的公信力、行动力的塑造。官方话语采取即时补救、全力调动资源、执行有效方案、采取必要措施、弥补或者赔偿损失等公关手段来支撑“有效权力机关”的形象。而相反的，非官方话语则以对官方所论及的话语进行戏谑与质疑作为出发点的，直接形成了对官方话语框架的对抗与解构的话语框架。

4. 列举事实编码与研判中再编码

应对公共事件发生，官方话语框架建构了一条以事实为依据说服公众的话语修辞链接，它向公众给出官方的、典籍式的、应对式的、程式化的信息，极力防止在传播过程中信息的不顺畅、信息失真后随即而来的谣言与流言所造成的社会不安与恐慌。此时，简洁、精确、快速、口径一致的话语框架构建是官方机构的话语修辞传播策略，更是其面对公共事件直接的反应。而这些话语修辞手法虽然比较高明，但是非官方主体接收信息的渠道多元，所以官方话语并非如其期望的有效。另外，在过去，官方采取封闭话语来进行传播如谎报、瞒报、避重就轻、迟报，甚至于不报等，已经在民众中失去了公信力，使得民众对官方的话语质疑度较高。新媒体出现后，全民新闻时代的到来，可以促使民众在第一时间通过新媒体上接近现场，在新媒体上接受到更加丰富、真实、多元的信息，以及无篡

① 史安斌，周庆安．新闻构架、符码与制造同意的艺术——美国媒体“十六大”报道综合分析[J]．北京：国际新闻界，2003(2)：12-16.

改、编撰、审批后的信息。这样的传播语境，给予了非官方民间话语不同于官方话语的反思能力：一种对官方话语进行分析、提出质疑并且力求真相的探索求知欲望与力量。这种能力体现了非官方话语的框架建构可以对官方话语进行一种自我研判解码、译码、再编码的民间力量的新时代塑形。

综上所述，从框架理论的角度来看，新闻参政话语所存在的这两个双重话语空间，其框架背后的权力、话语受众、框架本质、社会成分、话语修辞等都是互不相同但又互相促进的。一方面非官方话语影响着官方话语中议题的文本建构，另一方面官方话语同样影响着民众对所关注的议题理解视角。更加值得关注的是，新闻参政话语得以实现的前提是双重话语都能够独立实现。可以预计，新闻参政实现后，官方话语与非官方民间话语将能够共同建构和实现完整的双赢话语体系。

所以，对新闻参政中这一双重性质的话语空间进行框架分析与融合，互通有无、取长补短是具有重要意义的。

三、新闻参政话语特点与意义生产

（一）新闻参政话语特点

1. 互动性

新闻参政的话语作为一个广而用之的交互式话语表征，是媒介进行参政时与多元主体之间沟通不可缺少的一种元素，是被人们广泛接受的一种语言符号、交互式手段，是参政主体通过参与提案、议案获知其他社会群体的态度和意见的象征性互动方式。实现了官方与民间的互动、执政党与民主党的互动、媒体与受众的互动，我们可以视之为一种特殊且具有较强权威的话语模式。在一定程度上说，新闻参政所形成的参政合力比各种参政力量的简单叠加本身更有其价值。对民主政治来说，新闻参政的这一特征为参政的实现选择提供了更大的可能性。

2. 全时性

新闻参政时代所搭建的平台是媒体最先进的技术的体现，它不同于传统新闻媒体注重的是新闻话语采集与编辑的时效性，话语的即时性。有什么新闻素材就采集什么新闻，编撰什么话语，受众接收时逐条解读。而新闻参政时代的媒体，特别是网络媒体提供给了受众更宽广的话语获取途径，甚至于在搜索引擎的基础上，可以让受众对自己感兴趣的某种话语类型进行检索，将对某话语进行关注的群体进行隐形划分，并提供小众群体一个交流的话语平台，为参政议题的快速脱颖而出提供了便利。这样的绝对快速的时效性相对于其他的参政话语集结享有其得天独厚的优势，这样的参政话语聚合方式可以称之为“全时性”话语模式。新闻参政的全时性话语模式，使得参政的话语更新快、民众关注即时、话语涵盖的信息量大，可以更加方便地进行历史性话语搜索。

3. 超文本性

从新闻参政的话语符号表征来看，能指几乎涵盖了所有符号的类型，如文字、图片、动态视频等。超文本话语扩大了参政的信息容量，保证了新闻参政议题的完整性。

新闻参政的能指系统的扩展，使得参政的前期准备资料更加翔实，可以在参政过程中进行比较全面的话语阐释，信服度高，实证力强。这种超文本能指符号结构，既有声有色又全方位地、历史地、客观地呈现了新闻参政呈现的话语，解读起来也是无需受到传统解读次序限制，而是解读方式多元，有更多的选择余地，可以阅读文字、点击图片，甚至能够接受视频传播阅览。运用新闻参政的超文本话语机制锻炼了受众对于所指集合进行的联想式解读能力。新闻参政的话语体系的编码体系较之于其他参政的话语编码更加科学，可以降低主体交流之间的话语误读。

(二)意义生产：对话

在新闻参政过程中可以看出，多种意识形态和话语权都在新闻参政的这个话语场中竞争，新闻参政的多元主体结构注定了新闻参政的话语来自于不同意识形态，是不同参政主体间多元化意义斗争的角斗场，也是各个参政主体发表自我话语权利的公共空间领域。在新闻参政中，不同的社会群体对我国政治建设出谋划策，当然，在这些不同的民众、群体、团队、党派、个人等之间，存在着意义的裂隙与冲突，同时，也存在着不同意义的撞击、宽容、妥协与合作交流后的平等对话，斗争中孕育着和平、公正、正义。这样的话语生产、交换、阐释、解读中所呈现的文化、政治意识与社会理念被霍尔形象地称之为“受压制内容的回归”。新闻参政的“话语场”所发生的这些生产、交换、传播、消费与再生产过程所表达出来的意识形态，从不是对某一信仰的固定朝拜，而是不同话语中生产出来的不同意义的角逐与争斗，向着更为高级的和谐话语进化。在新闻参政的这场话语生产、传播、反馈、再生产过程中，即便拥有最有经验与权威的意见领袖身份的精英分子进行的话语表述，也有着其自身的张力边界和与其他意识形态产生的矛盾。而新闻参政话语在这场矛盾游戏里扮演了调和的角色，主持生成一种更为和谐一致的多元社会主体同一观念，在这期间，它还必须承担调和与抚平不时出现的不同主体交恶时所产生的矛盾与争端的职责。

新闻参政话语的意义生产主要是通过传播进行官方权力阶层与非官方民间话语组织求同存异的理想结合，这一意识形态中的“对话”追求是新闻参政一直不变的存在意义。在新闻参政中媒介自身的话语并不能站在原初的优势定义的权威地位上，而是透过意识形态的“对话”意义生产进行再生产，对政治管理结构产生力所能及的积极影响。

我们可以通过参考霍尔在符号学中关于“编码/译码”的理论，推断出新闻参政的话语建构中意义生产历经了如此一个过程：新闻参政中的要素之一的媒介，在其作为中介效用的编码阶段，采取一种更加广阔与宽容的视角来推动最终融合的必然趋势，在这个媒介编码过程中体现出来同一的新修辞观念与现代话语秩序。媒介将占显要位置的热点问题、意识形态、世界观、价值观灌注进事件原材料的采编中，并加以新兴的语言叙述与话语修辞规范创造出媒介话语的超文本系统，在此过程中完成对不同意识形态的再语境形塑，让所生产出来的“成品”具有普世的、自然的、与现实生活息息相关的特质，使得这样的阐释在最大程度上赢取合理性与合法性。虽然，从表面来看，媒介并没有直接从社会的权力机关那里获得许可去进行直接的行政管理，或者有意识地去进行决策，但是，经过媒介话语进行的再编码后可以重构出一个边界范围或者特质框架结构，在重构出来的这一边界和框架所影射的范围之内，新闻参政能够合情、合理、合法地运营循环下去。一个未经加工的粗糙的政治诉求是不能以这种形式来进行有效“传播”，事件必须在新闻参政的话语修辞中进行符号化，在话语语言符号编译的环节中，所有事件将遵守新闻参政语言符号化所涉及的能指与所指的指涉规则。用通俗易懂的话来说，就是一个事件在演变成可传播的事件之前必须成为一个家喻户晓的事件。

因此，媒介作为新闻参政的要素一方，是用“共识”来引爆事件，同样又要以新的话语形态建构方式来塑造更加坚固的“共识”，具备一种同一与辩证的生产过程的全部特质，传媒应该是代表同一社会利益话语结构的一方。在此，同一建构了彼此的信任，意义的流通就是从同一话语这里开始的。而新闻参政之所以对政治建设如此重要，是因为新闻参政的话语具备的基本性质便是——对话。不同时空的人们可以通过这个途径实现认知的聚集，进行彼此的了解。“对话”之于参政的意义在于：不同文化的主体在交流沟通过程中的动态变化与隔阂可以在对话中意义不停流淌、汇合，生产新的意义，达成新的共识，逐渐扩大共同的知识视野，不断加深彼此的认知与理解。

第七章　新闻参政的媒介途径

既然是通过“新闻”进行参政，就不可避免地需要结合各类媒体的特性来研究和分析新闻参政的具体途径，无论是传统四大媒体还是新兴的媒体，它们自身的特性都极大地影响着新闻参政的参与途径及效果，参政途径是通过新闻来进行参政的路径，也是其最直观的表征。本章将对报刊、广播电视、网络及自媒体四类媒体不同的参政途径及其效用进行探讨。

第一节　报刊：精英化参与

一、报刊的新闻参政

报刊参政早已有之，如前面所说的《京报》就以“专以纠政府之过失”为参政手段，以舆论压力极力推动政治变革。① 在西方所谓民主国家，大众传播媒介是公民个人和集体向决策者传送政治要求的主要手段。在社会主义民主政治建设中，报刊作为最重要的大众媒体之一，也在新闻参政过程中扮演着重要的角色。中国特色的社会主义体制下的报刊本就属于党的宣传阵地，作为党的“耳目喉舌”，参政也是各级报刊的主要职能，我国甚至有专门的参政报刊。如20世纪80年代以来，全国有20来家各级政协主办的公开发行的报刊，鉴于它们与中国共产党各级委员会主办的机关报及其他类报纸在定位及内容上的不同，可以把它们定义为参政报刊。② 众所周知，新闻宣传是意识形态的重要组成部分，在我国也是如此。我国新闻媒体是党和政府的耳目喉舌，也是人民群众的喉舌，是重要的舆论工具。作为社会主义国家，在新闻工作中我们要旗帜鲜明地以马克思主义新闻观为指导，以中国特色社会主义理论体系为指针，毫不动摇地坚持正确的舆论导线，充分发挥新闻参政的价值和效用，促进国家、社会的发展与进步。

参政议政，是我国各民主党派、无党派民主人士和其他爱国人士参与国家政治生活的泛称，简称为“参政”。在我国，公民的主要参政群体为市民群体，即市民参政。市民的政治参与是指市民或市民群体通过一定的途径和形式向政府及其领导人员提出各种要求和建议，也称市民的利益表达，向有关部门进行检举、揭发，行使选举、罢免、监督等权

① 许莹．舆论参政的理解与践行：解析“丁未政潮”期间的《京报》言论[J]．国际新闻界，2013，35(4)：118-128.

② 黄铮．参政报刊与协商民主[J]．新闻大学，2014(2)：18-26.

利，阻止或促成某项政策的行为，参与城市管理与决策的各项活动。① 当今市民参政议政的途径主要是通过媒体或是与城市管理者直接接触来进行，其中通过媒体的新闻报道参与到民主政治活动当中是最主要的参政议政模式。

曾为传统四大媒体之首的报刊一直在民主政治生活中扮演着极其重要的作用，发其声、立其言，影响舆论走势。当前，尽管互联网等新兴媒体迅速崛起使社会舆论格局产生了重大而深刻的变化，但即便如此，社会公众通过报刊了解世界变化，发表对时局、世事的看法仍然是常见现象。与此同时，极力提高同报刊媒体打交道的能力，增强舆论引导本领，及时掌控舆论走势，掌握舆论主动权，提升新闻参政意识，也是摆在各级领导干部面前的一个重大课题。

报刊是政府展示新闻参政能力的重要渠道，政府部门通过报刊及时了解新闻信息，从而及时发布信息，引导、掌控舆论，加强对新闻媒体的指导和管理能力，有效地将政府主张的、百姓关注的信息统合发布，以形成统一的、和谐的舆论之声。此外，报刊也是民众参与民主政治生活的主要途径。我国的民主政治不仅仅表现在民主党派参与提案工作中，还应该是全体民众的共同任务，是有共同志趣、目标和追求的一部分人群自愿组合，进行有序的政治参与，积极投入参政活动。通过报刊新闻广泛收集社情民意，不但能够拓宽知情渠道，更重要的是为每一个公民能够施展个人才干、实现自身价值，提供参政议政的平台。政治参与的实质就是使每一个公民在政治生活的参与中行使自己的权利，从而增强他们作为国家一分子的政治责任感和历史使命感，同时让市民在参与中有所作为，使自己的知识、经验和智慧转化为参政议政成果。这个活动开展的过程既是老百姓在具体的政治参与中提高政治觉悟、增强政党意识的过程，也是党派组织争取人心、凝聚力量的过程，既是锻炼队伍的过程，也是发现培养人才的过程。作为大众媒体的报刊必须想方设法发挥读者的主动性，激发创造性，保护积极性，努力营造参政的氛围，扩大参与面，使参政成为每个读者的自觉的行动。同时将成员的参政的广泛性和专家学者的参谋决策作用结合起来，将整个报刊的人才优势通过读者的政治优势进行转化，不断提高报刊新闻参政的整体水平。

二、报刊新闻参政的要求

隶属于不同职业、社团和组织的公民，通常以个人意见和建议的形式参与政府管理和决策等政治活动，采用直接或间接的口头表达、署名的文字表述等方式，通过工会或社会团体等机构表达意见和建议，但最主要的沟通和表达渠道还是通过新闻。在新闻参政过程中，应循序启动大众传媒及其他舆论工具，采取融协商对话与舆论监督于一体的报道方式，遵循新闻规律，按照新闻特性组织自发性的报道，充分发挥新闻媒介的双向交流与沟通作用，观察社会现象、主动参与民主政治建设，而不是按照传统的被动新闻接收方式，盲目地听取自上而下的新闻传播。相对于广播、电视新闻，报刊新闻需要一定的文字能力、阅读能力、写作能力以及媒介素养，这也给通过报刊新闻参政的市民提出了一定的要求：

① 马运瑞．关于我国市民参政条件的思考[J]．晋阳学刊，2005，12(3)：26-29.

(一)熟练掌握新闻基础知识

掌握现代新闻媒体知识是提高新闻参政能力的基础。当今的时代是读图时代，报刊等媒体所刊载的信息充斥着各类群体读者的视线，媒体在新闻报道中追求快餐化、娱乐化、大众化口味，传统的“我传你受”的模式已然淡出历史，人们正迎来参与、互动、表达、共享的新的传播时代，全媒体时代的大众狂欢与参与成为不可逆转的趋势。在这样的时代，要正确地通过报刊进行新闻参政，必须了解报刊新闻报道的基本规律，懂得报刊传递新闻信息的逻辑，才能获得进入报刊媒体的新闻参政大厅的入场券。对新闻和报刊新闻媒体的特点与性质不了解，无论是谁都将成为新闻能力的侏儒。排斥媒体、畏惧媒体、轻视媒体以及在媒体面前失言，隐瞒信息、推诿扯皮、躲避问题实质以及在媒体面前集体失语，顶撞、急躁、仇视心态以及在媒体面前乱言等，都是新闻参政能力恐慌的表现。这种状况必须予以改变，要以积极的心态面对新闻媒体，提升新闻参政的能力和水平。

(二)较强的新闻写作能力

对以文字为主要表达方式的报刊来说，写作是应具备的基本能力之一。就我国当前的实情来说，绝大部分民众都曾接受过基本的写作训练，有的甚至还参与过新闻写作。社会大众要像记者一样深入现场，尽量全面地了解新闻事件，及时、准确地反映新闻事实。这样的要求也导致了一部分文字功底较弱的人被报刊新闻的门槛阻挡在参政议政的民主生活之外，文字语言欠缺逻辑，前后矛盾，语句不畅，都直接影响到政治意见的讨论与表达。

(三)具有一定的新闻指导能力

新闻指导与新闻自由并不存在冲突，相反，它们从一开始就是并行不悖的。新闻舆论属于国家意识形态的范畴，因而新闻工作除了社会性和主动性等特征外，还有着强烈的政治性特征。任何国家、阶级、政党和集团都无一例外地借助自身的政治地位及物质力量建立起有影响力的新闻机构，或创办新闻媒体(其中报刊仍不失为重要的选择对象)，以宣传自己的政治思想和主张，不断增强新闻的指导力，从而提升新闻参政的效用。

(四)拥有较强的新闻控制能力

对于新闻信息，媒体、政府及社会公众的需求和看法不尽相同。媒体天生有着追求离奇性和震撼性信息，社会公众素来关心事关自己切身利益的信息，政府则要求能阐明自己政治主张、能维护自己权威的信息。当媒体、政府和公众三者间的信息寻求发生矛盾和冲突，需要协调和处理时，报刊要充分发挥其作为平台应有的主导和控制新闻舆论的能力。报刊的新闻控制能力包括对新闻信息源的掌控能力，对新闻媒体的掌控能力以及对舆论和公众的引导能力等。我国正处于社会转型时期，各种利益诉求日渐多元化，社会矛盾碰撞日趋频繁，新闻媒体要及时、充分地承担起搭建政府和民众之间沟通桥梁的职责，让各方在新闻参政中充分发挥自身力量。

三、报刊新闻参政的重要途径——精英化参与

“精英”一词最早出现于17世纪的法语中，最初的意思是指“精品”。19世纪末20世纪初，在帕累托等人的推动下，精英的概念开始在社会科学中流行起来。帕累托认为，精

英就是最强有力、最生气勃勃和最精明能干的人。① 而另外一位精英论者莫斯卡则从“统治阶级”和“非统治阶级”二元社会结构的角度来区分精英和非精英，认为那些“人数较少，行使所有社会职能，垄断权力并且享受权力带来的利益”的统治阶级就是精英。② 刘美萍认为：所谓精英就是指拥有较多的资源、具有较强的能力、处于较高社会地位的那部分人。③

由于报刊新闻对于报道者素质的相关要求，利用报刊进行新闻参政有一定的门槛，之所以被称为“精英化的参与”方式，是因为参政者必须具备相应程度的知识文化水平、写作能力，以及新闻素养，并且还要有机会和平台，才能通过报刊这一媒体参与政治事件的讨论，这显然不是普通大众能够触及的。“精英”是一个相对的概念，具备什么样的条件和能力，拥有多少资源和财产才能称得上“精英”，并没有一个统一的量化标准，而是相对来说，是有一定的影响力、具备比较高的文化水平、在某些领域有卓越的才能或者话语权的民众。为了使新闻参政更有效，应多发动素质高、参政能力强的人，在自己所处阶层之上对本阶层情况比较熟悉的人，容易提出具有真知灼见的好建议、对本阶层利益更为关注的人，即参政的主流力量应该是自己或自己所处阶层利益的代言人。

但“精英化的参与”方式也存在一些问题，为自己所处阶层代言这本无可厚非，但如果报刊新闻参政成为“精英”的聚会，“精英”之外，势必缺乏太多了解社情民意的“毛细血管”。许多“精英”本来工作就相当繁忙，导致一些“精英”对参政的意义与责任认识不清。不可否认，提高“精英们”的参政热情很有必要，但赋予各个阶层更广泛的发言权则更为必要，也只有每一个阶层都能够发声，能够表达或者说要求维护自身的利益，报刊新闻的建言权才称得上丰富，才显得更加切合实际，更具可操作性。新闻参政的意义不是一个只有“精英”参与的游戏，如果参政只能够达到“精英化”，则完全没有代表性，不但会导致“精英”发言过剩，还会使一些缺乏“精英”的阶层发言过少，同时某些履职意识不强的“精英”还会鱼目混珠。退一步说，就算“精英”们的参政能力再高，也难免有越俎代庖之嫌。这可以从知识分子参政中看出端倪：无论提到精英或是参政，在中国近代格局中，知识分子始终扮演着极为重要而又积极的角色。他们对于政治更为关注，对于参政议政的热情也更高，古有以纵横术辅佐某位非常之人以兼济天下的谋士，近代有类似康有为、梁启超的社会精英集团，而毛主席所倡导的从政模式，其特征是唤起民众，进行自下而上的革命。尽管知识分子的社会功能是不可缺少的，但在中国几千年的历史中，知识分子却很少凭借自己的力量，单独地构成过统治阶层，他们只能充当统治阶层的协从和工具，或成为统治阶层中的一部分，而不能形成自己独立的势力。知识和“知识身份”尽管在很多历史时期可以使占有者具备一种特征，并被社会广泛承认，甚至可以享有相当的特权，但是，知识价值或科举功名等身份本身并不直接代表某一集团的利益，因此，这种身份在社会上被抬

---

① [意]威尔弗雷多·帕累托．精英的兴衰[M]．刘北成，译．上海：上海人民出版社，2003：13.

② [意]加塔诺·莫斯卡．统治阶级(政治科学原理)[M]．贾鹤鹏，译．上海：译林出版社，2002：97.

③ 刘美萍．农村经济精英政治参与存在的问题及化解策略[J]．山西农业大学学报，2012(5)：453.

高，不是其持有者努力的结果，政府与社会需要一些有知识的人帮助管理，政治生活需要知识分子的参与，但又害怕过多的参与影响统治的权利。

因此，报刊新闻应该警惕“精英化”，转而重视全体市民的作用。我们正处在一个媒体事件双向交流的时代，政府治理同样进入了双向交流与碰撞的时代，治理的方式和理念往往通过媒介呈现、传播，甚至放大。如果广泛的新闻参政，没有得到应有的回应与关注，只有打压乃至围追堵截，无疑会使政治治理沟壑纵横，政府和各社会阶层之间的不信任感会不断增加，最终可能导致冲突频发。

所以就当下来看，报刊应尽快走出“精英化”参政的主流模式，想方设法提高普通大众的新闻参政能力，打造全员参与的全新模式。

第二节 广播、电视：互动式参与

一、广播、电视新闻参政的价值

不同于报刊新闻严肃、枯燥的报道，广播、电视由于其媒体特性，其报道更加丰富生动、更加贴近群众，因而广播、电视等媒体也是互动性更强的新闻参政模式。随着民生类广播电视新闻节目的广泛普及，出现了一些广播电视“参政”的节目，广播、电视作为更为大众化的新闻媒体，成为民众参与度更高的媒体，是社会主义民主政治生活的重要切入点。事实证明，广播、电视新闻不仅是民众参政主动性的集中表现、廉政建设的推进器，也是立法建制的民意基础和监督政府执行法行为的最重要的政治力量之一。因为广播、电视新闻是受众最广的新闻报道形式，通过此类新闻将政府的各项政务活动、有关管理的法规告示于群众，是政府重要的公开决策的场所。同时，广播、电视媒体也使政府部门能够采取容易理解的新闻形式来履行对法规、规章的解释义务，将重大决策、与民众利益息息相关的公共事务公之于众。世界文明的进步，带来了社会话语的分层化趋势，也使社会向着不可阻挡的民主化轨道前行。善待媒体、善用媒体、善管媒体，提高新闻参政水平，是全球化、全媒体时代里普通大众或政府官员必须具备的能力。

二、广播、电视新闻参政：主体及途径

近些年一些地方较为热衷于广播、电视参政。作为提高行政效能、改进政府工作作风、密切干群关系的一种有效方式，广播、电视参政本意是通过构建公众参与政务监督的互动平台，回应百姓关切，解决实际问题，旨在“百姓参与，百姓评说，百姓监督”，所参之政重点在于和民生问题息息相关的政令及解决办法。常态化的政务需要常态参之，只有常态参之才能推动建立长效的政务监督机制，建立起治庸问责与改善民生紧密相结合的工作平台，最大限度地关注百姓的生存状况，回应百姓的生存关切，解决百姓的生存诉求，使政府部门及时问政于民、问计于民、问需于民，推动民生问题的及时解决。

(一)参政的主体

广播、电视参政的主体包括参政者、政府部门及媒体。要发挥广播、电视参政作用，实现政府的良治，为构建和谐社会服务，就需要政府、媒体与参政者(社会公众、团体、

组织等）之间形成一种合理的三角关系，有人将这种关系形象地比喻成“三条腿的凳子”。在新闻参政中，要使政府、媒体与参政者这三条腿支撑的凳子稳稳站住，则政府、媒体与参政者三方要牢牢守住自己的位置、角色及维度。广播、电视让政府、媒体和参政者在同一时间紧密聚合到一起，三条腿各自博弈着。在广播、电视参政这一过程中，最让人担心的事情是：假如政府官员难以迈过权力意识的坎，时刻想着维护自己的权威和形象，始终刻意操控着广播、电视参政的局势，对参政中出现的问题、事实事先进行精心的审查和敲定，甚至对广播、电视在参政活动中所播出内容的剪辑也进行一一过目，无疑会将广播、电视新闻参政变成“官员秀”，滑向避重就轻、流于形式甚至刻意回避问题的令人生厌的参政误区，在社会公众的唾弃和谩骂中收获自娱自乐的满足。广播、电视新闻参政栏目需要广大群众坚持不懈的陪伴与投入，群众参政可以让大家看到问题困扰下的真实故事，形成打动人心的力量。但群众对于政治治理的看法多是感性的，并且可能往往是从个人的利益出发、与其日常生活紧密相关的治理问题。广播、电视新闻参政吸引群众的关注和投入，是大势所趋，其能将民生问题摆在重要位置，是政府“以人为本”的理念的重要呈现，而且处理事情的手段会更为鲜活，事情会办得更为具体和实在。

（二）参政的途径——互动式参与

由于广播、电视两种新闻媒体具有实时互动的优势，使得互动式参与成为了广播、电视新闻参政的主流方式。但是，在具体参政过程中，需要认真考虑参政的栏目化、常态化后的场域和流程。法国著名的社会学家布尔迪厄曾指出，“电视讨论会是一个结构性的场域，由话题、不同角色的发言者、发言权的分配、会话的边界构成，电视讨论会精彩与否取决于这些因素在场域中是否有着最优化的安排。”①现有的广播、电视新闻参政主要在主持人和官员之间展开，这不足以发挥新闻参政的功效，因而需要拓展场域，在广播电视台、政府部门抑或广场上开展，让普通百姓参与和围观，使新闻参政在官员、主持人、专家、评论员、观众代表等多方互动中展开，从而使问政的内容和风格更丰富和多彩。

三、广播、电视参政存在的问题

从实际效果来看，电视问政与老百姓的期望相差甚远，仍然存在大量的问题。比如一些“被问政官员”前呼后拥走进直播间，台上一番信誓旦旦，动静闹得很大，台下却照样走过场，有些实际问题并没有得到解决，老百姓没有得到实惠，个别“老大难”问题问政了一年又一年，仍旧顽症难除。有人质疑：这些地方的电视问政是否已经流于形式、走了样，成了官员们的又一个“秀场”，成为官员与媒体的另一场“狂欢”？尽管各个部门也能配合媒体的需要，参与到电视问政节目中，但电视问政的整体质量却不尽如人意。一方面，人们发现，被质问者已经学会了太极手法，无论面对什么棘手的问题，他们总会以类似“重视解决”、“尽快处理”的托词轻易化解；另一方面，问题即使摆上了台面，在问政结束、舆论热度降低之后，也会出现有头无尾的新闻和事件。公众的感受是，这样的电视问政其实就是真人秀。不仅问题不能在问政时得到真的重视，反而让一些被质问的官员找到了表演的机会。他们已经习惯了在电视问政现场，以未来的期许和空洞的词汇敷衍公众

① ［法］布尔迪厄．关于电视［M］．许钧，编译．南京：南京大学出版社，2011.

的质疑，同时不遗余力地以口头的承诺和透支的政绩，来进行自我形象的营销和塑造。

四、广播、电视新闻参政的注意事项及启示

(一)注意事项

广播、电视在新闻参政中，所要关注的方向和问题很多，需要有精心的综合和选择。

1. 注意话题的选择

广播、电视新闻参政中话题的选择尤其重要，所选话题应是通过深入调研而得来的，要与群众的生活息息相关，要贴近实际。在参与话题讨论和交流的嘉宾中，应该有普通大众这样一个群体，以保证参政者的广泛性。

2. 注意参政节目的流程

广播、电视新闻参政的节目流程是发现问题、提出问题、解决问题这三个环节。但广播、电视新闻参政需要不断拓展其流程，展示发现问题、提出问题、分析问题、做出决策、解决问题的全进程。一般来说，广播、电视新闻参政节目的环节应该是：记者首先深入基层明访、暗访，向社会广泛征集问题和意见—经过认真思考，综合取舍各类问题和意见—结合现场开放的媒体通道，使主持人犀利的提问和调查性报道相互配合—在参政后以专门的报道反馈处理问题和意见的措施及解决情况。

3. 注意民众参与的广深度

广播、电视新闻参政应该从内容上实现市民从浅度再到中度再到深度的全参与、全体验，有了这些经验，百姓就能从“电视问政”中获得最大的满足感，广播、电视新闻参政的效能也能同时得到更加完整的发挥。

(二)启示

1. 高度重视广播、电视新闻参政

广播、电视新闻参政其实是一种值得期待的问政、参政形式。虽然在日常工作中，人们也有渠道反映问题、提出疑问、表达诉求，但比较而言，广播、电视新闻参政因为其开放性，以及舆论场的效应，无疑集中的意见更多、透明度更高、监督效果更好。在广播、电视新闻参政现场，人们可以直接提出自己的问题，并对某些方面的不作为作出问责，这对于官僚习气浓厚的基层来说，具有极强的针对性，也必然能够在一定程度上推进部门作风的建设、个体服务意识的养成。

2. 别让广播、电视新闻参政沦为秀场

广播、电视新闻参政是党和政府与群众沟通的桥梁，在参政中提出的问题，理应得到足够重视。不能让问题迟迟得不到解决，更不能让政府官员的承诺打了水漂，使得政府部门的公信力在一次又一次的“参了白参”中逐渐流失。要改进党和政府工作，切实维护和继续利用好新闻参政这一途径，别让新闻参政沦为秀场。

3. 创新广播、电视新闻参政形式

时下的一些广播、电视新闻参政越来越模式化：先放一段暗访短片，接着主持人考问，穿插一两个专家或市民代表的提问，再就是官员的“对答如流”。观众都有点看腻了。某些官员的应对也已经“套路化”：先认错，表示改进，承诺“马上就办”、“明天就到现场看看”。其实，电视问政可以搞一点“突然袭击”，特别要加强与群众互动，甚至不妨走出

直播间，把官员拉到问题现场，面对更多群众采访问答，在众目睽睽之下兑现承诺。

4. 创新广播、电视新闻参政的机制体制

毫无疑问，要想充分发挥广播、电视新闻参政应有的公共效能，除了要全力解决具体问题外，还要从机制体制上去寻找和清除产生问题的深层原因，从而做到既治标更治本。

第三节　网络：围观式参与

一、网络新闻参政：兴起、功能和主要方式

（一）网络参政的兴起

2008 年 6 月 20 日，胡锦涛通过人民网与网友在线亲切交谈时指出，互联网是“做事情、做决策，了解民情、汇聚民智的一个重要渠道”，这开启了网络问政的元年。① 2009 年以及今年“两会”前夕，温家宝两次亲临中国政府网、新华网，与网民畅所欲言。

此后，网络参政逐渐在全国范围内兴起。

（二）网络参政的功能

参政议政是每个社会公民的权利和义务。中国政府历来支持和倡导公民利用各种形式为国家富强、民族复兴伟业群策群力、建言献策。进入网络时代后，中国政府积极倡导、引导网络参政议政工作的健康开展，广大网民自觉地利用网络新媒体的作用走进了网络参政议政行列中。② 随着网络的发展及普及，网络已成为一种全新的主流媒体，其在社会政治生活中所扮演的角色越来越重要，其所表现出来的参政议政功能正逐渐引起社会各阶层的普遍关注。

作为“第四媒体”，网络凭借其便捷、迅速、直观、互动以及多样化的传播手段为参政议政提供了众多的宝贵经验。充分利用和发挥网络参政的作用，有助于政务的公开化和透明化，能加速政治民主的进程。通过网络，民众能最贴近地了解到政府的工作过程，使决策的作出、政策的制定及两者的执行过程更加透明化、科学化。同时，民众通过网络广泛地参政议政，还有利于进一步凝聚民心民智，反映社情民意，十分有利于便利、快速、全面地收集意见的建议、优化提案、丰富议案，对民主决策、科学决策有着巨大的现实意义。

（三）网络新闻参政的主要方式

网络因其准入平台较低而成为公民政治参与的新宠儿，网络参政的持续发展给社会公共生活带来了巨大的变化。但与此同时，“网络的匿名、分散特性易造成无政府主义，导致公民网络参政的无序与混乱”③。

网络政治参与是直接、平等、实时互动的政治参与，是激进与理性并存的政治参与，是一种复杂的难以控制的政治参与，更是一种安全的低成本的便捷政治参与。万春灵认为

① 李昕．网络民主进程中的困境及对策研究［J］．广东青年干部学院学报，2011，25(3)：64-70.

② 郝雁玲．社会主义和谐利益理论与实践［D］．广东：汕头大学，2011.

③ 王雨燕．我国公民网络参政的有序性发展研究［D］．苏州：苏州大学，2012.

草根群众网络参政的特征主要表现在隐蔽性与平等性、群众性、便捷性和高效性及互动性四个方面。① 王雨燕则认为我国公民网络参政的主要方式有与政府官员在线交流、通过网络参与讨论重大事件、借助网络抒发政治情感及发微博监督政府部门运作四个类型。② 而邓飞认为网络政治参与包括公民通过网络直接向政府机关表达自己的利益要求、通过网络参与重大事项的讨论、通过网络表达一定的政治情感及通过网络监督政府机关的运作四种方式。③

其实，随着网络技术的发展与普及，还出现了"微博参政、网络'两会'、网络反腐"等新的形式。

（四）网络参政大有可为

在全国政协十届三次会议开幕会上，全国政协原副主席张怀西在关于全国政协十届二次会议以来提案工作情况的报告中指出，利用网络技术办理提案，政协进一步提高了工作效率。2004 年 3 月，著名的"教育市长"、全国政协委员朱永新在"教育在线"网站上发了一个主题帖《2005，我们说什么》，先后有一万多教师访问这个主题，有 800 多个回帖。在作客人民网强国论坛时朱永新指出，网络已经成为参政议政的一个非常重要的渠道。在十届全国人大三次会议召开前夕，全国人大代表、西南财经大学教授纪尽善在人民网上公开发表了 3 份准备提交大会的议案草案，希望网民通过网上讨论，提出修改意见，以达到完善议案的目的。代表、委员的提案和呼声是人民群众所喜闻乐见的，因为代表、委员要真正履行自己参政议政的职责，必须认真听取和收集人民的声音。网络以其交互性、便捷性、快速性等特点，为代表委员深入调查、体察民情提供了一个广阔的平台。同时，不少代表委员以网络征集的方式广泛收集民众的问题及意见，开辟了一种全新的沟通、交流的渠道。难怪朱永新委员会说网络不仅让他关注宏观问题，也深入了解了很多具体问题，对他的参政议政起到了非常重要的作用。

二、网络参政面临的问题与挑战

据统计，截至 2008 年底，我国网民人数已经超过美国，跃居全球第一位。民众的网上发声已给政府官员带来巨大震撼和警醒，政府部门切实感受到了网络舆论的巨大压力，明显意识到了网络的现实力量，并想方设法地引领这样的力量为中国的现代化建设服务。这里需要指出的是，政府部门应该让网络成为参政的重镇，而不只是表象化地贴标签。目前，即便网络参政作为政府一种有效的民众参政手段越来越受到党和国家领导人的重视，但网络参政仍然存在一系列的问题：如法律法规的制定和网络政治参与的快速发展不相适应、网络政治参与处于无序性状态、网民理性参与程度偏低等。尽管网络参政发展势头迅猛，政府也正竭力推动网络参政，但网友仍担心网络问政能否真正实现倾听民意、科学决策的愿望，网上发表的参政言论是石沉大海，还是能被认真倾听。这一方面需要政府切实落实并推广网络参政的措施，另一方面更需要网民"科学参政"，避免出现网民在论坛灌

---

① 万春灵．草根群体网络参政的特征[J]．湖南广播电视大学学报，2012(1)：28-31.

② 王雨燕．我国公民网络参政的有序性发展研究[D]．苏州：苏州大学，2012.

③ 邓飞．我国公民网络参政议政问题研究[D]．沈阳：长春理工大学，2011.

水发帖地乱骂以制造不良舆论效应、大大损毁网络参政形象的情况发生。

面对网络参政的问题和挑战，政府部门必须坦然面对，不能采取过激措施。古人曾有“防民之口甚于防川”之说，孔子也曾有“民可，使由之；不可，使知之”的劝诫。作为参政的最终决策者，政府部门不应该害怕网络舆论，不能一味地对事件采取封、堵的措施，也不能总想塞住百姓的悠悠之口，而是要想方设法疏导舆论，为民众找到一个宣泄情感的“河道”；要利用好网络平台实现问政参政，建立长效机制。

网络作为新兴的参政工具，自当被合理利用。不可否认的是，网络参政在政治管理活动中已成为民众实现现代政治意志的主要途径，“技术官僚”有可能为某一经济霸权独裁掌控，利用技术手段操纵政治，扼杀网络政治参与的真实性，客观公正性和理性，互联网还有可能导致无序化发展，因为互联网上的民意带有很大的情绪性、宣泄性，极易形成网络社会中的暴民政治，又由于贫富差距造成在实现前提上存在硬件享有和使用上的客观不公平性，导致网络政治参与主体的不平等性，因此互联网只能反映局部民意，很难体现真正民主。网络参政不能成为民众主要、普遍的参政方式，因而我们不能指望网络技术来解决所有的政治问题，更不能依靠网络政治参与来实现真正的民主，而是要在市民权利与法治网络两者间寻找一种平衡，在自由与限制之间寻找一个黄金分割点，以求得公民权利与自由的动态和谐平衡。

网络，应该是网民参政议政的重要场所，而不是谩骂攻击的“角斗场”。批评要有批评的制度，揭露要有揭露的规则。在网上无端欺负弱者、恶意侮辱他人，不是文明进步的表现，也不会享受到真正的幸福快乐。① 正如王阳所说，每一个网民都要自觉规范网络行为，做理性成熟的文明网民；都要进一步增强社会责任感，坚持“敲键盘牢记公平正义、点鼠标严守道德文明”，切实做到自重、自律、自序、有为，努力以更大的成就感提高自己在虚拟社会的幸福感。

三、网络参政的主要途径——围观式参与

青年学者陆斗细在《围观式政治参与：中国网络参政的深层透视》一文中，对围观性政治参与做了界定：是指公民利用互联网及相关技术虚拟聚集，以话语为主要行为方式，围绕一定的政治事件或议题，展开虚拟集体政治行动，影响政治决策，以实现自身权益与价值的政治活动。它是一种基于一定政治动机和具有一定政治目的的参政活动，不同于现实中以“身体行为”为行为方式的参政形式，它是一种活跃于网络虚拟空间中的、主要以“话语行为”为行为方式的参政形式，不同于麻木、冷漠的“看客现象”，而是一种以网络为平台的集体政治行动。②

陆斗细同时也对围观式参与方式的出现原因做了分析：首先，网络作为一种新型通信

① 廖祥忠．论“电子大字报”的传播特点、社会危害及应对之策[J]．现代传播，2012，34(3)：113-117.

② 陆斗细．围观式政治参与：中国网络参政的深层透视[D]．长沙：湖南师范大学，2013.

工具，拥有匿名性、网络传播的互动性、快捷性、廉价性、跨时空性等优点，使网民得以虚拟地聚集起来，草根媒体的议程设置功能使其网络集体政治行动成为可能，因为网络媒体可以通过设置议程为网民的群体行动提炼“集体认同感”，推动他们协同行动；其次，我国民主政治的发展促使市民获得了平等参政的权利，并受到法律的保障，在逐渐增加的参政机会中提高参政议政能力，但同时法律上看似平等的公民参政权利实际受到现实的诸多约束，表现为权利行使过程中存在一定的不平等性，这使公民可以利用法律赋予的合法权利来进行政治抗争，而网络的匿名性恰恰为这种抗争提供了便利。

得益于网络技术的发展，中国网民较之传统媒体时期，更多地通过网络参与到政治生活之中。但事实上，这种参与还停留在匿名的、围观式的层面，离真正的参与政治生活还有一定的距离。首先，并不是所有人都可以通过网络参政。虽然根据《CNNIC：2014 年第 33 次中国互联网络发展状况统计报告》的统计数字来看，我国网民总数已达 5.9 亿多人，但和第六次人口普查得出的 1370536875 人的人口总数比起来，还不到 1/2，且上网的人未必都在履行着网络参政的职责。所以，网络参政目前还只是部分国民能享受到的权利，许多民众还没有享受到这一权利。其次，网络目前对民意表达的限制仍然较多。这从各论坛封帖的数量就可以看出来，一些敏感的话题，在网上还是得不到讨论，一些激进的观点，在网上很难发出来。再次，网民参与的方式有限。网民往往是在事情发生并造成比较恶劣的后果之后才进行新闻参政的。在网民的参与后，一般会形成一股强大的网络民意，但这些民意所反映的事件能否得到妥善解决，归根结底还得依靠政府部门。更进一步地说，如果所有的事情都要靠网络参政这种方式来解决，不能不说是一种悲哀。一个明显的原因是网络参政是能关注那些被曝光的重大事件，这种方式只能解决部分问题，对于大多数没有被曝光的事件，是得不到解决的。也就是说，政治生活的参与需要的是一种常态的、有程序的、健全的机制，靠的是每一个公民事前、事中和事后的全程参与，而不是靠这种舆论的集中爆发，靠事后的全民问责来解决问题。政治生活如果没有正常的参与机制，对于大多数人来说，就是望梅止渴。

不过，我们也不能否认网络是在纪委、监察部门、司法机关以及人大、政协之外的有效的监督力量，毕竟网民已成为令不法分子闻风丧胆的民间纪委。网络是非常重要的媒体，特别是在现代社会，互联网已经走进了我们每个人的生活。无可争议的是，网络的确是民众参政的推进器，是中国政治文明的推进器。利用网络参政是非常有益的尝试。例如苏州的强国论坛、新教育在线等网络论坛中，4 万多名注册的网友每天都在参政议政，把他们所见所闻、所想所感都通过网络的方式跟大家交流和分享。网络参政可以把大众的民意通过网络这样一个窗口，以压缩时空的方式把它归纳为参政议政的提案、建议案或者是信息，通过网络来表达民意，再通过民意由政协委员、人大代表把它集中以后，以相应的一些政治渠道，合法地实现参政议政的目的。同时直接参与国家政治生活的人大代表、政协委员等也可以透过网络，利用网上的数据库收集各个方面的文章、问题、信息，拓展自己的视野，把问题研究得更加深透。由此可见，网络对参政议政能够发挥的作用、实现的功能是多元的、多层次的，是非常丰富的。

第四节　自媒体：奇观式参与

一、自媒体：内涵及参政特征

（一）内涵

“自媒体是指私人化、平民化、普泛化、自主化的传播者，以现代化、电子化的手段，向不特定的大多数或者特定的单个人传递规范性及非规范性信息的新媒体的总称，也叫‘个人媒体’，包括 BBS（电子布告栏系统）、Blog（博客）、Podcasting（播客）、GroupMessage（手机群发）等”。① 美国新闻学会的媒体中心于 2003 年 7 月出版了由谢因波曼与克里斯威理斯两位联合提出的“We Media（自媒体）”研究报告，里面对“We Media（自媒体）”下了一个十分严谨的定义：“We Media 是普通大众经由数字科技强化、与全球知识体系相连之后，一种开始理解普通大众如何提供与分享他们本身的事实、他们本身的新闻的途径”。② 简言之，即公民用以发布自己亲眼所见、亲耳所闻事件的载体，如博客、微博、微信、论坛/BBS 等网络社区。

自媒体使得每一个参与者从“旁观者”转变成为“当事人”，每个人都可以拥有自己的媒体，无论是“网络报纸”（如博客）、“网络广播”，还是“网络电视”（如播客），媒体从传统的高高在上的位置一下子变为了每个人都能接触到的个人信息平台。公民可以自由地在自己的“媒体”上发表观点，每个“草根”都可以利用互联网来发声，对所有事情评论和转发，以此传递他们生活的态度，构建自己的社交网络。我国著名新闻传播学者喻国明形象地将此描述为“全民 DIY”，认为自媒体成为了平民大众张扬个性、表现自我的最佳场所。

（二）自媒体新闻参政的特征

1. 受众参政的主动性和随时随地性

传统媒体中，社会公众的媒体接近权较弱，往往只是作为信息接受者的角色出现的，甚至连反馈都较为困难。而在自媒体时代，由于其进入门槛低，运作极为简单，因此公众几乎不受时空的限制，具有极大的主动性和自由性，可以随时随地对政治管理作出评判，能有效地参与到政治活动中去。

2. 把关难度极大

自媒体的传播者遍布社会的每个角落，只要对发生的事情感兴趣，社会公众都能快速发表看法，使得社会信息鱼目混珠，万般复杂。这给信息的筛选把关造成巨大困难，稍不留意，一些可能产生巨大负面影响的信息就被放了出去，给政治管理与社会和谐带来严重后果。

3. 微内容作用日渐突出

微内容是相对于巨内容来说的。巨内容是传统媒体的主体内容，是体现新闻的重要

---

① 蒋玉．当报纸头条可以被预测——新媒体和自媒体冲击下的传统媒体应对探析［J］．西部广播电视，2013（10）：11-12.

② 刘景东，孙岳．浅议自媒体［J］．中国信息界，2011（3）：41-43.

性、接近性、时效性、显著性和趣味性等新闻价值的内容。对于微内容，该词汇的创造者Jakob Nielse描绘道，这是用来描述一个网页上所显示的“超小文字段(Microcontent)”，比如页头与标题，微内容是相对于巨内容而言的。面对复杂的互联网，微内容的范畴注定不会是简单的“导引文字”，实际上，互联网用户在网上的所有独立数据，比如博客中的每一则网志，BBS中的每一个评论，甚至用户的每一次点击，都构成互联网的微内容。①

用户对视频音频的每一次点击、评论、收藏，都是一种微内容的体现。而用户在进行音频、视频查询的时候，受点击、收藏、评论多的音频视频，会最先出现在首页上。因此，在著名的视频网站如YouTube等，在用户使用后，其首页上可以看到“观看最多的视频”、“最热门的视频”以及“精选视频”的链接。这种选择不是来自于Google搜索的机器智能，而是来源于用户自身的判断，可信度更强。而这些信息无疑会为新闻参政提供精确的信息判断，为政府部门的决策提供较为可靠的参考。

二、自媒体参政的途径——奇观式参与

美国学者凯尔纳曾提出的“媒体奇观”概念，是指媒体“能体现当代社会的基本价值观、引导个人适应现代生活方式，并将当代社会中的冲突和其解决方式戏剧化的媒体文化现象，它包括媒体制造的各种豪华场面、体育比赛、政治事件等”。这里的奇观当然只有在新媒体时代、在自媒体的发展中才能见到。

当今世界，各类重大事件不断发生，各种信息无穷无尽地展现于世人眼前。自媒体把奇妙的自然景观、千姿百态的人文景观、体育运动、人造武器等及时呈现出来，给人巨大的震撼。在变幻莫测的世界奇观中，分属不同阶层、不同族别的人们，从自身的角度，用自己的价值观念和文化维度，通过自媒体将所见、所闻、所想表达出来，构筑起百态的庞大景观。各种文化、信仰和追求交互映衬与缠斗，对统治阶层的施政方略产生巨大影响。在多方博弈中，社会会朝着理性化、民主化的方向前进。

不过，就目前来说，尽管自媒体的新闻参政成为一种新兴的趋势，并且很多民众认为终于找到了一个能够平等沟通、自由民主参政的平台，但事实上，自媒体参政仍然停留在粗浅且比较无序的参与阶段。对于微博等自媒体上发布的政治事件，普通大众并不能完全分辨其真假及背后的利益驱动，常体现为盲目转发、群起而攻之的批判、围观式的赞扬或谩骂。躲在匿名的身份之后，更有唯恐天下不乱的人利用大众对政治事件的关心传播谣言、煽动民心。罗尔斯认为，公共理性是一个国家的基础，是公民的理性，是那些共享平等公民身份的人的理性，那些共享平等公民的理性目标是公共性，既是政治正义观念对社会基本制度结构的要求所在，也是这些制度服务的目标和目的所在。微博政治传播中的非理性参与使得民众需要善于利用理性去鉴别政治信息。而作为信息的发布者，应该积极地将自己的政治观点、将人民群众的心声表达出来，成为公共利益的发声体，让执政者了解公众的观点和愿望，但也有少数不法分子在突发事件发生时，利用自媒体的自由性与围观性，引发不真实的风波与谣言。

在奇观式的自媒体新闻参政模式中，意见领袖有责任和义务在信息的传播中发挥引导

① 胥晓璇．自媒体对传统媒体的挑战——以播客为例[J]．青年记者，2009：82-83.

者的作用，近来国内加大了对“网络大 V”等公知的监管和查处力度，对造谣生事、传播虚假信息、引起恶劣影响的言论进行了严格的管控。公众在信息的接受过程中会接受多数或者优势的观点，公众应充分了解微博的特性和传播特征，善用多种途径，增进市民参政意识的提高。另外，政府信息公开是引导决策执行效果的重要因素之一，通过建立在微博上的信息公开机制，在已经成为各种思想文化的交流平台、利益诉求的集散地和意识形态能量场的微博中寻求支持。

也就是说，自媒体为人们提供了一个思想表达和政治参与的平台，在这个平台上，各个阶层都可以发表自己的观点，都可以有自己的利益诉求，各类观点、诉求、信息共同构成了一道美丽的奇观，极其有利于政治民主化进程和经济社会发展。但由于奇观中不少负面甚至是恶劣信息的存在，往往让巨型的奇观盛景带着一些污点，必须予以擦除。

第八章　新闻参政的影响因素及模型构建

新闻参政是对传统政治参与的一个补充和完善，其不可避免要受到经济、文化、政治、媒介发展水平等多个因素的影响。研究和探讨新闻参政效果的影响因素，剖析新闻参政的各个要素，利用要素之间的相互关系构建新闻参政的理论模型，对理解新闻参政的力度和效度具有十分重要的意义。

第一节　新闻参政的影响因素

新闻参政本身是一个较为复杂的过程，在这一过程中，必然会受到多种因素的影响，既有政治、经济、文化及教育的影响，也有新闻参政途径及主体的影响。研究和剖析新闻参政的影响因素，有助于更好地理解新闻参政的效果。

一、经济因素

(一)经济基础、上层建筑与新闻参政

经济基础决定上层建筑，而上层建筑影响新闻参政的发展。马克思唯物主义辩证法认为：有什么样的经济基础，就有什么样的上层建筑，经济基础的发展变化也决定着上层建筑的发展变化。当某种经济基础向上发展的时候，它对应的上层建筑也处于前进之中，反之，当某种经济基础走向没落的时候，其对应的上层建筑也会日渐腐朽甚至走向没落；当经济基础部分发生质变的时候，其上层建筑也会发生部分质变；当经济基础发生根本性质变的时候，其上层建筑也必然或迟或快地发生根本质变。在整个社会生活中，经济基础是第一性的，是上层建筑的根源和基石，上层建筑是第二性的，是经济基础的派生物。上层建筑是为适应经济基础的需要而产生，并反过来为经济基础服务。

政治活动属于典型的上层建筑范畴，所有的政治活动都离不开经济基础的支撑，经济基础就是人类社会生活赖以生存和发展的土壤和养分，没有土壤和养分，就没有人类社会的发展，也就没有参政、议政活动存在的空间。不同的社会阶段的社会属性不同，而这就取决于其经济基础的性质不同。与此对应，社会上层建筑能否适应社会经济发展水平，以及它适应的程度如何，也就决定了社会上层建筑是否会发生相应的变化。诚然，多重因素构成社会发展的经济基础，共同决定着社会发展的每个阶段。

综上所述，经济发展和政治是密切相关的，经济是基础，政治是上层建筑。新闻参政作为政治活动中的一部分，属于意识形态的范畴，属于上层建筑，必然会受到经济基础的制约。经济发展水平的不断提高，物质生产资料、劳动对象的丰富，生产力水平的提高，都为新闻参政提供了更广阔的交流平台。只有生产力不断发展，媒介技术水平不断提高，新闻参政成本不断下降，社会大众才能通过新闻媒体广泛地参与到国家政治生活中去。在这种情况下，公众的参政方式会更加多样灵活，参政平台会更加广泛，参政的影响力也会不断提升，从而为国家各级机关及相关政治团体提供更加科学的决策依据，不断改善政治治理。

（二）经济发展水平与新闻参政有着最直接联系

经济发展水平与民众新闻参政的力度有着最直接的联系。美国政治学家亨廷顿针对经济发展水平与政治参与程度的问题作了相关研究分析。通过研究，亨廷顿发现："社会、经济发展促进政治参与的扩大，造就参与基础的多样化，并导致自动参与代替动员参与。"①人类社会发展规律也证明，社会经济越发展，参政机制越健全，公民接受政治信息的能力就越强，参与政治的可能性就越高，实施政治参与行为的主动性也就越大。同时，还有专家就居民收入和公民参与程度作了相关的分析，研究表明：当人均收入达到200~2000美元时，公民要求增加的一般只是经济权益而非政治权益，所要求的是关系到经济利益的经济权利。而当公民的收入达到2000美元以上时，他们所要求实现的不仅是经济权利而且还包括政治权利。"高水平的政治参与总是与高水平的发展相伴随，而且社会和经济更发达的社会，也趋向于赋予政治参与更高的价值。"②从我国公民政治参与的实际情况看，有数据显示，经济发达地区人民政治参与度要远远高过在经济欠发达地区，特别是偏远落后地区的参与度，这进一步证明了"富裕者比非富裕者拥有更多参与政治活动所需的资本和动力，也比非富裕者更加有效地利用参与的机会"③。经济发展好、收入水平高者不仅拥有更多的资源和时间去参与一些政治活动，同时也更善于利用和把握参与政治活动的时机。因此，社会经济发展是民众参与政治活动的前提和基础，它能为民众参与政治活动提供物质保障。

在中华人民共和国成立初期，虽然我国的生产力水平有了较大的提高，但社会经济还不够发达，人民的生活还不富有，贫穷的问题依然未能得到有效的解决，人们的需求仍滞留在解决温饱问题上。按照马斯洛的需要层次理论：低层次的需求是高层次需求的基础，当人们的低层次的物质需求都不能得到有效的满足，就不会去追求更高层次的需求。对于许多人来说，解决全家人的温饱问题是他们生活的主旋律。如何通过自己的劳动让家人吃饱穿暖是他们最为关心的事情。他们在生活中需要承担着物质、精神生产和人类再生产的多重任务，社会劳务及家庭劳动重担压在肩上，致使他们无暇顾及政治的发展，即使他们有这份心也没有这份力，关于政府是如何执政的似乎和普通人们关系不大。④

改革开放以来，我国经济体制由计划经济逐渐转变为市场经济，市场竞争体制大大激活了经济生产的要素，同时伴随着经济全球化进程的推进，我国的经济得到迅速发展。市

① ［美］塞缪尔·P. 亨廷顿，琼. 纳尔逊. 难以抉择——发展中国家的政治参与［M］. 汪晓寿，等，译. 北京：华夏出版社，1989：69.

② ［美］塞缪尔·P. 亨廷顿，琼·纳尔逊. 难以抉择——发展中国家的政治参与［M］. 汪晓寿，等，译. 北京：华夏出版社，1989：174.

③ ［日］蒲岛郁夫. 政治参与［M］. 解莉莉，译. 北京：经济日报出版社，1992：34.

④ 孙林芳，马向平，赵莎莎. 北欧妇女参政影响要素分析［J］. 法制与社会，2008(1)：272-273.

场经济体制和经济全球化不仅有效地解决了我国原来的“大锅饭”和平均主义的问题，而且让整个社会结构及利益进行了新的组合，它给公众带来经济效益的同时，也让民众之间的利益有了差距。在获得更多利益的理念的驱使下，公众对参与政治活动的意识不断增强，尤其是有关自己利益的方针政策，在一定程度有想去参与的冲动。得到利益的需求是民众参与政治活动的最终目的和内驱力。市场经济体制中的自由竞争及经济全球化的平等互惠互利的理念逐渐移植到公众头脑中，他们也希望能够有平等的机会参与政治活动的。因此，社会成员及不同利益群体为满足自己更多的利益需求，期待自己的意志能够输入政治系统中。

一般来说，民众参与政治的目的是为了使政府在进行利益分配决策时，做到公平公正。“最大限度地满足社会各方的利益要求，体现政策的权威性。当然，市场经济也不能消除无政治阶层。崇尚物质享乐主义容易降低人们的政治兴趣，淡化他们的公共责任和义务，对与自己切身利益无关的政治参与往往表现出一种政治冷漠。公共精神的缺失容易引发政治参与上的机会主义和搭便车行为，从而导致政治参与的效度大为降低”①。

伴随着我国经济的快速发展，人民物质生活水平也在不断提高，基本的物质生活得到保障，让民众有更多的时间和精力去参与政治活动，与之前相比，人们参政的量和质都有很大程度的提升。因此，在未来经济发展过程中，要不断发展经济，发展生产力；要缩小不同地区经济发展的差距，尤其是一些偏远落后的地区，降低新闻参政的成本，为人们进行新闻参政提供基本的物质保障，给人们创造新闻参政提供有利的物质条件，为政治系统的发展和完善注入新的活力。

二、政治因素

政治民主是新闻参政的坚实平台，政治参与的制度化水平直接影响着新闻参政的行为与效度。邓小平同志指出：“为了保障人民民主，必须加强法制，使民主制度化、法律化。”②发展社会主义民主政治，关键在于加强和完善政治制度建设。“一个政府强大与否，稳定不稳定，全凭它能否在完善其政治制度化的速度与扩大群众参与水平二者之间求得最佳值”。③ 政治参与的制度化水平与民众新闻参政的效度和政治稳定程度有着直接的关系。

随着我国经济持续快速的发展，民众文化素质水平以及受教育程度的提高，以计算机、空间技术等发明和应用为标志的第三次技术革命浪潮掀起，民众的新闻参政意识在不断提高，不论是知识分子、私营企业，还是工人、农民，各阶层民众的责任意识、平等意识及权力意识相比过去都有了较大的提升。然而目前我国处在国家现代化转型期，民众的政治愿望和要求日益多样化和复杂化，这就要求进行相应的调适。如果“国家的政治制度

---

① 魏海青．当前影响我国公民政治参与效度的因素分析[J]．江苏广播电视大学学报，2009(1)：77-81.

② 邓小平文选[M]．北京：人民出版社出版，1993：287.

③ [美]塞缪尔·P. 亨廷顿．变化社会中的政治秩序[M]．王冠华，等，译．北京：生活·读书·新知三联书店，1996：5.

化水平未能及时跟进，而民众过高期望导致大量的愿望要求输入政治体系，政治体系就会难以承受过度的政治输入压力，这样容易出现所谓的'参与危机'。如果一个社会要想维系高水平的共同体，政治参与的扩大必须伴随着更强大的、更复杂的和更自治的政治制度的成长"。① 这就要求我们不断完善相关制度，为充分发挥新闻参政效应筑牢基础。

三、文化及教育因素

文化对新闻参政也有重要影响。这可以从中国传统文化中某些观念对民众政治参与的影响方面得到佐证。首先，封建社会在我国存在的时间特别长，特权阶层往往以"正统"自居，剥夺民权，长期奴役着没有任何政治地位的人民大众，使普通民众对权威产生了畏惧心理。其次，不少封建统治者大兴文字狱，血腥屠戮犯禁人士，使大多数士人"避席畏闻文字狱，著书都为稻粱谋"。在公众场合不谈时事，不问政治，以此保全性命。这种历史阴影对我国公众的社会心态有较大的影响。再次，专制君主为其官僚机器选拔人才的科举制，禁锢了人们的头脑，钳制了人们的思想。要想进入官的行列，就得"两耳不闻窗外事，一心只读圣贤书"。漫长的封建专制让民众习惯了服从权威和畏惧权威的文化心理，对我国公众的社会意识具有较强的侵蚀作用，一定程度上淡化了人们的政治自主意识，对自己该拥有的政治权利和地位不能有清晰的认识。这些都阻碍了我国公民认知自身的利益需求和表达自己的政治要求，不利于我国公民通过政治参与保护自身的合法权利。要消除这种文化层次、传统政治文化对公民新闻参政的制约，是一个长期的工程，需要全社会各方面的努力和配合。②

民众的文化素质是影响新闻参政重要因素。列宁曾说：文盲是站在政治之外的。"一个国家如果有许多人不识字，就不可能有现代化的民主"。新闻参政需要一定的知识成本作基础。据加布里埃尔·A. 阿尔蒙德等人对各国的调查统计表明：教育层级与参与程度成正比。③ 这表明人民的受教育程度越高，文化素质越高，其新闻参政的力度越大。与之相反，人民的受教育程度越低，文化素质越低，其新闻参政的力度越小。④ 人民的受教育程度与他们对问题的理解和处理能力有较大的关系。例如在我国大、小不同的城市，其居民之间政治参与意识发展程度不一致，在大城市中人们文化素质及文明程度比小城市的都高些，他们参与的意识更强烈些，对政治的敏感度也高些。另外，不同阶级、群体和从业者的政治参与意识存在差别。从发展态势来看：大中城镇居民和文教科研、党政机关的从业者因工作性质、文化素质和政治信息接受程度等原因，文化层次相对较高，政治参与意识较强；而工人、农民、个体劳动者的大多数(尤其是在经济不发达、文化相对落后的地区)的政治参与意识逐次弱化。这说明：我国公民政治参与意识的强弱相对而言是与其文

① [美]塞缪尔·P. 亨廷顿. 变化社会中的政治秩序[M]. 北京：生活·读书·新知三联书店，1996：80.

② 李作鹏，李振志. 我国公民政治参与的制约因素与政策导向[J]. 法制与社会，2009(1)：216-217.

③ [美]加布里埃尔·A. 阿尔蒙德，等. 比较政治学：体系过程和政策[M]. 上海：上海译文出版社，1987：140.

④ 赵海月，戚焕民. 影响我国公民政治参与的十个因素[J]. 长白论丛，1996(2)：54-56.

化层次正相关的，改革开放以来，我国知识分子政治参与的变迁就是个很好的例证。

随着中国开放程度的提高，传统文化与西方文化在碰撞中发展，一些旧的思想观念在弱化，新的文化理念在加强，政治文明不断进步，民众社会政治生活的主体意识、民主意识、责任意识也不断增强，这无疑会促进新闻参政的发展。

四、媒介因素

媒介通常是指所有面向广大传播对象的信息传播形式，包括报纸、杂志、电影、电视、广播、通俗文学和音乐。麦克卢汉认为："媒介是人体的延伸"，媒介可以是万物，万物皆媒介，所有媒介均可以同人体器官发生某种联系。媒介无时不有，无时不在。凡是能使人与人、人与事物或事物与事物之间产生关系的物质都是媒介。媒介的基本特点有：受众选择性增多、表现形式多样、发布信息实时性、获取信息便捷性、互动性。媒介的基本特点直接影响新闻参政的途径及效度等问题。

媒介的多样性拓宽了新闻参政的途径和手段。在过去，新闻参政采用的方式只能是投票、结社及信访等几种形式，其依赖的传播媒介往往是广播、电视、报刊等，参与的方式较为单一，部分民众因为没有这样的条件或是参与成本过高而放弃自己应有的权利。随着信息技术及网络技术的发展和普及，媒介的形式变得多样化，不仅有报纸、电视等单向传播媒介，而且还有网络媒体，如手机、IPAD 等移动媒介，随时随地都可以进行政治参与，而且参与的经济成本、时间成本都大大降低。社会大众对政治参与的体验也更加直接化，利用电脑点点鼠标、敲敲键盘，利用智能手机轻点页面就能轻松地对公事发表意见、参与讨论、协商对话及投票等。让公众与政府的沟通更加直接、便捷与平等。公众在网络上对某一事件的"围观"形成的公共舆论，将及时反映给政府的有关部门，使政府更加清楚地了解事实的真相及人民大众的意愿，以便做出合理的决策。"如果一个社会不仅准许普遍参与而且鼓励持续、有力、有效并了解情况的参与，而事实上实现了这种参与并把决定权留给参与者，这种社会的民主就是既有广度又有深度的民主"。①

媒介的便捷性有助于发挥新闻的监督作用。传统的社会监督都是一种间接的监督方式，必须依赖一定的渠道和社会组织才能完成。在这种间接的监督过程中，信息量的损耗和时间成本的增加是不可避免的，同时在监督的过程会受到许多非正常因素的干扰和阻碍，使得原本就缺乏强制力的社会监督效力大大打了折扣。媒介的发展尤其是网络的出现和发展不仅省去了不必要的中间环节，而且使得政治环境的监督变得更加直接、更加有力。在信息技术时代，官员遭遇全面监督和直接批评将会成为一种常态，这种监督方式还会不断扩大层次范围，向纵深发展。近几年来，利用媒介的优势民众不仅参与监督官员的日常举动，也监督官员的决策。如著名的"彭水诗案"和"进京拘传记者事件"中，新闻参政的强大力量让一个个趾高气扬、不可一世的官员低下了头，迫使他们不断改变形象。②

媒介的发展使新闻参政主体有了相对隐匿性，提高了参政主体表达的自由性和沟通的能力。媒介的发展尤其是新媒体的出现和发展，开创了多元化信息交流平台和言论自由的

① 李金花. 试析网络政治参与的影响及其对策[J]. 湖北第二师范学院学报，2009(11)：70-72.

② 徐大超. 简析网络政治参与对政治生态环境建设的作用[J]. 长沙大学学报，2008(6)：53-54.

空间。利用网络的虚拟性及相对的隐匿性，民众不仅可以畅所欲言发表自己的言论，而且不必担心因言而获罪；同时由于传播成本的低廉，让更多的人民大众甚至是弱势群体有机会发表自己的见解和意见；网络平台的平等性和信息的公开性，沟通成本的降低及沟通时间和空间的不受限制，可以让不同群体、阶层进行愉快的交流和沟通。在沟通过程中，公民获得的政治信息和政治观念构成李普塞特所说的公民政治社会的"交叉压力"①。

五、行政主体因素

行政主体是新闻参政的核心要素，对新闻参政活动有着重要的影响作用。行政主体因素包括主体的参政意识、主体的认知水平及主体的参政能力及责任意识等。

行政主体参政意识指的是人们对于自身在政治生活中的主体地位有着高度的自觉，对于自己与政治运行、政治输入及输出关系有着高度的认识。② 参政意识的强弱及其属性，是制约中国现代化程度深化与否的重要社会心理因素，也是制约新闻参政效果的重要因素。

主体的政治认知水平与能力对新闻参政活动也有着巨大的影响。作为新闻参政的主体，应该具备一定的理论基础及相应的实践检验能力。主体的政治认知水平便是其中的一个重要理论基础。主体的政治认知水平是指主体对政治的相关理论、相应的政治制度与政治行为等方面的理解和把握程度。较高的政治认知水平不仅是人民形成正确价值取向的有力保障，而且有利于培养人民的主人翁意识、参与意识，树立正确的政治信念及价值观，增强其对政治文化的认同感和培育其深厚的政治情感。要想在新闻参政中成为一个合格的理性参政主体首先就要提高其政治认知水平，尤其是对我国的政治理念和政治制度的理解和把握，因为"如果一个人对其所处社会的制度都不甚了解，甚至一无所知，那么，要他成为'恰当评价'并'积极参与'社会的合格公民，显然是无从谈起的"。③新闻参政主体的参与能力是参政主体通过媒介自主地参与政治活动、自由表达利益，也是切实履行新闻参政的权利与义务的前提和基础。其参政能力的高低与其参政行为的效能直接相关。但是在实际的参政实践中，由于受封建政治文化思想及文化传统的影响，行政主体的参政认识水平并不是很高，可能其骨子里会存在"等级观念"、"军民思想"等，其主体意识较为淡漠，有一定的政治盲从性。为了提升行政主体的政治认知水平与参政能力，就得对行政主体进行训练。第一，要进行学习和培训，增强政治意识。学习执政党的理论、学习先进科技和现有的法律制度。主要是要努力学习马克思列宁主义、毛泽东思想、邓小平理论、"三个代表"重要思想、科学发展观、习近平新时代中国特色社会主义思想，用科学的理论武装自己、指导实践，了解参政过程，掌握新闻参政的基本技能。同时也要培养大家的民主和法制意识、平等和权利意识等。"受过良好教育的公民因为有健全的认知技巧，学历高的公民政治关心程度也高，这在某种程度上强化着教育与政治参与的关系"。④ 第二，实践

---

① 西摩·马丁·李普塞特．政治人：政治的社会基础[M]．上海：上海人民出版社，1997.

② 周其厚．晚清国民参政意识论略[J]．史学月刊，1997(1)：32-37.

③ 苏崇德．比较思想政治教育学[M]．北京：高等教育出版社，1995：24.

④ 王浦劬．政治学基础[M]．北京：北京大学出版社，1995：222.

出真知，只有政治理论知识，没有一定的实践经验，也无法提高其参政能力。“公民参与政治的实际经验、技巧从书本上是学不到的，唯有依赖于对政治活动的不断参与实践才能获得”。①

责任意识是指行政主体要以主人翁的精神对国家、人民及历史高度负责，把握角色，认清使命，做好新闻参政的相关工作。从宏观上讲，就是在共产党领导下，建设有中国特色的社会主义，实现民族振兴与国富民强的宏伟目标，这是当前各参政党最大的责任。从中观上讲，就是完成参政议政和民主监督的两大职能，这是衡量党派责任是否到位的具体标准，也是参政党功能得到有效发挥的关键。从微观上讲，就是完成各参政党章程所提出的具体任务，这是参政党宏观与中观的责任具体分解。参政主体的参政意识、主体意识、平等意识及责任意识还需要在实践中加强，在实践中强化其履行职责的能力。在活动中提升自己奉献意识和道德情操，在实践中增强自己的政党意识，不断提升新闻参政能力。

第二节　新闻参政模型构建

模型是指所研究事物的一种表达形式的概念、过程及系统等。新闻参政模型是新闻参政过程的一种表达形式，借助新闻参政模型剖析新闻参政过程，便于更好地理解新闻参政运行轨迹和机制建构。

一、模型构建的依据

(一)新闻参政的要素

我们在第二章对新闻参政的要素进行过论述，认为新闻参政的基本要素是指使新闻参政过程得以成立的基本元素。包括新闻参政者、新闻参政客体及新闻媒介、参政信息及反馈等。现在，我们专门对新闻参政主体、新闻参政客体及新闻媒介等三个要素进行阐述。

1. 新闻参政者

新闻参政者也称新闻参政主体。主体在《中国大百科全书哲学卷》上的定义是“属性、状态和作用的承担者”。“承担者”的含义有两层，一是指逻辑学意义上的主语或主词；二是作为逻辑判断(S是P)中的主词subject，或是指实体(substance)，即属性和状态的承担者。日常所谈到的“主体”，是相对“客体”而言的。主体和客体是一种规定性内容，其属性的赋予来源于对象存在物在人类意识中的投影，而我们所要追寻的，正是这种意识投影的方式，即“是什么”、“为什么”的问题。

在传统的参政中，参政主体主要是指政府、政党组织、政治团体和公民。信息技术的飞速发展，不仅改变了人们的工作、生活和学习方式，而且对政治参与也有较大的影响，新闻参政主体的内涵和形式都在不断地丰富，参政的主体不仅包括在现实社会中的民主党派、中国人民政治协商会议、媒体记者及公民，还包括网络上的“网民”及“网络共同体”等。“网民”是作为一个特殊身份存在的，不同于传统意义上的公民，“公民”是指拥有一国国籍的人，在政治生活中，享有一定权利的同时还要承担一定义务和责任的人；而网民

① 韩强．程序民主论[M]．北京：群众出版社，2002：86.

却不具有这样的特征，中国互联网络信息中心公布的《中国互联网络发展状况统计报告》中“网民”的定义为：过去半年内使用过互联网的6周岁以上的中国居民。关于网民的内涵，也有不少专家和学者对此做过一些研究，如霍本认为“网民”这一概念有两层含义，一是泛指任何一位使用网络的人，而不管使用网络的目的和意图是什么；二是特指对社会(或环境)具有强烈关怀意识，而愿意与其他具有相同关怀意识的使用者一起共同合作，以集体努力的方式建构一个对大家都有益处的网络社会的一群网络使用者。总体而言，网民虽然不具有公民的特征，但是它是使用网络的特殊群体，在自我意识及使用网络的行为及活动中均表现一定的特点。① “网络共同体”是指网民在网络上基于主观或客观上的共同特征所结成的一种“团体”或“组织”。②

2. 新闻参政客体

客体是主体主观能动作用的对象。在传统政治活动中，参政客体主要是指政府及其官员的行政行为、政策决策、社会公共生活等社会政治体系。③ 新闻参政虽然是借助新闻媒介这一平台，但其政治参与的本质没有变，其作用的参政客体也还是现实的政治体系。虽然由于媒介生态系统的广大，新闻参政的客体在空间和内容上都比传统更广泛。但不管是传统的政治参与还是新闻参政，其参政客体都是指向国家政权系统及其决策和政策。

3. 新闻媒体

在新闻参政中，新闻媒体也可以说成新闻参政的途径、方式。随着信息技术和网络技术的飞速发展，新闻参政的媒体样式更多样化和直接化。新闻媒体是实现新闻参政的载体，没有媒体，新闻参政的价值就无法实现。在网络等新媒体时代，公众不仅可以利用网络论坛对某一政治问题发表意见，还能组成一个网络共同体及时对政治事件发表见解。同时，公众还能给政府有关部门发送电子邮件，提出对政府工作的意见，表达自己的政治诉求，或利用博客或微博与政府有关部门进行及时的互动。

(二)新闻参政模型构建的传播学理论基础

1. 传播的基本理论

传播的基本概念。传播是指社会信息的传递或社会信息系统的运行。④ 从信息科学和社会学观点看，传播是一种信息共享活动，有信息的交流、交换和共享之意；从社会关系角度看，传播是一种双向的社会互动行为，是通过信息的传授和反馈开展的互动行为；传播既是一种传播行为，也是一种传播过程，更是一种系统。信息技术特别是数字技术的发展，推动了信息传播的新纪元，在实现高效便捷传播时，还能图文声并茂，生动形象。

从传播学角度看，新闻参政过程也是一个双向的传播过程。一方面，民主党派、政协、媒体记者及其他的公众作为信息传播者，政府及行政机关的有关部门是信息受传者，舆情民意是传播的信息，新闻媒介是信息的载体，反馈是行政机关有关部门对新闻媒介传达的舆情民意的反应及处理意见；另一方面，传播者是行政机关，受传者是民主党派、政

① 郑傲．网络互动中的网民自我意识研究[M]．北京：电子科技大学出版社，2013.
② 李斌．网络共同体：网络时代新型的政治参与主体[J]．中共福建省委党校学报，2006(4)：6-9.
③ 黄碧钗．关于网络参政的哲学思考[D]．福州：福建师范大学，2012.
④ 郭庆光．传播学教程[M]．北京：中国人民大学出版社，2010.

协、媒体记者及其他的公众等人员，信息是政府出台的一些新的方针政策，媒介依然是新闻媒体，反馈是公众对政府出台的方针政策的一些看法及实践等。这两个传播过程一个是自下而上的，一个是自上而下的，两者共同构成新闻参政的过程。在传播过程中，新闻媒介是至关重要的，它在新闻参政过程中起着承上启下的作用，一方面要搜集舆情民意，并筛选、整合有效的信息报道给政府有关部门，让政府了解民情，了解民众的心声；另一方面也会把政府出台的相关方针政策及对某一问题的处理意见及时传播给民众，让人民大众在第一时间了解政府工作动态，加强双边的相互沟通。

2. 民主参与理论

民主参与理论又被称为受众参与理论，是在20世纪70年代以后随着社会信息化而发展起来的，该理论要求大众传媒向一般民众开放，允许民众个人和群体的自主参与，媒体应当致力于在一般民众中发展多元的文化。民主参与理论的主要观点有：一是任何民众个人和弱小社会群体都拥有知晓权、传播权、对媒介的接近和使用权、接受媒介服务的权利；二是大众传播媒介应是公众的讲坛，而不是少数人的传声筒；三是公民及其团体既是信息的接受者，又是信息的传播者；四是时代在发展，受众在变化，许多人已不满足于消极地当一名接受者，且一种试图积极参与报刊的编写、广播电视节目的制作和演播的自我表现欲望正在增长；五是让受众参与传播，正是为了让他们积极接受传播。因为，人们对于他们亲身积极参与形成的观点，要比他们被动地从别人那里得到的观点容易接受得多，且不易改变。新闻参政的过程就是公众在接受信息的同时，也作为传播者将一些意见或建议利用媒介及时传播出去。新闻参政体现了民众拥有对国家的方针政策的知情权、传播权以及媒介的使用权，体现了国家政治制度的民主性，每一位公民都有权利去维护自己的利益，也有权利参与政治活动，给弱势群体提供了良好的平台，让他们也有机会参与政治，这也正是民主政治的一个体现。

3. 社会责任理论

社会责任理论来源于自由主义报刊理论，是在自由主义理论的基础上发展起来的，在一定程度上超越了自由主义理论。社会责任理论强调自由须以责任为前提，新闻媒介在享有自由权利时，必须要先对社会、对公众尽相关的义务和负相关的责任，遵守社会道德；社会责任理论既追求积极的自由，扩大以及发展新闻自由的权力，又要建立与社会“分享共同价值”的大众传播体制。同时，社会责任理论要求政府不仅要允许公众及新闻媒体的自由，而且还要促进其自由。在新闻参政中，新闻媒体是连接公众和政府有关部门的纽带，没有新闻媒体，公众无法实现新闻参政的目的。新闻媒体在此起着关键作用，这也要求新闻媒体要具有社会责任感，对公众负责、对社会的发展负责。

二、新闻参政模型的构建

（一）新闻参政模型构建的思路

基于以上对新闻参政的要素及新闻参政理论基础的分析，我们提出了“媒体平台、民众参与、政府反应、双重互动”的新闻参政模型，如图5-1所示。

“媒体平台”是指媒体是新闻参政的中介，不仅是联系民主党派、政协、媒体记者及其他社会公众等新闻参与主体及政府相关部门的桥梁；同时也是参政主体和参政客体之间

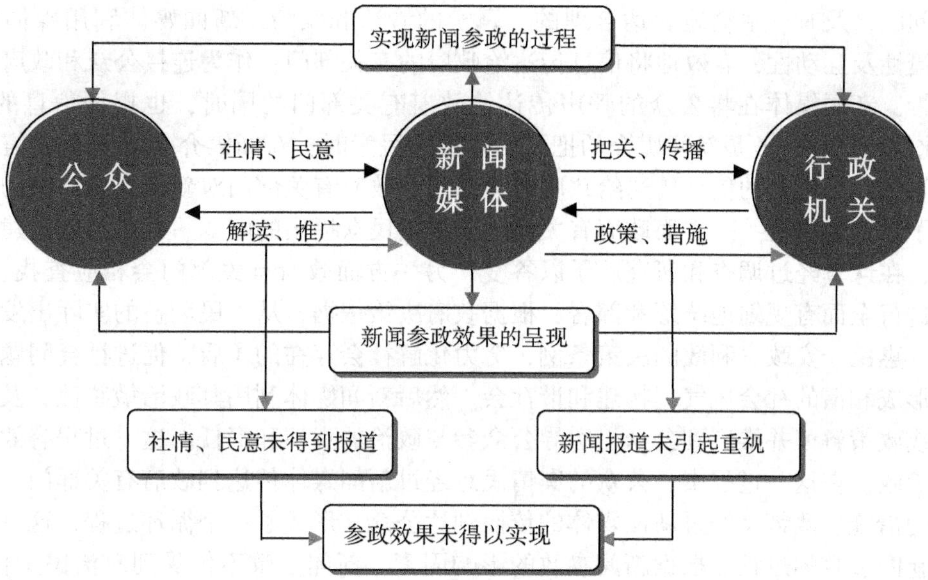

图 5-1 新闻参政模型图

的纽带。新闻媒介通过对参政客体的报道，把有关信息传递给公众，再将公众对新闻参政客体的意见及建议及时反馈给政府有关部门。

“民众参与”是指在新闻参政中，民众是新闻参政主体的核心。民众在其参政意识、责任意识、平等意识等提升的前提下对国家中存在的一些不良现象发表自己的意见和看法，同时也有权利对国家中的一些重要政策和措施进行学习和利用。

“政府反应”是指新闻媒体对舆情民意的传达引起了政府有关部门的重视，政府有关部门将会根据舆情民意酌情处理。政府反应是公众新闻参政的终结点，没有政府反应，新闻参政就失去应有的价值。

“双重互动”一是指公众和新闻媒体之间的互动，公众的心声、意见需要表达给新闻媒介，同时新闻媒介也向公众传播信息；二是指新闻媒介和政府有关部门之间的互动，新闻媒介把公众的舆情民意反映给政府有关部门，同时政府有关部门也把政府对某个问题的处理意见及提出的新政策利用新闻媒介传达给普通民众。

(二)新闻参政模型的运行机制

从系统学的角度看，新闻参政过程是一项系统过程，主要包括三个子系统：民主党派、政协、媒体记者及其他社会公众作为新闻参政的主体之一，政府有关部门作为新闻参政的主体之二，新闻媒介作为新闻参政过程的桥梁。三个子系统之间是相互联系和相互作用的，它们共同构建新闻参政的过程。三个子系统的联动是围绕着国家的政治、经济、文化、科技、教育等方面的发展展开的，其共同的出发点是为了普通人民的根本利益，这也是新闻参政的核心——是为了人民的利益及国家的繁荣昌盛。其新闻参政具体运行机制，如图 5-1 所示：公众(民主党派、政协、媒体记者及其他社会公众统称为公众)对我国社会发展有较为强烈的参政意识、责任意识及平等意识，他们认为参与国家的经济、文化、政治、科技及党的建设等方面是他们的权利和义务，针对我国社会发展中存在的某一不良现象或是问题，及时、主动地表达合理的、真实的看法和实情，新闻媒体利用媒体的及时性、便捷性及互动性，有效地将信息传达给政府的有关部门；作为连接公众和政府有关部门的纽带，新闻媒体在将公众的呼声传达给政府有关部门的同时，也担任信息的“把关人”。此处的把关一般是新闻媒介的把关。在传达民意时，新闻媒介会对公众的信息进行整合、筛选，把有效的信息传达给政府有关部门。政府有关部门对新闻媒体反映的舆情民意引起了足够的重视。一方面政府有关部门会根据民众提出的问题、疑惑及意见建议等进行分析，在认真经过调查和研究后予以答复；另一方面政府有关部门会相应查找、对照，对问题进行全面有规划地统筹和部署，根据政府决策依据，从人民利益的实际出发，做出更便民、惠民、安政、利政的决策条例，努力化解社会存在的矛盾，促进社会问题的有效解决，形成和谐的社会风气，构建和谐社会。然后新闻媒体利用其政治敏感性，及时将这一措施或政策解读并推广到公众，引导公众参与政治的意识和责任。这一过程有效地实现了新闻参政。在这一过程中，公众的舆情民意经过新闻媒体传达到政府有关部门，政府有关部门的措施、政策又经过新闻媒体的传播到达公众，形成了一个循环过程，这一过程也实现了新闻参政的过程。根据新闻参政的影响因素，新闻参政不仅受到政治民主化制度、经济发展水平、文化教育水平等社会环境的影响，还会受到参政主体意识、新闻媒介等因素的影响。如图 5-2 所示，当参政主体的意识未能提升到一个水平，将不会实现新闻参政；当新闻媒介没有发挥其作用，没有将舆情民意传达给政府，也不会实现新闻参政；政府没有对媒体的报道引起足够的重视，也将不会实现新闻参政的效果。

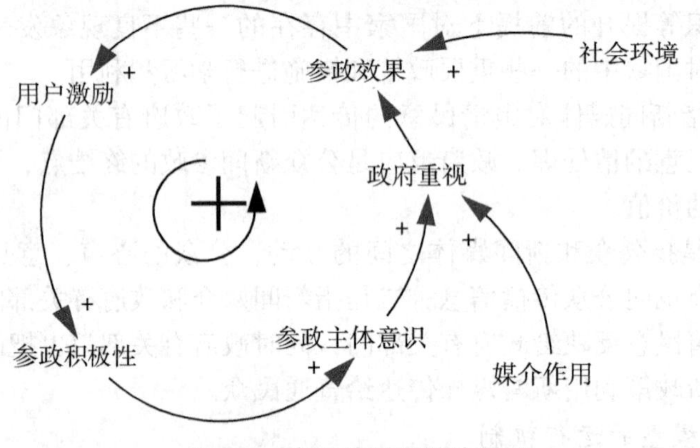

图 5-2 参政效果因果关系图

(三)新闻参政运作模型的作用机制解读

上述是对新闻参政过程的基本阐述，利用新闻参政，不仅可以实现政治民主化，为国家参政议政创造一个宽松自由良好的氛围，同时也实现了权利主体多元化，及参政渠道的多样化等。如“孙志刚事件”：2003 年 3 月 17 日，大学生孙志刚在广州大街上行走时被收容，次日被送到广州天河公安分局收容待遣所，当天被送往广州市收容人员救治站。在救治站，孙志刚因遭到暴打于 3 月 20 日身亡。这事一报道立即引起社会哗然，人民大众立即利用新闻媒体的便捷性，纷纷参与到事件的声讨中，强烈要求有关部门严惩元凶、公开透明地处理孙志刚事件，形成了声势浩大的舆论浪潮。并且随着问题的深入，一些涉及更深层次的体制问题开始显露。北京大学法学院的三位博士毕业生许志永、俞江、滕彪以其专业的素养和敏锐的洞察力提出收容遣送办法的违宪问题。5 月 16 日，三位博士联名向全国人大常委会提交了对收容遣送办法进行违宪审查的建议书。6 月 9 日，孙志刚案的 12 名犯罪人员及 6 名渎职者被一审判决。6 月 20 日，国务院宣布废止《城市流浪乞讨人员收容遣送办法》，同时，公布《城市生活无着的流浪乞讨人员救助管理办法》，新办法提出自愿救助原则，取消了强制手段。在“孙志刚事件”中，新闻参政的价值和作用得到了很好的体现。首先，参政的主体——广大的人民群众具有强烈的参与意识，他们意识到孙志刚事件的严重性，及时发表自己对事件的看法，声讨不法分子的恶劣行为；其次，新闻媒介作为新闻参政的纽带，起到了良好的桥梁作用，及时将民众的心声反馈给政府；再次，这件事也引起了政府相当高的重视，政府本身也意识到制度存在的一些缺陷，在认真听取民意的前提下，及时与民众进行沟通和互动，及时给人民大众一个满意的答复，采取了相应的措施，及出台了相关的政策。在这一过程中，由于民众新闻参政意识的觉醒，以及新闻媒介的便捷性及多样性，加之政府也对这个问题给予了足够的重视，使得新闻参政得到了有效的运作。

第九章　少数民族地区的新闻参政

我国是一个多民族国家，保障和发展少数民族参政议政的权利是我国高度民主政治化的一个重要标志，在解决民族问题的进程中，新闻参政已成为一种新型途径。保障少数民族参政议政的权利，对于维护和发展团结、互助、和谐的社会主义新型民族关系有着极其重要的现实意义与理论贡献。在我国现阶段，少数民族的政治参与广度和深度都呈现出迅速提升的态势，大众传媒尤其是主流媒介对政府决策、社会的道德观念和价值判断的报道，对民族地区人们的生活方式的影响与日俱增，但是现阶段我国部分少数民族地区的政治参与程度与我国社会主义民主政治建设还存在相当大的不和谐，大众传媒在少数民族人民中的利用率相对其他地区较低，少数民族地区的参政的重要性与现实的匮乏性形成明显的反差，因此，对于少数民族地区的参政探讨迫在眉睫。

第一节　少数民族地区的新闻参政现象历时性分析

从现在的少数民族地区的政治参政情况来看，少数民族地区的民众对我国政治生活的了解和熟悉大致通过两大主要的渠道：一是从相关政府机关中的政治信息组织传播机制自上而下的官方科层制对政策的传达，然后通过少数民族地区传统信息传播网(如人际传播等)进行更深层次的再传播，从而让政治信息被群众知晓；二是运用现代的大众传播媒介作为接触中介来进行对国家政治决策的了解。可见，运用媒体进行政治生活参与是少数民族地区参政由来已久的现象。

一、传统少数民族地区新闻参政现象解析

(一)纸媒时代的精英化民族参政

中国少数民族新闻传播事业兴起于20世纪初叶。最初十年，一些少数民族地区，出现了用蒙古族、藏族、朝鲜族、维吾尔族、满族等民族文字出版的近代化报刊。《西藏白话报》《月报》《伊犁白话报》是最早的一批少数民族文字报刊。目前，我国已有藏族、蒙古族、维吾尔族、哈萨克族、朝鲜族、傣族、苗族、锡伯族、壮族等十多种民族文字的报纸共40余种，其中属省、自治区一级的报纸有10种，县级有5种，其余大部分属于地、州级的报纸。发行量最高的达到4万份，许多报纸的发行量也在5000份以上，但少数民族文字报纸的发行量与其他汉文字报还是无法相提并论的。

由于我国少数民族地区长期处于经济欠发达、文化欠发展的状态，20世纪70年代以前出生的少数民族群众长期接受本民族语言教育，直到20世纪80年代以后出生的群众才得以全面接受免费义务教育，接受汉字教育。因此导致众多少数民族地区依然存在不识汉

字的民众以及文盲民众，这成为影响我国少数民族地区的少数民族群众通过纸质媒体进行新闻参政的最主要原因。

在纸质媒体世界，文化程度与参政表现挂钩。在我国少数民族群体中，只有少数公民具有参政议政意识，而能够引起全民参政的也就仅限于每年的"两会"。"两会"期间，少数民族文字报纸都会全文翻译"两会"要闻，并开辟专栏，评论"两会"要点，地区群众通过本民族视点了解"两会"资讯，关注国家发展，关心本民族民生。

但是，由于信息接收的无选择性，导致少数民族地区通过纸质媒体进行新闻参政呈现出不可逆转的精英化趋势。无论是少数民族报刊的编创者，还是优质报刊中民族地区发展专栏的评论者，都是少数民族群体中的文化精英，或是少数民族发展的研究学者，该群体的新闻参政的思路清晰、观点精辟，但是并不能完全代表全体少数民族的参政思维。

（二）广电时代少数民族地区的新闻参政贫乏

广播电视同报刊一样，都是党和人民通过新闻手段反映舆论的工具，担负着宣传、教育和引导人民进步的共同任务。在实现这一共同任务的过程中，少数民族地区与内地一般地区相比较，在许多具体工作方面都有着不同之处。

中华人民共和国成立后，少数民族新闻事业得到了一定程度的发展，其大众传媒单一纸媒格局得到了一定的缓解，在文字报纸媒体进一步发展的基础上，各少数民族地区也历经了广播、电视、通讯社从无到有、从有到发展的历程。

白润生对我国少数民族地区的大众传媒发展情况做了较为仔细的梳理："中央人民广播电台自1950年办少数民族语言广播，用蒙语和藏语播音一小时，以后又增设维、壮、朝等语言的广播，1971年已有蒙古族、藏族、维吾尔族、哈萨克族、朝鲜族五种少数民族语言的广播，我国民族地区的电视事业诞生于20世纪60年代，内蒙古电视台和新疆电视台都筹建于1960年，1970年分别开始播放黑白影视节目，揭开了自治区电视台历史的第一页。到了20世纪末21世纪初，通过'村村通'、'西新工程'和农村电影放映等工程的实施，我国少数民族地区广播影视的基础设施建设更是得到了飞跃性的发展，截至2008年，我国民族自治地方共拥有广播电视台447个，广播电台47个；民族自治地方广播综合人口覆盖率90.03%"①。这样，我国民族地区已基本建成功能齐全、语种较全、覆盖面较广的广播网络系统。

在中国广电事业蓬勃发展的今天，媒体参政在促进人民与国家间的和谐发展上立下了汗马功劳，在少数民族地区的成效尤为突出。在我国所有民族地区都设有地区电视台，设有本民族语言的新闻节目，并使用56个少数民族语言对《新闻联播》等权威新闻节目进行翻译、传播，打破了语言对民族群众参政的禁锢，少数民族广播电视媒体自然满足了少数民族这些特殊对象的特殊知情权。抓住知情方可参政这个特点，少数民族广电媒体通过把中央和上级的精神，全国和全世界的发展趋势，一切先进的、有益的经济文化信息等，以及民族内发生的尤其是新近发生的各种重大、特殊变化和信息传播开来，来激发少数民族群众对民族事业的关心，动员他们参与民族的政治、经济、文化、教育等各项事业，推动民族事业的全面发展。

---

① 白润生．新中国成立后少数民族新闻事业的发展[J]．中央民族大学学报，1993(4)．

然而，由于我国少数民族地区多处于经济欠发达地区，少数民族广电事业发展不平衡，少数民族广电人才缺乏，少数民族语言节目匮乏，致使新闻信息不能实现全覆盖。以四川凉山彝族自治州为例，全州17个县市，共计17个县级电视台，所有电视台均播出三档彝语新闻节目，《新闻联播》彝语版、《凉山新闻》彝语版以及本地县新闻彝语版，三档新闻节目均不设有新闻评论。因为广电媒体新闻传播的被动性，致使少数民族人民群众对于新闻参政无法实现主观能动性，使得民族地区的媒体参政在很长一段时期内都呈现出消极、被动的状态。

二、新时期少数民族地区新闻参政现象特征概述

近年来，少数民族地区的参政也因大众媒介新技术在民族地区的普及发生了质变，少数民族地区的少数民族与国家政治生活的信息交流链条也发生了本质性的变化。

第一，超越传统科层制的逐级政治参与，促进政治社会化。

在我国，大众传播媒体是作为“党和人民的耳目喉舌”来定义的，所有各层新闻媒体都会把传播、解读党和政府的政策作为己任。从具体的政策实施的过程来看，国家制定相关的政策进入传播领域时，首先是由党和中央级别的宣传部门进行发布，让公众能够有所了解，然后依照科层体系来组织传播，比如以文件、会议的形式或者以地方党报的政策报道等来进行信息逐级解析、传达。

现代媒体网络链接不但打破了这样的政治传统科层传播惯例，也因新闻媒体在民族地区的日趋普及，而潜移默化地将国家在政治决策与政治生活情况在第一时间发送到边远的少数民族聚居地，促进了少数民族地区的政治文明建设。这使得国家的时事政治不再是延迟知晓的信息内容，也不再是“大人物”操纵的事。由于新闻传媒条件的日益改善，特别是卫星电视已成为少数民族地区的老百姓接收中央级别的宣传部门的政治信息的主要渠道。少数民族地区的民众在处理与关心国家政治建设方面的自信心加强，并且，少数民族群众利用在大众传媒中所获取的各类政治信息来与地方政府进行政治博弈，少数民族参政的同时，地方政府官员也慢慢学会运用自身所掌握的媒体资源来与当地少数民族群众进行政治沟通。这使得民主的政治文化观念渐渐在少数民族地区生根发芽，过去少数民族边远政府垂直式独自政治运营在现代的传媒扁平式话语空间下已然不合时宜。这样也加强了少数民族地区的民众对国家政策与地方具体省情、地情、市情、县情和村情相结合的思考，加强了其在贯彻国家的政策精神的前提下，能够将政治参与做到更加适合地方局部政治发展，也对大部分少数民族地区的“民族区域自治政策”的基本民族政治制度的落实起到了更好的保障作用。

第二，大众传播媒介的多样化，使得新闻参政雏形初现。

现阶段我国有部分学者开始关注少数民族地区的大众媒介的使用状况，从他们总结的数据中可以看出，少数民族地区特别是民族村寨对大众传媒的使用情况大致为：第一，传统媒介中的广播、电视、报纸的使用率比较普遍，标语、公告等传统传播方式也在延续使用，而这些传统媒介里电视的使用量独占鳌头；第二，新媒体发展迅猛，特别是手机和互联网的使用，甚至在某些地区这两种传播途径开始替代渐渐退出历史舞台的乡村广播；第三，采用民族地区本土语言或者当地文化作为内容的少数民族地区书刊杂志已然成为少数

民族地区信息网络中不可小觑的传播方式，它们成为少数民族地区精英阶层主要的政治信息场地，并辅之以人际传播，成为影响当地民众政治参与的一股潜在的巨大力量。

从以上大概的媒介使用类别的叙述中我们可以看出：第一，少数民族地区在政治生活建设上，一般由中央及省级部门的传媒来进行方便快捷的政治政策全局性的宏观传播；第二，地方媒体在宣传、解读、落实、贯彻上和制定地方自治政策上，选择由地方影响较大的新闻网络中的各种媒介来进行重点介绍，对政治建设起着局部辅助推动；第三，民众利用大众媒体尤其是电视和网络来进行自我利益的新闻维权活动时有发生，成为少数民族地区新闻参政的萌芽，也是少数民族地区民主政治建设的关键拐点，虽然这样的维权活动主要集中在少数民族中文化较高或者年纪较轻的群体，但是应该看到其重要的意义所在；第四，少数民族地区新媒体参政现象屡有发生，特别是网络的使用，自网络技术在中国登陆以来，中国的网络信息技术呈飞跃式的发展态势，网络技术的发展不仅对社会经济的发展起到了极大的推动作用，也为地方人民群众参政议政提供了一个很好的渠道，随着网络技术在边缘民族地区的全覆盖的实现，少数民族地区的媒体参政逐步向新媒体迈进。参政形式多样化，参政意识全民化，参政话题多元化，成为当今少数民族地区媒体参政进入新时代的关键转折点。新兴媒体在跨文化传播过程中具有传统媒体所不具备的特殊优势，能及时提供大量的信息，是人与人之间交往必不可少的途径，应该相信，只要利用好了，网络一定会成为少数民族群众在参政议政方面的一把利器。

总之，大众传播媒介已然在少数民族地区政治生活的舞台上扮演了不可或缺的角色，它们影响着少数民族地区的民众媒介素质、民众政治参与热情、少数民族地区的政府管理、国家政治信息的传播等方面，大众媒体与少数民族地区的政治社会化进程紧密相连，新闻参政雏形初现。

第三，传统权威利用媒介重新成为参政的意见领袖。

这些年，国家对于少数民族文化逐渐重视，在尊重并大力推动少数民族地区的本土文化复兴、防止少数民族文化流失方面做了很多工作。虽然在过去一段时间里，“少数民族村社中传统权威在国家对村社的改造中，曾经一度受到了国家权力的排挤和打击，变成了国家体制外的因素，成为非法的组织”①。但随着少数民族地区的改革，国家对少数民族地区实施的政策良好，少数民族地区文化得到了长足的恢复。同时，具有独特文化形态的少数民族文化成为大众传媒体争相报道与传播的内容，使得少数民族地区的民族文化自觉开始提高，少数民族对自己的文化开始有了自信心。在少数民族地区当地的政治建设上，传统的政治文化重新回到了人们的视野中，传统的政治权威有了回复。

在各少数民族地区的传统文化中，有着自我社会管理的独特政治系统，有着其各自的政治权威体系，它是少数民族当地政治组织结构中的核心部分，如苗族“议榔”制中的理老、侗族的寨老、瑶族的瑶老、彝族的家支、拉祜族的卡些卡列、藏族的活佛等。这些民族文化的传统权威再度复出，在维护民族地区的政治秩序、调解族群内部矛盾、维系民族政治凝聚力上发挥着独特且强大的作用，同时形成了一支在少数民族政治建设中独特的意见领袖群体。

---

① 张跃．中国民族村寨政治研究［M］．云南：云南大学出版社，2005：13.

另外，这些传统权威在政治实践中是一群在当地文化水平与社会经验丰富的群体，是地区的精英，对外交流的机会远远多于其他民众，当然，他们的媒介素养也是较高的，他们积极活跃在各种传播的渠道上，善于运用大众媒体的优势资源来开展工作。在大众媒体的帮助下，传统权威积极参与民族日常的生活，通过传统的文化节庆、仪式、祭奠、会议等来实现其民族政治领袖的力量，他们对少数民族地区的政治生活起到了引领作用，引导了少数民族地区的舆论建设。

第四，少数民族地区参政模式发生转变。

1949年后，国家的政治文化的总体趋势正如学者马庆钰所总结的："从家长的政治文化走向民主的政治文化；从人治的政治文化走向法治的政治文化；从子民的政治文化走向公民的政治文化。"①也可以说是由传统的冲突型和服从型政治文化认同，向现代民主的协调型、参与型政治文化认同转变。而少数民族地区的政治改革正是与这样的特征相同步的。在过去，少数民族地区群众很容易局限于与自身利益相关的社会生活中，国家的认同感与归属感不强烈，在政治生活中大多产生不是服从就是冲突的政治态度。改革开放以后，在国家认同的认知上，大众媒体一改过去铺天盖地的少数民族宗教习俗新闻以及家庭伦理新闻的报道，而是加大了对国家认同感的传播力度，使其新闻报道被更具包容性、全局性与国家民族归属性的新闻所取代，在强调民族大融合、举世共繁荣的新闻背景下，各民族群众产生了对民族与国家双重认同感并举的局面。同时，随着少数民族地区文化水平的提高，少数民族地区新闻参政群体在政治人格特质上，由单一依附型向多重性和独立自主型转变。其政治态度上，也开始积极关注国家主流政治建设，其关心与参与国家政治的热情也越来越高。

如在湘鄂渝黔边的少数民族聚居地区，少数民族地区的老百姓对于国家政治生活的参与度较之过去发生了翻天覆地的变化，他们一改往年对国家政治冷漠的态度，通过大众传播中介如电视、互联网表达了对国家政治制度、执政事件、政治突出象征等强烈的自我情感。同时，民族地区的老百姓的爱国心得到了强化，政治倾向上也慢慢并入国家的主流，开始树立现代民主政治观念，对一些现代政治符号能够解读，如公民、选举、人民代表大会制度、民主协商制度等。少数民族地区政治模式的改变，为新闻参政在民族地区安家落户做好了精神准备。

从少数民族地区的大众传媒参政现象的历时性发展来看，少数民族地区的参政理念已经蕴含了一定的现代政治文化精神，这为新闻参政的提出打下了良好基础。

第二节　族群认知下的少数民族地区新闻参政

族群认知方式是一个族群在知觉、思维、记忆和理解问题等认知活动中加工和组织信息时所显示出来的独特而稳定的风格。由于我国少数民族生活的地域跨度大，自然条件更是千差万别，地貌环境也是各式各样；各地民俗资源丰富，特色各异，甚至少数民族地区的宗教信仰都千姿百态，导致各少数民族地区人们的生活、生产及认知方式大相径庭。因

① 马庆钰．中国政治文化分析与展望[M]．北京：中国社会科学出版社，2002：11.

此，各地区族群认知这一要素是探讨民族新闻参政这一现代参政方式能够深入少数民族地区不可忽视的环节。

一、少数民族地区族群认知方式概述

族群认知从其术语使用来看是民族心理学的研究范畴，主要论述的是："生活在不同社会条件下、具有不同生活经验的族群，一定有其独特的认知特点。族群认知就是具有不同社会生活条件和不同经验、生活在不同社会文化或族群中的人，受其生活环境和生活经验的制约，所具有的特殊认知"①。不同的族群其族群认知也呈现出不同的特点，那么，在这些族群的政治文化观念上，对参政所持态度上也将会有着天壤之别。

族群认知的理论研究最早始于美国心理学家 H. 威特金及其同事对于视觉定向的实验研究，他们依据人们的心理活动总结出"人群认知方式的场依存——独立性维度"的理论。② 依照这个理论我们可以推出，我国新阶段少数民族主要存在着"以场依存"、"以场独立"、"以场独立—场依存转化"这三种的族群认知方式。

(1)以场依存为主要认知方式的族群，在性格倾向上，合群性较其他族群更为明显，在遭遇困难时，比较依赖于集体智慧，喜欢寻求他人或社会支助；在生活上，不坚持个人意见，喜欢倾听他人建议，喜欢社交活动；在信息接收处理上，其包容性强于其他族群，容易动感情，较易接受团体的决议。以农耕农业经济为主的族群认知主要以场依存为主，人群主要分布在以种植业和特色林果业为主要生产方式的少数民族聚居地。

(2)以场独立为主要认知方式的族群，在性格倾向上，个体独立性明显高于其他族群，喜欢独来独往或以家庭为单位；在生活上，常以个体意见为主，对于其他人的提议却常常自觉与不自觉地忽视，同时，对于和不同个人或群体交流的兴趣寥寥，不会轻易对他者付出情感；在事业倾向上，偏好与人事关联性较少的工作。他们大多数是那些以游牧、采集等物质生产生活方式为主的族群。如北疆少数民族中畜牧业发达的族群。

(3)以场独立-场依存转化为主要认知方式的族群，他们的生活介于两者之间，他们既可群居也可散居，但是从倾向性上来讲更加倾向群居的生活方式，他们有着自己的独立见解，也可以进行团队讨论，受集体观点影响，感情丰富，对人很容易产生信任感。如维吾尔族、蒙古族、鄂伦春族等有着游牧历史但现今已经进行农业生产的民族。

二、族群认知影响下新闻参政的民族特色

从族群认知的角度上可以看出，族群的历史文化演变历程会形成在生产方式、组织体制、宗教信仰、交往礼节、兴趣爱好、禁忌忌讳、婚恋习俗等方面上的不同。在他们的跨文化交流与传播过程中，信息交换时，他们的思维方式与认知方式和谐与否会影响交流效果的好坏。新闻参政中多元主体所形成同一性舆论是在不同族群认知下求同存异的结果，

① 张美玲．基于族群认知理论谈新媒体在跨文化传播中的优势[J]．新疆职业大学学报，2011，19(2)：40-42.

② 张美玲．基于族群认知理论谈新媒体在跨文化传播中的优势[J]．新疆职业大学学报，2011，19(2)：40-42.

所以，如何调解他们的矛盾、冲突，突出其共同点，能够对主流政治生活和地方政治生活进行和平参与、共同协商，是民族新闻参政应该重视的方面。

虽然我国少数民族族群认知不同，但是我国少数民族地区对新闻的关注仍然呈现出以下共同特征。从内容上看，少数民族的新闻中受众最关心、最欢迎的题材是与其民族生活、生产、文化、政治相契合的题材。在新闻报道中，如果是以富有民族传统和民族特点为要点的报道，以介绍少数民族的风土人情、民俗民情为中心，少数民族群众的新闻参政力度就会加大。从形式上看，以少数民族语言和图片辅助汉字对新闻进行传播，在少数民族地区的新闻传播中可以起到画龙点睛的作用，对少数民族受众而言，同一条新闻使用汉语的传播率和使用本民族语言的传播率是完全不同的。在新闻传播中，使用与受众具有相同思维方式和行为方式的语言符号，是吸引受众最好的方法，能够更高效地实现预想的传播目标。此外，各级政府围绕少数民族群众生活生产开展的各类活动也是少数民族群众关注的新闻重点。近几年国家的西部大开发使得西部地区少数民族群众的生产生活日新月异，有关西部大开发的各类新闻，成为西部少数民族群众日常生活中的必需品。西部地区各省、市、自治区都建立起以西部大开发为主要信息资源的网络空间，发布国家西部大开发的相关政策，关注本地西部大开发的即时动态，一些门户网站、传统传媒站、专业网站争相推出"西部大开发专栏"或者"西部大开发专题报道"，吸引了大量的少数民族群众点击浏览，网民们甚至就西部开发、西部人才机制等问题展开了热烈的讨论，建言献策，部分讨论不仅受到传统媒体的高度重视，还被专门报道，甚至"两会"提案的灵感都有部分来自此处。

共性之下又有个性，由于我国少数民族地区族群认知的影响，少数民族地区的新闻参政也表现出不同的风格。在以场依存为主要认知方式的族群地区，如苗族、彝族等此类少数民族群众大部分没有统一的宗教信仰，虽有统一的礼仪习俗，却对民众的文化思想没有根深蒂固的影响，人们对新闻的关注更多的是关于自身生产生活的改善，以及中央地方政府对于该地区的扶持。新闻参政对于经济发展的快慢的影响更为明显。

以场独立为主要认知方式的族群，如内蒙古、新疆、西藏等地区的游牧民族，其在新闻参政上更加注重个体利益的诉求，对于环境与生产平稳方面的新闻更加关注，加上此类群众居无定所，信息的上传下达难以全面铺开，群众的新闻参政呈现出个性高于共性的特征。

以场独立-场依存转化为主要认知方式的族群，主要受到民族宗教的影响，在新闻传播上，宗教诉求高于生活诉求，是此类少数民族群众新闻参政的重要特征，在寻求本民族宗教自由的基础上，同时还显现出较为强烈的个体诉求，对于宗教习俗与经济发展的融合与对立，其新闻参政率高于其他参政关注。

三、抓好族群认知下新闻参政的特色之举

族群认知不仅影响了少数民族群众的文化认知，同时也限制了人们对信息筛选处理的能力，通过有意识地对民族新闻的传播控制，有利于拓宽少数民族群众的参政方式，从而进行有效的新闻参政。抓住少数民族地区新闻参政的特色手段，便于我国少数民族在不同文化、不同认知的参政议政上架起一座跨文化传播的桥梁，增进不同文化群体之间的理解

与合作，为改善生产生活提供更多元的信息。

少数民族地区的新闻参政需要把时代语境特征与民族认知特色联系起来，民族认知的方式是少数民族个性的体现，而社会的大背景却是新闻参政倾向的内在定性，也是共性所在。从社会政治生活的实践来看，个性不能超越共性而独立存在，我国的政治建设也必须在党和国家的原则性之下进行，我们不能为了强调少数民族的地方特色就放弃党性和国家的本质，更不能在政治生活中为了特色而要求特色，正如不能为了某一个群体而丢掉国家认同一样。21世纪的今天，社会主义的改革进入深水区，国家的团结统一、社会的和谐发展、各民族之间的团结奋斗是这个时代的主旋律，民族新闻事业也好，民族参政意识也好，都要将它们很好地内嵌进来，融为一体，才有可能真正发挥出新闻参政的意义。如果放弃了这一点，那么我国民族新闻事业将迷失方向，新闻参政的提倡也会步入歧途。事实上，民族特色的本质本身就是包含了时代精神的，民族不可能脱离社会、脱离时代、脱离国家而孤立生存，我国56个民族一家，大家的存在都会不能摆脱时代与国情的烙印，因此，我们民族新闻参政就是时代、国家与民族的有机结合，这种具有中国特色的少数民族新闻参政，才是我们倡导的。

第一，加大关于发展和稳定的政治新闻报道，引导新闻参政步入正轨。改革开放以后，我国社会经济呈现出飞速发展的势头，尤其是在加入WTO之后，快速发展的经济迫使文化发展呈现多元化和开放化，国际、国内文化思想局面的变化，势必与各民族地区文化产生碰撞，因此新闻报道不能一味地追求地方民族特色，忽视民族文化思想与国际主流思想的并轨，以及与国家思想的统一。要通过新闻参政引导民众走上追寻和平的思想道路，通过新闻报道加强少数民族群众意识形态领域的领导与工作，在第一时间曝光、谴责所有制造民族分裂、破坏祖国统一的反动思想和政治图谋，引导少数民族的新闻参政走向健康的思想文化领域。

第二，提倡各民族交流的跨文化传播，塑造和谐的民族新闻参政。从人类文化的形态来看，人类的文化是人类社会发展以来，人类生产、生活中所积累的知识与经验的综合，它总体上呈现出人类智慧的有机整体结构，作为一个基本的群体，人类所共同生存的环境、生理构造和生活方式有着共通点，人类所具备的共性决定了其文化也有着共同点。此外，又因为每个人和每个小群体所处的具体地理位置、经历与外围语境有着一定的差异，所以人类的产物文化也有着不同的特征，不同的人类群体有着自己对这个世界的独到见解、意识与主张，并形成自己的文化传统，从其成形后延续至今，其文化属性与其他的文化类型不同，拥有自我的内在发展动力、逻辑和活力，合理存在。也正是这些文化的差异，人类的社会生活才丰富多彩，具备生命的张力。当今的时代，把人类放在了一个扁平的共时性空间里，人类交流日益频繁，形成了一个信息时代的地球村。媒介技术将世界串联起来，人类联系越来越紧密，促使每个民族哪怕是人类地理环境中最为边缘的民族都要培养一种开放心态，就是说现代化全球化发展让每一个民族都无可幸免，俗语说，“民族的文化就是世界的文化”，也就是这个道理。当下，不同文化之间的跨文化交流已成常态，即使是文化差异较大的民族历经文化冲击，最终都应在接受其他文化存在的前提下进行自我文化的发展，形成“美美与共”的文化整体观念。信息的沟通是文化交流的关键之处，运用大众传媒进行各民族文化特征的介绍，是现代民族信息沟通的主要手段，报道各民族文化中突出的特色给外界，增加了不同民族之间的相互了解，同时接受外界民族的文化特征，不歧视，不排斥，抛弃过去落后的闭关自守的自闭心理，学习其他民族中先进的成分，在与他者的对比中加强对自我文化的识别能力，扩大民族的文化视野，开阔自我眼界。新闻参政中所提倡的开放的、互通的、和谐的、协商的文化理念，正是现代民族跨文化交流中进行自我发展所不可或缺的。从新闻参政的实践过程上看，新闻参政本身就是在大众媒介中实现不同文化之间的跨文化交流活动，这一点在民族新闻参政中更加凸显。

第三，在民族信息交流中要着重加强政治经济信息交流，使民族新闻参政理念更好地在民族地区得以贯彻。从当下关于民族报道的信息中可以看出，新闻界最得心应手的是对民族文化中器物文化的报道，集中在建筑、服饰、节日等视觉效果较大的直观文化，满足了其他民族对于文化的“猎奇”想象。而大众传媒也把这样的信息内容判定为最具新闻性的新闻报道，特别是当代民族文化往往作为旅游经济加工的原材料，所以，大量的民族视觉文化充斥在少数民族的跨文化信息交流中。而媒体对于民族的政治经济等文化深层次的探究的功力是极其不足的，不知如何下手，更觉无处可写，在这个模糊的刻板印象中大众传媒的社会责任与社会功能无法真正发挥出来。一个民族的发展不仅仅在于物质方面的先进，更在于社会政治制度、经济方式、民族的意识形态的先进程度，由于多种历史遗留因素，少数民族往往在现代化进程中发展较慢，对现代生活的适应度低，这样的缺失足以让大众媒介对民族文化中的深层次问题进行关注，特别是引起对国家与地方政治建设的参与积极性方面的关注。应该看到，当今的时代是一个牵一发则动全身的世界发展时期，所以少数民族的发展不应仅仅局限在与其自我利益相关的个体经济、政治、文化的认知发展中，对于民族与国家的整体发展也应该在民族地区提倡起来。民族的新闻参政也应该关注这方面的重要性。

第三节　少数民族地区新闻参政的影响因素

在探讨少数民族地区新闻参政理论时应该注重民主政治价值观念在少数民族地区的落户。由于少数民族特有的复杂性和多样性，而且少数民族地区大多在我国边缘地带，地理位置偏远，濒临国界，因此非常重要。并且，少数民族地区社会经济、政治、文化的现代化程度不高，实行有序且高效的参与型政治时需要进行具体问题具体分析，并要结合当地民众的文化程度、价值取向、权利与政治参与意识、宗教信仰等一系列因素来进行本土化探究，所以，具体分析民族新闻参政的影响因素显得尤为重要。

一、政治文化程度影响少数民族地区新闻参政

少数民族的政治文化指的不仅仅是少数民族对于自我政治的取向，还应该包括少数民族对于国家政治的认知与理解下所产生的心理反应与价值取向。包括族群的政治认识、情感与价值观，以及国家的政治认识、情感与价值观两方面内容。民族政治文化指民族个体与共同体中占主导地位的政治主观取向，是一个民族认定的一套政治情感、信仰和行为。

我国是一个 56 个民族所组成的多民族国家，各个民族都有着自己的政治文化体制，比如汉族是一个历经两千多年封建政治文化为主导的民族，其正统的政治文化核心是以儒

家的纲常性为主的政治文化，这样的政治文化的基本内涵就是强调臣忠君仁的价值取向，要求无条件、单纯服从性的阶级绝对统治，所以也就造就了鲁迅常常批判的国民奴性。虽然新时代的到来改变了过去旧有的政治观念，但是历史文化是一个民族长期形成的习惯，目前还保留了一些不自觉的遗迹，对服从的强调、主体参与意识薄弱已然是现代政治发展的阻碍因素，需要进一步去其政治文化中的糟粕。少数民族地区长期形成的政治文化也是各具特色，有些地区处于自给自足的传统家庭农耕经济，小农意识较强，与世无争、信息闭塞、安于现状、逆来顺受，对所谓的政治文化基本处于空白的认知上，对现代的民主政治文化自动保持距离感、疏离感和冷漠感，更加不需要对于民族或者国家的政治建设有所参与，认为与其日常生活无关，即使有一定的政治信息传播也是被动接受，尤其表现在政治参与的行为方面，从不主动参与民主政治制度的实践，更觉得我国的政治制度是走形式、走过场的表面功夫，这样的政治认识和价值判断在很大程度上阻碍了新闻参政在民族地区的落户，所以政治文化的层次高低成为影响新闻参政贯彻与否的又一重要因素。

二、媒介使用影响少数民族地区新闻参政

政治主体进行政治参与的基本条件就是其参与需要有一定的渠道，这也是影响政治参与成功与否的关键因素。新闻参政的参与就是通过使用大众传媒这种话语表达的渠道来完成的，因此，媒介使用的情况是影响新闻参政的重要因素。

我国大部分少数民族居于边疆地区，地理位置偏远、交通不便、居住分散，他们的信息传送渠道狭窄，大众媒介往往无法如大城市一样发达与普及，从其媒介使用的状况来看，无法发挥其在新闻参政中的理想作用，因此，少数民族地区的新闻参政往往因为其渠道的不足而受阻，少数民族群众对于政治总是表现出较为冷漠的态度。而其共同提及与讨论政治主要是依靠人际交流，并且在政治信息的内容方面大多数停留在表层的信息知晓与否上，很少能够真正进入国家的主流体制中积极从事政治参与执行的具体工作。从历史的角度来看，少数民族常常处于国家政治的边缘地带，游离于主流政治之外，甚至某些少数民族是完全与主流政治相隔绝，他们早已习惯于这样的政治身份定位，往往只对自己的生存环境四周辐射圈较小的事务有一定的关注，而外面的世界很难引起他们的互动，对于国家的政治社会变迁实为扮演“政治边缘人”的角色。因此，少数民族群众这样长期形成的冷漠感惯性并非一朝一夕能够改变，是一个不断改善的缓慢过程。

虽然在上文中我们已经对于少数民族的媒介使用情况做了分析，可以看到少数民族的村落政治文化正在受着日趋完善的大众传媒在民族地区的普及的慢慢影响，但是总体上来说，较之于发达地区，少数民族地区的公众政治参与的形式主要是传统形式，如人民代表选举制度、科层制组织传播和一定的节庆传播形式。少数民族地区的民众在新闻媒体不发达的情况下的新闻参与程度也不高。从少数民族的日常生活上来看，少数民族群众近距离与政府的机构部门进行打交道的次数也是有限的。此外，他们对如何通过媒体进行政治参与知之甚少。比较而言，新闻参政中通过大众传媒这一渠道进行政治参与，表达自己的观点与提议、与政府进行话语沟通、参与行政机关举办的政策听证会等新闻实践活动需要较高的参与成本，而且需要民众拥有必备的媒介技能和参政技巧，新闻参政门槛较高，这样一来在媒介使用这一最初步骤上就无形中为文化水平较低、经济发展程度不高的少数民族

群众设置了一个天然的屏障，从而抑制了其在现代民主社会大环境下进行新闻参政的积极性和热情。因此，在主流的政治参与中常常会出现许多少数民族群众只能望“政”兴叹的尴尬局面。

如何通过掌握大众传媒特别是新兴媒体，建设少数民族地区的经济，打好新闻参政的基础，增强新闻参政的能力，将新闻参政与开发边疆地区和民族地区城市化进程结合起来，改善社会政治关系的疏离性，成为了新闻参政的首要任务。

三、地方政府对少数民族地区发展规划倾向影响少数民族地区的新闻参政

党和政府从成立的初期，就极其重视少数民族地区的建设问题，在不断对我国少数民族实际情况了解深化的情况下，提出了在主要的民族聚居地区实施“民族区域自治”的政治管理制度，并将其作为国家的基本国策确定下来。民族区域自治制度主要是指，“在国家统一领导下，各少数民族聚居的地方实行区域自治，设立自治机关，行使自治权的制度。民族区域自治制度是我国的基本政治制度之一，是建设中国特色社会主义政治的重要内容。民族区域自治制度就是在统一的祖国大家庭里，在国家的统一领导下，以少数民族聚居的地区为基础，建立相应的自治机关，设立自治机关，行使自治权，自主地管理本民族、本地区的内部事务，行使当家做主的权利”①。因此，从目前的政治建设格局上来看，我国少数民族地区的政治社会生活主要是地方政府来进行把关。

在目前的少数民族现代化建设规划中，地方政府往往起到了一个中层表决体系的作用，它是联系少数民族群众与中央政府的重要纽带。实行民族区域自治的地方政府依据自己对国家政策的解读和对地方具体地情的了解制定适合少数民族自己发展的方案和措施。因此，它们的决策直接影响了少数民族地区的发展方向，它们的倾向影响着整个少数民族地区民众的倾向。从目前实践的状况来看，许多少数民族区域自治的地方政府把大量的精力和物力都投入当地的经济建设中去了，对于民主政治的重视程度不够，甚至地方政府在发展中很是回避民众的民主政治参与，认为民众文化水平低、政治视野不高，因其政府工作的繁重也很疲于抽出人力、物力与民众进行政府策略的互动交流。这样的政治倾向往往在政策实施落实后，民众无法解读，导致民众产生排斥心理，不愿配合工作，甚至在恶劣的情况下酿出严重的少数民族地区群体事件。因此，少数民族地区的地方政府应该提高其媒介素养，正确对待国家所提倡的民主政治参与政治方式，认真落实我国人民当家做主的政治理念，在地方建设规划中可以看到新闻参政对于地方政治的积极作用，将其真正融入民族区域自治的基本国策中去。

四、宗教信仰意识影响少数民族地区新闻参政

宗教作为一种信仰的体系，必然包括一套独特的价值观念；宗教作为一种实践的体系，在其发展过程中必然会形成独特的组织机构；而坚持某一宗教信仰并参加其组织机构的人就形成独特群体。在我国众多的少数民族的历史文化发展中，宗教信仰已经成为一个最为显著的特征备受关注。宗教信仰常常是少数民族群众树立其人生观、世界观和价值观

① 百度百科. http：//baike. baidu. com/view/37134. htm? fr=aladdin.

的基础，也是他们族群认知的心理出发点，影响着少数民族对于政治的情感、评价和偏向。在我国，据数据统计我国信仰宗教的人数已有3亿人左右(童世骏、刘仲宇，2005)，而少数民族信仰宗教的比例是很高的，甚至有些少数民族的宗教信仰基本达到全民族信教的极高程度。少数民族地区宗教信仰的情况也是较为复杂的，基督教、佛教、道教、伊斯兰教等宗教在民族地区广为流传，在某些地区甚至错综杂乱，我国学者郑生忠对西部少数民族宗教现状进行了统计："西藏少数民族以藏族为主体大约281万人，西藏的世居民族几乎全民信仰藏传佛教。甘肃是44个少数民族聚居的多民族地区，少数民族人口占总人口的9.38%，宗教上甘肃五大教派并存，是中国藏传佛教和伊斯兰教重要的发源地，道教也有很长的传播历史，基督教的传播和信仰则较晚。青海省是一个多民族杂居的地区，少数民族聚居区的面积占全省总面积的98%，据2007年统计，少数民族有218万人，占全省总人口的42.76%，有藏族、回族、土家族、撒拉族、蒙古族5个世居少数民族，藏族全民信奉藏传佛教，回族全民信仰伊斯兰教，土家族信仰藏传佛教，撒拉族信仰伊斯兰教，蒙古族信仰藏传佛教。新疆维吾尔自治区是一个多民族小聚居、人杂居的地区，共有47个民族，其中世居民族13个，新疆群众信奉的宗教主要有6种：伊斯兰教、佛教(汉传佛教、藏传佛教)、基督教、道教。信教群众约810万人，占全疆总人口的56%以上，另外，萨满教在一些民族中也为许多人所信仰。云南是中国民族最多的一个省，也是宗教类型最多、宗教文化最丰富的一个省，云南人口在5000人以上的26个民族都有宗教信仰，其中回族全民信仰伊斯兰教，傣族、藏族、布朗族、阿昌族、德昂族5个民族基本上也是全民信仰佛教。据2007年统计，道教信徒约5万人，基督教信徒约30万人。内蒙古自治区是一个多民族、多宗教的少数民族自治地区，现主要有5种宗教：藏传佛教、汉传佛教、道教、伊斯兰教、基督教，全区信教群众约80万人。四川省位于中国西南部，是一个多民族的大省，有55个少数民族，据2000年全国第五次人口普查统计，四川少数民族人口415万人，四川现主要有四种宗教，即佛教、道教、伊斯兰教、基督教，截至2005年底统计结果，全省有信教群众800余万人，宗教活动场所2165个，宗教教职人员55833人。"①

从郑生忠的总结上我们可以看出，在西部少数民族聚居的民族区域，宗教在少数民族的生活中占据极度重要的核心位置，对这些少数民族的生活习俗、民间文化、文学艺术、道德价值观念、心理素质等各方面有着深刻的导向作用。在少数民族地区，民族问题往往与宗教问题是交织在一起的，因此，我国民族政策往往与宗教政策相结合，强调在少数民族聚居的自治地区所有的政治建设都必须以尊重少数民族自己的宗教信仰和民族习惯为前提，在宗教信仰气息浓郁的少数民族政治建设上，政府在政治决策制定时必须充分尊重少数民族的宗教信仰，少数民族地区的行政权力行使、政党体制、地方法律法规、民族政治传播都与宗教信仰关系密切，甚至在国家政治生活、政策落实上都充分依照民众的宗教信仰习惯。这种宗教性的政治文化语境下生存的少数民族有着其独有的人格理想与心理需求，他们对宗教领袖的皈依与崇拜同样也深刻影响着其新闻参政的实施。

① 郑生忠．社会转型时期我国西部少数民族宗教问题研究[D]．西安：陕西师范大学，2012：14.

第四节　新闻参政在民族发展中的价值

新闻参政作为一种现代的政治民主建设的表现形式，对少数民族地区的政治发展有着重要的特殊价值。

一、新闻参政促进民族国家身份认同

我国是一个多民族聚居的国家，由于社会历史原因形成了少数民族边沿国疆、深入山地的聚居分布特征。1949年以前，我国众多少数民族的种类导致其在族群的身份认同上呈现多元化的特质，比较混乱。中华人民共和国成立后，随着国家政治制度的逐步完善，少数民族毋庸置疑地被完整纳入国家建设之中，国家依据政策的执行和统一制度的确立，来建构国家内部民众的民族认同和国家认同，少数民族传统的个体化的单一的身份认同形态由此发生变化。少数民族长期以来一直存在一个国家认同与族群认同的问题，认同问题是交织着民族文化与政治观念的认知问题，如何让少数民族认识到其国家属性，如何增强少数民族与国家的关联性，特别是我国边界的跨境民族的认同感塑造，如何培养各少数民族在中华大家庭里的凝聚力，长期落实"政治一体、文化多样"的团结关系，成为少数民族地区政治建设的基本任务。

从各国各民族的历史经验来看，大众媒体在团结各民族，整合文化差异，连接人与人，培养不同民族对国家的主流政治策略、政治属性和政治文化的赞同，培养爱国爱党的国家认同感方面都能起到重要作用，尤其是新闻参政在国家与民众间搭建了一座良好的沟通桥梁。

今天，社会已经进入传媒资讯时代，报纸、杂志、书籍等印刷媒介和电视、广播、电影、互联网等电子媒介这些宣传工具源源不断进入各民族社会成员的生产生活，在大众传媒所传播的关于国家与民族认同信息内容的潜移默化之中，各民族地区的民众会渐渐塑造自己的认知理念。

大众传媒从其社会功能上来说有着社会监控与公共服务的两种重要职能，体现在民族认同上便是：第一，进行少数民族地区国家认同的监控，组织各民族支持党和国家的各项政治工作，新闻参政制度更是将大众传媒的这项功能合法合理地发挥出来。今天不仅发达国家，而且发展中国家都在通过大众媒体广泛征求公民对于国家政策、法规、执政理念的方面的意见和建议，使之得以修正和完善，作出科学的、民主的决策，从而推动经济、政治、文化进步，事实上，这就是一种典型的新闻参政的实践活动。第二，服务少数民族群众的政治需求，从而保障少数民族群众的政治参与权利。新闻参政事实上在维护民族地区的群众权利、地位平等、沟通交流上是处于中间的公共平台上，从政治的话语权的平等上促进少数民族的政治权益，在边远与主流之间提供交流的可能，少数民族同胞通过媒体可以接收到国家对于政治建设的第一资讯，在解读民族政策、构建民族与国家形象、定义民族关系、巩固民族政治权利、凝聚民主认同等多方面都有着独特优势，同时少数民族地区的群众还可以通过新闻参政这个新的民主参政形式将自己对民族政治的诉求与主张表达出来，可以说，新闻参政的重要性是不言而喻的。

大众传播媒介作为执政党、政府和人民的喉舌，以实现党和政府的宣传主张为目标，引导社会舆论导向，新闻参政也在国家意识的控制之下。在广播电视新闻中，新闻参政主要受到传统媒介所主导的政治舆论影响，民众通过广电新闻了解党和国家，学习社会政治和文化知识。现今，新媒体对于民族问题上的影响凸显，特别是互联网、手机通信等电子媒介，除受国家安全控制外，其个体参与力度明显高于其他媒介，少数民族群众对于政治文化的筛选与传播也更具有个性需求，来自百姓中的真实声音更能唤起民众的民族国家认同。党和政府要重视网络安全，重点打击那些利用网络进行造谣生事来煽动、鼓动破坏民族团结、消解国家认同的境外分子，严厉打击利用民族问题进行恐怖活动的反人类行为。

只有正确认识到了发挥大众传播媒介在民族国家认同中的积极作用，杜绝消极影响，使新闻参政正式在少数民族地区确立下来，才能够对民族国家认同起到更好的推动作用。

二、新闻参政有利于促进民族自觉意识

在少数民族地区，民族的自觉意识有着两层含义：首先，是对本民族文化成果的自觉，对本民族文化有着自己的实质性领悟，对其熟知、认知、理解、接受、拥护并且热爱；其次，是对中华民族的自觉意识，就是说少数民族要对自己所属的国别、文化实体进行自觉，尊重中华民族的历史与文化核心价值，自觉继承其思想意识，爱国、爱党，承认“中华民族多元一体”的民族格局。这种具有我国鲜明传统的民族自觉意识是不同于其他西方国家的，是中华人民共和国的民族自觉传统，也是现当代社会全球化变迁中中华民族的国族认同与各民族自觉的基本立足点。

在少数民族地区的民族自觉的历史进程中可以看出，由最初激进的民族战争的强制认同，到中华人民共和国推动的和平的民族自觉统一建设是来之不易的，中国的民族自觉特别是少数民族的民族自觉应该从过去的对抗、闭锁向和平、主动、开放的方式转变，一个优秀的民族，必然具有优秀的民族文化精神。当下，民族的团结、族群的自觉和国家的认同成为我国民族凝聚力和创造力的重要源泉，越来越成为影响我国综合国力的重要因素。“更加自觉、更加主动地推动社会主义文化大发展大繁荣”,① 是党的十七大提出的战略任务。新闻媒体生产的主要是精神文化产品，新闻媒体是国家文化的基础产业和主要传播渠道，在建设社会主义优秀文化的过程中，肩负着宣传、监督和引导的重要使命，新闻参政正是将这一重要使命进行实践的现代民主参与政治体制的一个部分。应该看到，少数民族地区的民族自觉仍处于不断巩固和强化的阶段，当前的少数民族的民族文化自觉与国族建构仍未完成，通过新闻参政的和谐手段促进民族自觉，求同存异，将会具有积极的作为。积极稳妥地推进新闻参政中中华民族政治参政的话语建构，依照少数民族能够接受的话语交流方式，以少数民族听得懂、愿意懂、真正懂的认同来进行民族自觉意识培养，是民族地区新闻参政的特色之一。

在过去的新闻媒体中对待民族自觉的信息处理往往采取狭隘的理解方式，加上一些不法传播途径中的不良民族信息在个体民族自觉上的过分强调，造成了严重的民族问题，在当代复杂的国际政治环境下，我国的民族国家意识的觉醒和加强已经显得刻不容缓，在西

① 刘云山．更加自觉、更加主动地推动社会主义文化大发展大繁荣[N]．人民日报，2007-10-29.

方国家颠覆势力的煽动之下，不断夸大一直隐藏在中国国族中的模棱两可的单一民族国家观和宗教极端思想，使得“倒退”的国族话语又被重新提起，对我国民族地区建设构成威胁，少数民族地区的新闻参政应该正视这些不良话语建构，为塑造我国正确的民族自觉努力。实行少数民族地区的新闻参政，关注民族自觉关系的重构与建构，正确把握民族自觉的意义。新时代下，民族自觉关涉着经济、政治、社会及文化各个层面，通过新闻参政在多种民族的各种语言中区分出其合理合法的要求，从而能够正确分辨出问题存在的关键，并进行行之有效的解决，才能使得少数民族的民族自觉意识将国家认同与民族认同相结合，有助于真正构建当代中华民族的精神文化良好生态，实现中华民族的当代再造。新闻参政成为文化民族自觉的重要途径，可以抑制过度的国族集聚，并产生积极的政治功能。民族的文化自觉以及各民族的和谐共生传统是中华传统中各民族自觉的本质表现，中华民族的精神传统被这样的本质不断地丰润和增益，以此看来，中华民族的民族自觉可以通过新闻参政面向全球文明重建，新闻参政必然在现时代人类精神的重建过程中产生无可限量的贡献。

三、新闻参政促进民族团结进步

民族团结是社会主义民族关系的基本特征和核心内容之一，也是中国共产党和国家所追求的目标。社会主义社会各民族之间的团结，是以中国共产党的领导和党的团结为核心的，是以社会主义制度和祖国统一为基础的。在拥护祖国统一、各民族团结的话语论战之时，我国政府宣传的大众传媒理应注重抢占话语高度，充分营造属于我们自己的媒介生态环境，达到积极的预期传播效果，才能够充分发挥其正确的舆论引导功能。在新闻参政过程中要牢牢掌握话语权和主动权。因为少数民族地区自身的传媒产业发展态势直接影响着该地区的政治生活，它关系到少数民族地区的安定、团结，针对目前少数民族地区新闻传媒参政意识的薄弱状态，促进新闻参政的推广势在必行。

目前，少数民族地区的群众使用媒介和关注媒介传播内容已然在少数民族日常生活中成为一种“新型现代仪式”，这种媒介化的视野成为少数民族认识事物的方法依据，他们可以通过接触媒介来消除认知的不确定性。媒介时代的少数民族地区发展，人们也开始了高度依赖媒体的生活，消费媒介“产品”的同时也消费着媒介“产品”中的思维倾向，于是少数民族对于开放初期的认知环节就主要是媒介化后的参照标准和判断逻辑，对我们国家的政治期待也受到了所能接触到的大众传媒对于政治期待的影响。媒介给少数民族的政治参与也塑造了一个“拟态环境”，模糊着少数民族对于现实政治与虚拟政治期望之间的界限，使得少数民族很容易被煽动起来，形成媒介化仪式聚集，可以毫不夸张地说，大众媒介目前在少数民族的政治涵化功能、政治“裁判”角色、政治教化作用已经达到其他传统方式无法达到的强度。

在当下的大众传播时代，“对内传播”与“对外传播”相互渗透、边界模糊，所以，少数民族地区的新闻报道应该立足日常性的民族团结进步创建的舆论营造，对国家的政治方针政策进行正面宣传，提供与敌对势力同等力量的话语传播力。首先，应该坚持长时间、持续性、战略式地对我国党和政府的政治决策进行正面宣传，通过运用少数民族喜闻乐见的传播方式进行，如仪式传播、视觉传播等传播载体来生动展示我国最新的政治、经济、文化、教育、民生、科学技术等方面的成就，培养少数民族为祖国而自豪的荣誉感；积极传播少数民族地区的民族团结先进事迹，树立少数民族团结的榜样，使各民族群众有主动效仿的动力；报道少数民族地区在改革开放后在党和政府领导下所取得的成就，这样能够增强少数民族对党和政府的信任感；以据理力争的全面事实报道来反击西方破坏势力的报道不实与漏洞，正确解读西方反华势力所报道与提倡的片面观点，解读其矛盾与不符合实际之处，如拿中国的人权与宗教问题来抹黑我国政治建设，这样能够让少数民族群众的判断更加理性与透彻，积极通过新闻参政来进行信息的沟通与答疑解惑。其次，重视民族“节点”时事，集中传播“火力”，进行热点、难点、疑点问题的沟通，疏通民族矛盾和民族群体性事件。如反恐事件等在发生的初期就主动进行信息高度占领，报道事件的全貌，表达党和政府坚决的一贯政治立场，对那些不法势力的话语进行直接的反驳，揭露其丑恶嘴脸和隐藏的野心，让群众切实感受到“团结是福、分裂为祸”的事实真相，增强各民族在事件信息混乱时期明辨是非的能力，维护我国和地方的政治稳定，在话语空间领域占领主动权，树好形象，充分发挥民族新闻参政工作的参谋助手、桥梁纽带、组织协调、宣传引导、管理服务的职能作用，争当贯彻落实民族政策的带头人、反映民情民意的代言人、为各民族解难释疑的贴心人、民族团结进步安定的促进人，在少数民族地区的新闻参政活动实践中也要积极响应。

国家的统一、安定与民族团结是中华民族的根本利益所在，符合中国社会发展的历史潮流。只有维护民族团结、实现国家的完全统一，才能更好地凝聚整个民族的力量，加快国家建设的步伐，更好地在国际上展现中华民族团结奋进，朝气蓬勃的雄姿，使中华民族以良好的姿态与形象在国际舞台上露面。从我国历史上可以找到各民族共同奋进、相互融合、求同存异、同舟共济、共同抵抗外来侵略者的先进事迹，应该看到民族团结是我国优良的民族传统之一，重现、重提和重构这样朴实而崇高的意识也是当下我们进行民族新闻参政的又一实践内容，正是这样顺应民心的思想才造就了今天完整的中华民族，中华民族才没有解体、没有屈服。在新闻参政中，国家的统一，各民族兄弟姐妹的团结是需要去深层挖掘的参政资源，也是在民族地区政治建设中克服困难、战胜困难的法宝，它奠定了少数民族地区新闻参政的基调，同时，新闻参政也可以不断促进民族团结意识，新闻参政提供了民族团结得以巩固和发展的现代支柱，也是民主团结、生动活泼、安定有序的政治局面的保障，更是增强综合国力和中华民族凝聚力，实现社会和谐的基础。

第十章 新闻参政力的建设策略

在我国，新闻媒体享有对政治进行监督和批评的权利，并在实际工作中发挥着重要的监督作用。新闻媒体应反映人民的合法诉求，表达人民的自由意志，让各种思想观点碰撞交融，由此成为有效推动政府工作和社会民主化进程的重要力量。新闻参政是新时期新闻媒体的重要职责和任务，如何有效地提升新闻参政力，充分发挥新闻媒体的耳目喉舌作用，便成为绕不开的重大话题。

第一节 建立健全新闻参政机制

近年来，我国新闻媒体在引导社会舆论、监督政府工作、推动社会主义民主进程等方面发挥着日益显著的作用，逐渐成为社会政治文明发展的有生力量。为进一步营造良好的社会舆论环境，并为社会公众充分参与政治生活、表达自身诉求提供一个简单快捷的平台，新闻媒体首先必须注重建立和健全合理、有效的新闻参政机制。概括来说，在新闻参政中急需建立健全的机制主要有以下几个：

一、监督机制

被称为美国“新闻自由之父”的杰弗逊总统明确主张，报纸应对政府提供一种其他机构无法提供的监督作用。随着社会民主政治的发展，新闻媒体逐渐取得了独立于国家政权之外的地位，成为监督国家政权的有力的舆论工具。新闻参政的特质放大了这种监督政府的“第四权力”。① 这种监督作用体现在新闻媒体对国家行政机关的监督，对权力运行部门的行政执法、职能运行、党风廉政、为民服务等方面的监督，以及对社会不良现象的监督等。新闻媒体传播信息速度快，影响力较大，对促进社会各部门各机构之间的有效协作及提高党的执政能力都有着十分重要的作用。新闻媒体需要什么样的监督机制？陈思维提出的“三六机制”也许较为合理，“三六机制”的“三”是指新闻媒体监督的三个作用阶段：事前监督、事中监督和事后监督；“六”是指新闻媒体监督的六个基本着眼点：预防、披露、支撑、推动、导向和完善。②

当然，新闻参政的监督机制，除了上述的对社会的监督外，也必须有一套严格的自我监督机制。新闻媒体的工作人员在实行新闻参政时，尤其应注意从业者自身的素质。新闻工作者绝不能只为博取大众的眼球，而是要树立起一种对党、对人民、对事业高度负责的

---

① 沈国麟．控制沟通：美国政府的媒体宣传[M]．上海：上海人民出版社，2007：115.

② 陈思维．关于构建我国新闻媒体监督机制的思考[J]．中国水运，2006(4)：56-58.

使命感和责任感。因此，新闻工作者要有较高的理论水平和政策水平，要有较强的政治敏锐性和政治鉴别力，有较强的参政责任感和使命感。正确理解、运用舆论监督的权力，准确把握舆论监督的方法和形式，围绕改进工作、解决问题、增进团结、维护稳定这个核心，客观公正地进行报道和评价，确保正确的舆论监督方向，增强舆论监督的公信力和影响力，使新闻舆论监督达到增进党和政府的威信、推动群众切身问题解决的良好社会效果。

二、运行机制

新闻参政的运行机制是维持社会有序、健康、协调发展的一种重要的社会机制，它是政治文化生活的重要组成部分。建立和完善新闻参政的运行机制，是社会民主政治发展的前提和保障。因此，必须要建立一系列行之有效、责任明确、容易操作、规范有序的运行机制。

首先，新闻参政运行机制必须建立一个能够有效地组织、协调、指导、管理、服务参政工作的专门机构，培养具有专业素养的新闻参政工作人员。该机构负责整个新闻参政工作的组织、宣传和协调，同时也负责制定一些参政工作的规章制度。

其次，新闻参政运行机制必须建立一整套选题的形成方法。所选议题既要适应新闻参政工作的特点，又要能够发挥新闻参政的整体优势，要具有前瞻性、可行性、典型性、政治性、群众需要性等特点。在选题确定后，还应该进行广泛、深入的调查研究，综合各种材料和观点，确保所提建议及意见有深度、有见解，在经过一定的审查、批准程序后上报相关部门。

最后，新闻参政运行机制必须建立信息的搜集、处置和应对机制。应有专人负责每日新闻阅评，对主流媒体报道的重大事件、所进行的批评及所提的建议进行跟踪搜集和分析，随时向相关部门汇报，定期进行舆情分析，并将处理过程纳入行政程序，形成媒体报道的搜集、处置和应对机制。此外，“要加强对整个过程的分析评判，对一定时期发生的事件，要进行深入分析梳理，并提出综合改进措施，进行有针对性的新闻信息沟通”①。

三、支持、保障机制

将新闻参政能力建设纳入法治化建设的轨道，是新闻参政亟待解决的问题。法律管理是建立和维持新闻参政工作可持续发展的有力保障。事实上，也只有在法律保障下，新闻参政才能得以实现。因此，我国应尽快建立和完善新闻参政的法律法规。众所周知，我国目前没有专门的新闻参政的法律法规，甚至连专门的新闻法都还没有，在发生问题时一般参照宪法或者其他相关法律及条例等，很多时候法律的严肃性也受到了质疑和挑战，真正以法律规范为特征的新闻参政支持、保证机制亟待建立和健全。

四、激励机制

新闻参政的目的就是要最大限度地凝聚新闻工作者、广大民众及政协人士的智慧与力

① 张径伟，郭晴．构建新闻媒体监督机制的研究[J]．中国报业，2012(10)：29-30.

量，最大限度地增强他们对社会事务的关注度，增强政府的凝聚力和向心力，推进现代民主化进程。新闻工作者、广大民众及政协人士的积极性和参与性对于实现新闻参政、促进民主政治发展具有重要的、基础性的意义和作用。建立新闻参政激励机制，把公民权益与政府利益和新闻工作价值有机地结合在一起，才能实现多方"共赢"。

(1)期刊、广播、电视、网络等新闻媒体，应当有一定的版面和时间，报道新闻参政议政工作和优秀提案、优秀撰稿人，有助于激励新闻媒体的政治热情。

(2)对公众、新闻媒体或新闻参政工作人员的提案、专报、反映的社情民意一般应当及时反馈、明确答复，即使有错误、不全面、不了解真实情况等问题，也应当采取适当方式给予答复，而不至于挫伤反映者的积极性。

(3)政府、新闻媒体等机构应当对优秀的提案给予表彰和奖励。

总之，新闻参政必须有一套机制，还要不断地给予完善。在新闻参政的过程中，必须统筹兼顾，建立健全以新闻媒介为主体、社会监督为基础、行业监管为辅助的综合引导机制和全员联动机制，以推动新闻参政工作的顺利进行。

第二节 把握新闻参政的核心

从古至今，新闻媒体便不断尝试以舆论参政为核心的参政模式，对社会政治发展与进步起到了至关重要的推动作用。新闻媒体是舆论的载体，其对国家、社会的监督是通过舆论来进行的，舆论是新闻媒体最为强大的武器，这在古今中外皆然。舆论参政是新闻参政的核心，新闻媒体运用舆论来影响人们对社会焦点、热点问题的关注和看法，引导人们对社会新闻事件进行全面和理性的思考，从而使他们按照社会管理者制定的路线、方针、规章从事社会活动，或为管理者建言献策以改善管理。

一、作为新闻参政核心的舆论参政对政治文明的贡献与影响

舆论参政在现代化民主进程中发挥着十分重要的作用。它通过新闻媒体这一承担舆论引导工作的主阵地，让公众了解情况，表达意愿和心声，进而行使法律赋予的监督和参与权利，影响公共决策。舆论参政是权力制约机制的重要组成部分，是培养民主作风的重要途径。与此同时，在政治现代化的进程中，新闻媒体通过舆论监督行使的参政议政权力已是普遍的社会现象。毫无疑问，这是民主政治发展的必然要求。

近年来，新闻媒体舆论参政的能力逐步增强，其在我国的政治生活中的地位也呈现出逐步上升的趋势。但这并不是说我国新闻媒体的舆论参政已令人满意，事实上，舆论参政在我国政治文明建设的进程中也存在着诸多的矛盾和问题。比如：我国新闻媒体的舆论参政并不都是在稳定和高质量的基础上进行的，特别是以当前的网络舆论为代表的新闻舆论，其随意性更高，真正有价值的舆论较少，而发泄私愤的、毫无意义和价值的舆论反而不少。同时，我国政治系统还没有形成完善的舆论引导和调控机制，还没有形成良好的舆论监督环境。此外，我国新闻舆论发展的一些负面作用也开始暴露出来。这些问题都不利于政治文明建设的顺利推进，这是当前社会主义民主政治建设所面临的一个挑战。

在这种情况下，我们必须对新闻舆论与政治文明的关系作出较为理性和客观的分析，

为新闻舆论在政治文明系统中找到合理的位置，明确舆论参政发展的思路，使舆论参政真正成为我国政治文明建设的重要组成部分，设法使舆论参政能够在社会主义政治文明的轨道上有序、高效地运行。

二、完善以舆论调控为核心的新闻参政制度

舆论参政不仅是全方位的，而且是全过程的，其应该覆盖舆论的生成、表达、扩散、影响及消退等舆论产生和发展的全过程。因此，有必要完善以舆论调控为核心的新闻参政制度，有针对性地建立和完善以舆论调控为核心的舆情收集与分析制度、舆论引导与调控制度以及舆情反馈与总结制度。

(一)进一步完善舆情收集与分析制度

舆情是“舆论情况”的简称，是指在一定的社会空间内，围绕中介性社会事件的发生、发展和变化，作为主体的民众对作为客体的社会管理者及其政治取向所产生和持有的社会政治态度。它是较多群众关于社会中各种现象、问题所表达的信念、态度、意见和情绪等表现的总和。① 不同形态、不同层次的舆情共同营造的舆论氛围，就是舆论环境。舆论环境是社情民意的综合反映，要确保正确的舆论导向，首先要了解真实客观的舆论环境。②通过多渠道的信息搜集，了解公众最渴望、最迫切地想知道的东西，从而改变策略，公布公众最关心的信息：如危机事件的事件、地点、原因，事件的现状和发展趋势，事件涉及的对象以及政府的初步应对策略等。

随着网络等新媒体的迅猛发展，网络舆情作为当今社会民情民意的代表，以越来越强大的声势引起了社会各界的广泛关注。但任何一枚硬币都有它的正反面，网络舆情也是把双刃剑，它在真实地反映公众心声的同时，也出现了一些不和谐的声音。比如，海南“蕉癌事件”的报道就很值得我们深思。2007 年 3 月，一则“香蕉致癌”的谣言在社会上广泛传播。“吃香蕉能致癌”，此类言论一经新闻媒体的报道，便引发了众多人的关注，很多人“谈蕉色变”，导致海南的蕉农即使把价格降到 5 分钱 1 斤都无人问津。可见，新闻媒体如果对信息的真伪不调查、不取证，盲目跟风报道，再借助其传播速度快、传播范围广等特点，只会大大加速虚假信息的传播速度和广度。尤其是在网络中，随意的、虚假的或者有着不良居心的言论一经传播，很快就会因转帖、转发、分享到朋友圈等方式而形成大面积传播，进而形成社会公共事件。开放的网络使“每个人都可以采写新闻，每个人都成为记者，或者每个人都是自媒体”成为可能，但这给舆论调控带来了更多的复杂因素。近几年的微博谣言传播就是例证。因此，从中央到地方，必须层层建立舆论信息搜集与传递中心，尤其是要建立和完善社会舆情调查网，开展及时的舆情收集，以便将舆论运行过程中的各种情况及时、准确地反馈给各级新闻舆论管理部门。

目前，很多新闻媒体都建立了舆情收集分析制度，但仍需进一步完善。新闻媒体在组织专人或组建专门的数据调查分析机构搜集到相关调查数据之后，再组织专家或专门机构

---

① 百度百科 . http：//baike. baidu. com/view/737646. htm？ fr=aladdin.

② 雷跃捷，唐远清 . 论如何建立健全舆论引导工作格局和工作机制［J］. 现代传播，2007(2)：32-34.

对舆情进行分析和判断，为正确的舆论导向提供依据。而舆情分析的重点则是：舆情产生的深层次成因、现状、发展态势、发展的方向、强烈程度，以及对社会政治、经济、文化等方面的影响等。在分析中，尤其要关注其对社会稳定是否存在着潜在危险，并为舆论参政做足准备。

(二)建立健全舆论调控制度

"舆论引导工作的核心，就是在舆情分析的基础上，及时实施正确的舆论调控与舆论引导。舆论调控并非只在舆论形成后才开始，在舆论发展的不同时期，舆论调控都是不可缺少的。而且，如果有了正确的舆情分析，在舆论表达和舆论扩散阶段便提前进行舆论调控，往往会取得事半功倍的效果"①。

由此可见，在舆论参政中建立健全调控机制的重要性。

1. 强化技术手段在舆论调控中的应用

在庞杂的网络信息中，利用搜索引擎技术和后台数据筛选技术进行浏览和查找以采集到舆情信息的原始数据，然后分析舆情信息的时间与空间分布情况，再通过组织报道、策划专题等多种新闻报道手段和多渠道对舆论进行正确的调控。

2. 培养意见领袖

当前，社会公众主要使用的媒体是网络。在网络论坛、BBS、微博和微信等各种平台上，活跃着一些意见领袖，他们具有不同的背景，主要成分是网络知识分子。这些意见领袖通过及时和积极的言论，对大多数网民具有引导作用。在网络舆情调控中，对"意见领袖"的言论加以强调，安排在网页较为突出的位置，以实现引导舆论的目的。在一些涉及民生、经济、政治的重大问题上，新闻媒体要邀请有经验的新闻评论员和相关专家对问题进行理性、全面、深入的分析，主动引入政府机构的权威信息，强化主流言论，孤立非主流言论，从而实现对舆论的调控。

3. 树立舆论传播的权威性

在舆论调控的过程中，面对鱼龙混杂的各种信息，公众最需要的便是由权威性的媒体机构发出的信息。因此，权威是舆论管理部门和舆论传播主体必须建立起来的。比如，新闻媒体要严格把控信息传递的过程，要严防虚假、不良信息的出现。一旦出现了舆情，政府部门要及时针对舆情环境，迅速组织专门力量进行舆论调控，组织媒体对公众进行信息公开透明的报道，还原事实真相，充分满足公众的知情权，让谣言不攻自破。再随之提出有效的、全面的、客观的改进措施，进行有针对性的信息沟通。如马航 MH370 飞机失联事件就是一个很好的例子。2014 年 3 月，从吉隆坡飞往北京的马来西亚航班 MH370 失去联系，机上共有中国乘客 154 名(其中中国大陆地区 153 人，中国台湾地区 1 人)。事件一出，新闻媒体迅速组织力量进行了全方位、多角度的报道。针对网上一系列的不良言论，媒体也逐一进行有针对性的答疑和解惑，使沸沸扬扬的舆情得到控制，回到正常的新闻报道轨道上去。

因此，在面对社会突发事件、热点和焦点事件时，政府应引导新闻媒体建立健全突发公共事件传播、答疑、反馈的新闻报道机制。政府部门要及时获得并分析目标受众的反馈

---

① 彭祝斌，邓崛峰．论科学构建舆论引导机制[J]．湖南大学学报，2010，24(2)：135-139.

信息，改进危机处理措施，做好专题报道策划，完善新闻发布制度，确保正确的舆论导向，充分发挥舆论参政的功效。

(三)加强舆情跟踪反馈

舆论传播是一个双向传播、循环反馈的过程。通过反馈，能使公众与事件主体之间形成互动，更能调动起公众、媒体和政府部门之间的三方联动效应，从而有利于反映出各种意识，并形成社会整体意识。由此可见，建立起一套科学的舆情跟踪反馈制度，能使舆情收集、处理、传递等环节有章可循；能保证舆情的反馈及时、迅速到位；能推动众意走向民意，促进民意形成政策。

近些年，很多地方的宣传部门都与新闻媒体或新闻院校的教师结合起来，建立了新闻阅评员制度，由专人负责收听、收看每天热点新闻栏目，并在看完的一小时内发送信息进行反馈，具体阅评内容为：对主流媒体反映的社会各个领域内发生的重大批评、曝光、建议等进行跟踪收集，并将处理过程纳入行政程序，定期进行舆情分析。实质上，新闻阅评制度就是在新闻管理活动中提炼出来的优化新闻媒介的整体结构、协调各种新闻关系、加强舆情跟踪反馈的整体效率的一种习惯累积，表现为一系列新闻阅评活动、文本等。当前，新闻阅评已经成为新闻媒体管理中不可或缺的重要组成部分。

综上所述，新闻参政的核心在于“舆论参政”，要做好“舆论参政”进而发挥新闻参政的效应，就应该建立多渠道的信息搜集与分析、调控、跟踪反馈机制。新闻媒体应当形成自己有效的信息源，将从政府部门、民间机构、传媒单位等获得的信息进行整合，及时了解掀起舆情的事件的全貌然后作出正确的应对措施和信息发布策略。

第三节　在“四个转变”中做好新闻参政

新闻参政工作要想真正落到实处，必须实现四个转变：从“政府为本”向“公众为本”的转变；从“只管传播信息”向“追求传播效果”的转变；从“被动接受采访”向“主动发布信息、策划媒体事件”的转变；从“抓传统媒体”向“全媒体传播”的转变。

一、从“政府为本”向“民众为本”的转变

新闻媒体必须为人民群众服务，这一点是毋庸置疑的。因此，新闻媒体和政府部门必须贯彻全心全意为人民服务的思想，切实将其落实到相关工作中去。在现阶段，我国的许多政府部门的工作人员及新闻工作者仍抱着“政府为本”的守旧思想，导致新闻只讲求宣传性，报道内容取向完全取决于政府的态度和关注点，只注重向上看，忽视向下看。久而久之，新闻信息只有上情下达，没有下情上达，民众的呼声和意愿没有得到表达和关注，使政府与民众未能进行有效的沟通和交流，民情不彰，政府施政可能出现偏颇。为此，必须转变陈旧的观念，在新闻参政中坚持以“民众为本”，把人民的利益作为一切工作的出发点和落脚点，不断满足人们的多方面需求和促进人的全面发展。

从价值取向上看，以“民众为本”标志着社会更加尊重人的价值、尊严和自由，以促进人的全面发展为旨归。从思维方式上看，以“民众为本”体现了一种从客体思维转变为主体思维的转换思想，它标志着“政府在分析、思考和解决一切公共政策问题时，将社会

公众视为顾客，坚持顾客导向，追求顾客满意，以最终实现公共服务质量的改善以及人的全面发展的目的"①。从管理方式上看，以"民众为本"的政府管理模式，意味着我国政府开始触及政府治理方式的变革，甚至触及执政党执政方式的发展与创新。②

因此，新闻参政必须实现从以"政府为本"到以"民众为本"的转变，全心全意为民众服务，充分听取民众的呼声，解决事关群众切身利益的问题，使公共权力回归到为民服务的本来面目。

二、从"只管传播信息"向"追求传播效果"的转变

从传播学的角度来看，受众的传播效果是传播理论与传播实践结合最密切的研究领域。新闻媒体特别是党刊"是传播党的理论、路线、方针、政策的重要载体，是加强党的执政能力、思想建设等各项工作的重要舆论工具，是确保党在意识形态领域先进性的宣传阵地，是关注民生、反映民意、通达社情、化解矛盾、理顺民心的信息源泉和交流平台"③。新闻的地位、功能与时代特色决定了新闻事业的特殊性。因此，要想提升新闻参政力，新闻工作一定不能只管传播信息，更要努力追求传播效果的最大化。

如何实现"只管传播信息"向"追求传播效果"的转变呢？

(一)选择有效的传播信息

大众传播的过程由传播者、内容(信息)、对象、反馈及技巧等要素和环节构成，而传播效果则是由这些要素和环节相互作用而实现的，每一个要素或环节都会对传播效果产生重要的影响。在对象确定的情况下，要追求传播效果的最大化，传播者必须在信息和技巧上下工夫。而在公众对社会的认识和判断水平大大提升的今天，最能引起受众关注的显然是信息这一因素。

在新闻参政中，新闻媒体要选择"受众必须喜欢且乐于接受的观点进行传播，在潜移默化中实现新闻的指导和教育功能，提高受众的认知能力，增强受众抵御不良思想的辨别能力，实现新闻传播效果最大化"④，从而提升新闻参政的影响力和参与度。

(二)充分发挥公众的能动性

现代传播学认为，传播是传播者与受传者之间，以及传播者和传播者之间、受传者与受传者之间都存在互相交流、沟通信息的多向度的互动过程。在传播过程中，受众并不是完全被动的信息接收者，而是有着积极能动性的因素，对传播效果起着重要的制约作用。因此，要充分调动社会公众的参与意识，拓宽其反馈信息的渠道，并及时处理反馈信息，为今后传播内容的甄选与信息控制提供有力的参考价值，并以此作为政府施政决策的重要依据。

在新媒体时代的信息传播者，公众(广义上的受众)不再是被动的信息接收者，而是积极的能动者，公众的需求与反应直接影响着新闻媒体的走向和发展，影响新闻参政工作

---

① 肖丽雅，金涛．"以人为本"的政府管理理念分析[J]．中国改革论坛，2008(3)：54-55.

② 肖丽雅，金涛．"以人为本"的政府管理理念分析[J]．中国改革论坛，2008(3)：54-55.

③ 张军．党刊如何实现"三贴近"[J]．新闻世界，2011(9)：56-57.

④ 吴文虎．传播学概论[M]．武汉：武汉大学出版社，2000：118.

计划的实施和履行。信息传播必须具有针对性，新闻参政中的信息内容与公众贴得越近，对实际了解得越深，传播的效果就越好；新闻参政中对公众的传播期待和信息需求把握得越准，信息传播的质量就越高。如果我们所传播的信息与公众关心的问题不能“对接”，就等于无的放矢，自说自话。因此，新闻参政工作要深入实际，深入生活，深入群众，了解民众需求，充分发挥公众参政的积极能动性。

三、从“被动接受采访”向“主动发布信息、策划媒体事件”的转变

社会进入网络传播时代后，舆论传播出现新格局。相比起受控、单向、自上而下的传统媒体，网络媒体带给人们的是本体的自在释放，受众不再是被动地接受而是主动地掌握和控制传媒所传递的信息。如果越来越多的个人、组织和团体利用网络等新媒体进行传播，成为传播者，就会对政府机构及其工作人员长期掌控舆论的局面带来巨大冲击，舆论场域将会发生重大改变。在这种情况下，新闻参政不能仅仅在出现焦点、热点舆论事件后才被提上议事日程，当新闻事件已经成为舆论热点时才考虑如何参政，就已经显得滞后和被动了。

因此，政府部门要改变被动接受采访的宣传惯性，积极建立“主动发布信息、策划媒体事件”的机制，全面引导社会舆论。当然，主动发布信息、策划媒体事件是一项十分严肃而又复杂的工作，需要进行周密的策划。

首先，善于设置议程。新闻媒体要紧跟社会热点，把握发展动态，了解社会大众的需求，结合国家的发展需要来发布信息，将全社会的目光集中到国家政治、经济和文化的大发展大繁荣上来。

其次，要善于策划媒体事件。策划媒体事件并不是无根据地编造新闻，而是要有意识、有目的、有计划地根据新闻事件的特点，有效展开一些宣传组织形象的活动，以便引起新闻媒介的广泛报道，产生重大的社会影响。策划媒体事件是一种积极主动的传播方式，是扩大知名度和美誉度的有效办法，也是及时引导信息、促进发展的有效手段。策划媒体事件是一种最为有效的传播方式，策划做得越好，技巧运用得越是恰到好处，传播的效果就会越大，新闻参政的效果也就越好。

四、从“抓传统媒体”向“全媒体传播”的转变

随着社会科技的飞速发展，新媒体得到了迅猛的发展。当今世界，传媒已经进入了一个全新的时代。“全媒体”的“全”不仅包括报纸、杂志、广播、电视、音像、电影、出版、网络、电信、卫星通信在内的各类传播工具，涵盖视、听、形象、触觉等人们接受资讯的全部感官，而且针对受众的不同需求，选择最适合的媒体形式和管道，深度融合，提供超细分的服务，实现对受众的全面覆盖及最佳传播效果。① 在全媒体传播和运营的时代，媒体格局发生了巨大变革，媒体的触角已深入社会的每一个角落，任何信息的变动几乎搭上了媒体的烙印，媒体已成为人们生活中不可缺少的一部分，成为民主政治中参政议政的重要一极，对于促进社会系统的健康运行具有极其重要的意义。

① 百度百科．http：//baike. baidu. com.

在新闻参政中，全媒体的影响无疑是巨大的，它不仅影响着人们的生活方式与思维模式，而且改变了政府的执政方式、执政理念、法治进程，并促进了民主政治的发展。传统媒体和新媒体的合作中，各自都能充分发挥各自的传播优势，及时深入地进行信息传播。并且，全传媒环境的形成，必将使得传播活动范围大大扩展，各种媒体的活力被激发，传播媒体的巨大价值日益突出。

但是，任何事物都具有两面性。在看到全媒体在新闻参政中的巨大力量的同时，我们也必须看到，在全媒体环境下，由于传统的新闻理论、新闻管理方式容易“失灵”，全新媒体的过度表达必然会给国家带来负面影响。因此，将民意控制在国家可以接受的程度上，在实现民意充分表达的同时，避免因全媒体的过度表达而冲击政府权威、引发政治冲突，是政府必须考量且作为的事项。

因此，对全媒体时代的新闻参政必须保持谨慎的态度，最好的方式就是大力推动传统媒体与新媒体的融合，走互助互补的合作路线，在传统媒体与新媒体的融合中巧妙地推进新闻参政工作，做到善待媒体、善用媒体、善管媒体，不断推进信息公开，迅速准确地把各种公众关心传递出去，并形成公众与政府全方位互动的新局面。

1. 积极开拓新兴媒体领域，不断扩大其覆盖面和影响力

“在信息传播技术高度发达的当今社会，主流媒体向互联网等新兴传播领域延伸是大势所趋，谁占领了新兴媒体阵地，谁的传播手段就更先进、传播能力就更强大”①。拓展新兴媒体领域，扩大其覆盖面和影响力，使其成为新时期新闻参政的桥头堡和主力军，是当今媒介社会中新闻参政的现实需求和可行措施。

2. 加大三网融合力度，变平面媒体为立体传播

在突发事件报道中，传统媒体有优势，也有“短板”。优势是主流媒体的权威性以及一些深度独家报道。“短板”是传统媒体的传播能力受到限制，无法满足突发事件报道瞬息万变的需要。传播力决定影响力。因此，当前的新闻事业加大力度实现通信网、广电网和互联网的充分融合，将是必由之路。融合之后的媒体应以一个“全媒体”的立体形象，更加高效地做好重大活动和突发事件的宣传报道。

总之，在全媒体时代，只有重视全媒体的参政价值，提高掌控全媒体传播的能力，积极探索新形势下舆论宣传工作的新途径、新方法，切实改进全媒体舆论宣传工作，正面引导社会热点，才能及时化解社会矛盾，保证社会各部门各机构健康有序协调地发展。

第四节 提升重大突发事件的新闻处置能力

我国2007年11月1日起施行的《中华人民共和国突发事件应对法》中将突发事件定义为突然发生，造成或者可能造成严重社会危害，需要采取应急处置措施予以应对的自然灾害、事故灾难、公共卫生事件和社会安全事件。在遇到突发事件特别是重大突发事件时，

① 李长春．积极拓展互联网传播新领域 不断扩大主流媒体覆盖面和影响力［OL］．新华网，http：//news.cntv.cn/china/20091228/103985.shtml.

新闻媒体要及时做好相关的传播，以便在通过及时、有效的信息传播后，对突发事件进行干预和影响，使其向好的方向转化。

一、提升重大突发事件的新闻处置能力的重要性

在重大突发事件发生的过程中，新闻处置能力是衡量新闻参政能力的一项重要指标。新闻媒体是突发事件传播中的重要力量，如果在重大突发事件中，新闻媒体对新闻信息处置的不合理，往往会给社会带来不安、动荡等因素，甚至引发灾难性后果。因此，提升重大突发事件的新闻处置能力就显得尤为重要，具体来说有如下几个方面的意义：

(一)能及时提供真实、可靠、全面的信息，避免流言的传播

在突发事件发生的过程中，公众对信息的需求往往更加迫切，急于知道事件的真相、事态的发展和解决过程。如果主流媒体或政府部门没有及时提供相关信息，公众就有可能对事件的影响和政府的行为进行推测，致使流言四起，造成严重的负面影响。如果政府部门对突发事件的处置能力较强，就会从事件发生时起不断地披露相关信息，从而避免不必要的猜测和恐慌。这样一来，公众在新闻参政中也会起到良性作用。

(二)能透明、公开、有效地传播信息

如果政府部门对突发事件的处置能力较强，在就会在第一时间引导新闻媒体进行报道，透明、公开、有效地传递信息，及时将政府处理突发事件的有关措施迅速公之于众，展示政府在处理突发事件中的强大力量，避免政府成为公众攻击的对象，使社会各阶层积极主动、客观公正地参与新闻参政。

(三)有助于提升新闻媒体的舆论引导能力

在突发事件中，新闻媒体要充分发挥舆论监督的作用，使突发事件得以有效解决。有经验的政府工作人员，总能在突发事件中引导媒体报道，疏导社会公众情绪，提升新闻媒体的舆论引导能力，更好地引导公众参政议政。

二、为做好新闻参政，新闻媒体在重大突发事件报道中应有的处置原则

突发事件往往与人们的实际生活和切身利益息息相关，容易引起重大反响。因而新闻媒体在重大突发事件的报道中要十分谨慎，要坚持正确的原则，实施有效的传播策略。

(一)坚持新闻真实性原则

真实是新闻的生命，也是新闻媒体和政府取信于民的重要法宝。重大突发事件的社会关注度高、波及范围广、影响巨大，如果在信息发布或报道中出现弄虚作假的现象，除会引来巨大的民愤外，还会造成巨大的损失。因而必须在突发事件的信息发布和报道中坚持真实性原则。

(二)遵循及时性原则

在重大突发事件中，时间因素极为重要，对于社会公众特别是与事件有着直接利害关系的人们来说，随时需要了解事件的处置状况，新闻信息的传递刻不容缓，否则会带来重大损失。

(三)体现人文关怀的原则

突发事件常常与灾祸相连，往往涉及人们的生命与财产安全。在重大突发事件的处置

中，新闻媒体不能冷酷无情，要充分考虑民众的痛苦，不能为了追求一时的轰动效应，而忽视对人应有的关怀。

体现人文关怀的原则，就是要求新闻媒体在进行突发事件报道时，要关注突发事件中的受害者，了解他们的生存状态和生活状况，表达对他们的同情并传递希望；要尽可能地为他们提供心理安慰，减少其恐慌和紧张情绪，促进事件妥善、圆满地得到解决。尤其要注意的是，在突发事件中，最需要关注的是弱势群体的声音，因为强势群体可以通过多种渠道发出自己的声音并且保护自己的利益，而弱势群体则是无助和沉默的大多数。

(四)把握好"度"的原则

突发事件中的新闻报道应该有度，这里的"度"既包括报道的广度、深度，同时也有适度的含义。突发新闻报道应力求准确和深刻，避免把突发无限放大和延伸。① 这个度应该从以下几个方面来理解：

1. 广度

重大突发事件出现时，会迅速成为大众关注的焦点和热点，辐射面很广泛，影响力自然很大、很深远。那么，在组织专门人员集中对重大突发事件进行报道时，要注意以下两点：一是渠道广，即结合报刊、广电、网络等多个渠道组织新闻报道；二是角度广，从政治、经济、文化等各个方面都可以对突发事件组织新闻报道，使公众对突发事件有更全面的认知和理解。

2. 深度

新闻媒体在对重大突发事件进行报道时，要同时把纵向报道和横向报道都做好。一是纵向报道，是指可以按照时间的顺序，不断跟进事件的发展，预测事态未来的发展趋势和挖掘历史原因；二是横向报道，是指将重大突发事件和类似事件或相关联的事件进行系列对比，让公众通过新闻媒体的深度报道，对事件有更加深入的了解。

3. 适度

在进行重大突发事件的新闻报道时，也必须把握数量的多少。很多媒体在突发事件发生时，为了凸显事件的重要性，往往采取地毯式的轰炸报道，虽然有一定的传播效果，但久而久之会让公众心力交瘁，甚至产生逆反情绪。

三、如何提升重大突发事件的新闻处置能力，提升新闻参政能力和水平

当今的世界，各类重大事件频发，影响深远。比如"9·11事件"、马来西亚客机失联事件及地震等重大自然灾害等。在遇到突发事件时，新闻媒体必须理性、有序、有章法地做好报道。同时，在突发事件中，政府要具有重视媒体的意识及信息公开的意识，要主动接受监督，勇于承担责任。而在舆论引导中必须坚持维护公益、主动引导、把握时机、指向明确、口径统一的原则。

(一)建立突发事件应急方案

突发事件因其高度破坏性，自然会成为受众关注的焦点，激起受众的情绪。在突发事

① 柳村．危机事件中媒体的作用与传播策略[J]．青年记者，2009(4)：19-23.

件中，受众的情绪引导得好，会向着有利的方向发展；引导得不好，则不利于突发事件的处理。突发事件后，政府及媒体要主动、迅速传播信息，以便有效解决突发事件中信息传播失衡。因此，要建立突发事件的处置应急方案，做好各种准备，从而在发生意料之外的情况时处变不惊，并让社会各阶层通过新闻媒体参政，从容应对和处理好突发事件。

(二)建立突发事件的应急机制

突发事件往往打乱了人们正常的生活秩序，重大的突发事件甚至干扰了国家前进的脚步，像地震、飞机失事等。做好突发事件的报道，需要一个有效的新闻应急报道机制，包括评估机制、组织机制和支持机制。评估突发事件的破坏程度是应急机制启动的关键，对于新闻报道的应急机制而言，评估这个环节也同样重要。组织机制是应急机制中最为重要的一环。它能使政府和新闻媒体在第一时间形成相关的新闻应急组织指挥团队、记者采访团队，快速调集资源，确保应急处置成功。支持机制也很重要，主要体现在物质、信息、流程支持方面。

利用新媒体及时发布事件信息和处置进展信息等。在突发事件信息传播过程中，政府可以开通官方微博，发挥其时效快和受众广的优势。及时澄清事故发生原因，公布事故处理进展情况，为事故的直接相关人提供必要的信息帮助，同时在一定程度上消除公众的猜忌、疑虑和担忧，从而引导舆论走向，做好新闻参政。

(三)总结突发事件的报道经验

在突发事件报道告一段落后，一定要对之前进行的新闻报道进行回顾和总结，这有利于新闻工作者及时找到工作中的不足并予以改正，有利于对报道计划进行规划，使以后的工作更有效率，目标更加明确，工作更有意义。因此，在突发事件应对中，十分有必要总结经验和教训，这应该是当前提升突发事件处置能力的着力点。

综上所述，在新的历史条件下，我国社会结构发生了深刻的变化，新闻参政的自主性、积极性明显增强，价值取向和行为方式日益多样化，认识不断深化，工作实践不断丰富，参政工作也在不断地发展和进步。我们一定要在新闻参政工作的理论和实践方面，在参政的内容、环节、方式、方法等方面不断地探索、创新，不断完善新闻参政的内部功能和外部条件，从而更好地履行新闻参政的职能。当然，以上也只是从理论和实践层面对新闻参政的综合和概括，难免会有些遗漏和偏差，需要我们不断总结，使之更加丰富完善和提高，逐步形成具有中国特色的新闻参政工作机制，找到具有中国特色的新闻参政方略，使我国的新闻参政工作不断向前迈进。

第十一章　新闻参政的成功实践案例

新闻参政在我国民众的政治生活中的作用显得越来越重要，新闻媒体的政治功能已引起政府及广大民众的重视，其对社会政治、经济和文化的传播和发展产生着重大影响。新闻媒体在传递国家政治信息、经济信息、文化信息等方面起着举足轻重的作用，它能为政治、经济、文化发展提供巨大的驱动力，为国家政治治理和社会发展营造良好的氛围，并可以借助发展传播学理论，将广大群众的注意力和精力集中在国家和社会发展上。通过新闻媒体，民众能最贴近地了解到政府的工作过程，使政策的制定、决策和执行过程透明化、科学化。新闻参政能使公民与政府官员的对话更加直接、顺畅、通达、互动，让政府与公众达到了平等交流的机会，促进政治的民主化和社会现代化的进程。

近年来我国各类重大事件时有发生，在国家对这些事件的处理中，新闻参政发挥着不可忽视的作用。一系列的新闻参政实践充分证明，新闻参政能充分体现政府以人为本的情怀及治国理政的开放性思维；能充分体现社会正在朝着全社会的广泛关注、民众的广泛参与、诉求渠道的更加多元化和开放性、建言献策的更加全民性、社会监督的更加透明性的新征程迈进。新闻参政能进一步赢得民心、凝聚民智、总结成功经验、反映社情民意，能进一步优化国家的治国理政思路和策略，从而推动社会各行各业的发展进步。

因而，本章针对反腐、伦理、群体性、民生、自然灾害、医患、生态环境、法制、教育、科技、军事十一个常见且重要的领域，精心挑选了在社会上具有重大影响且新闻参政实践效果较佳的相关案例，对新闻参政实践价值进行深入分析，涉及选择事件的标准、社会效应等领域的探讨和分析。

第一节　选择案例的标准

一、重大事件

简单地说，重大新闻事件是指具有重大社会影响，能引起社会高度重视，并往往会发生重大后果的新闻事件。新闻媒体通过重大事件的报道，整合新闻资源，多体裁、多视角、多形式进行集群式报道，形成新闻报道的亮点和关注点，聚焦公众目光。也就是说，重大事件的报道以其深度品质，关注社会热点，分析社会现象，追踪民意焦点，对大众舆论起着引领作用，引起政府部门的高度重视并采取整治措施。因此，对重大事件的提案、报道是考查新闻参政的一个重要标准。

二、突发事件

人类已经进入了信息社会，信息传播高度发展，突发事件处理不仅仅是对媒体的立场、态度、倾向等价值取向的一种考量，更是对政府应急机制的考验。新闻媒体在突发事件的报道中不仅仅是新闻事实的报道者，而且也应当是多重身份与责任的承担者。也就是说，新闻媒体在突发事件的报道中往往能起着新闻参政、议政的作用，突发事件往往能反映政府在管理中存在的漏洞，经新闻媒体提案、报道后，政府会修改政策，尽力防止类似事件的发生。因此，突发事件也是考查新闻参政的一个重要标准。

三、反映民生的事件

“民”字开启了中国梦的新时代。关注民生，已不再是停留于纸上的空谈，而是必须落到实处的东西。中央在政治、经济等政策的制定上凸显“民本情怀”，致力于实现中国梦，而检验“中国梦”实现的唯一标准，是要看每个中国人能否享有“人生出彩的机会”，享受国家发展带来的幸福。因此，报道、反映与老百姓的生活密切相关的事件，已是新闻媒体的必然使命，而解决民生问题毫无疑问已成为各级政府部门的首要任务。对民生的提案、报道，督促政策出台、政策措施，充当着新闻参政的角色。

四、具有聚集效应的事件

就新闻报道来说，具有聚集效应的事件是具有相似性的新闻事件的集合，即某类新闻事件，除具有同一类别的同质性特征外，还具有另外一个鲜明特征，即由某一新闻的曝光为导火索，接连引发多起相似事件而构成事件群(类)广受关注和热议。此类事件能够考验政府的执政经验和判断能力，新闻工作者的提案、报道(往往也有评论)能为分析、判断事件走向和解决办法提供参考，是新闻参政的重要体现。

五、发展性的新闻事件

发展性的新闻事件是指具有较长时间持续性，处于不断发展变化之中的事件。这类事件在不同阶段会有不同的特征和影响力，也是考验政府执政力的重要事件之一。新闻工作者对处于发展变化中的事件进行提案和持续报道，往往会对政府的决策产生影响，新闻媒体的参政在持续报道中得以实现。

第二节 成功实践案例

一、反腐事件：刘铁男事件

(一)刘铁男事件简况

2013年8月8日，中共中央纪委对国家发展和改革委员会原党组成员、副主任，国家能源局原党组书记、局长刘铁男严重违纪违法问题进行了立案调查。经查，刘铁男利用职务上的便利为他人谋取利益，本人及其亲属收受巨额钱物；违规为其亲属经营活动谋取利益；收受礼金礼品；道德败坏。经中央纪委审议并报中共中央批准，决定给予刘铁男开除党籍处分；经监察部报国务院批准，决定给予其行政开除处分；收缴其违纪违法所得；将其涉嫌犯罪问题移送司法机关依法处理。

(二)从刘铁男等事件看新闻参政在反腐中的作用

1. 新闻参政赋予反腐空前重要的议程地位

新闻媒体持续报道了 2013 年反腐动态，反腐被赋予仅次于民生的第二大社会焦点议题地位。媒体制造了世界的图像和人们的感受。正因为此，媒体影响和干预现实环境的能力也越来越强。日本学者藤竹晓甚至指出，许多拟态事件，包括语言、观念、价值、生活或行为方式等，最初并不见得有代表性和普遍性，但一旦进入大众传媒，很快演化成为社会流行现象，成为随处可见的社会现实①。因此，媒体制造环境，环境制造情绪，情绪影响对事实的认定。

2013 年 7 月至 2014 年 2 月对全国舆论生态有显著影响的 1210 件舆情事件(下文统称“统计事件”)中共包含 189 件吏治反腐类舆情，占全部舆情事件的 15.62%。2013 年，18.2 万人因信访举报被处分；蒋洁敏、李东生等 31 名中管干部已结案处理或正在立案调查；2 万余人因违反纪律规定被问责，包括 54 名地厅级干部；3 万余名党员干部因违反“八项规定”被处理。对于反腐倡廉建设而言，2013 年是重要的转折年，2014 年将是关键的落实年。② 2014 年“两会”前夕观察网民观点倾向，可以看出网民对反腐倡廉的几大期待：期待反腐体制机制创新；期待重视群众举报线索；期待反腐进程信息公开；期待坚决查处大案要案等。无疑新闻媒体的报道满足了受众的知情权、表达权，同时也是对政府行为新闻化报道，不断展示强而有力的反腐决心、工作和成绩。新闻参政赋予反腐空前重要的议程地位，传递了党的政策方针和塑造了社会氛围。

2. 新闻参政使媒体构建了官方和民间的反腐舆论场的互动，符合反腐发展模式的转换要求

参政权是宪法和法律赋予公民参与国家政治生活，管理国家事务和社会事务的一项基本权利，其实现与否决定了一个国家的民主化和现代化进程。虽然我国宪法明确规定了公民的参政权，但现实情况却是人民批评与控诉困难、检举揭发可能会遭到报复，使得民众政治参与热情逐渐冷淡。媒体反腐是公民参政权的表达，特别是网络媒体自身所具有的最便捷、最高效、最经济的特征和技术优势，使其成为民众最主要的反腐形式。2013 年官方转变了传统反腐模式，力图建构体制化、法制化反腐机制体制，建构政府与社会、中央与地方、官与民之间最大范围内的良性互动类型的反腐。新闻媒体筛选和散布的信息，直接影响着老百姓对于党和政府的认可程度。新闻媒体在反腐中营造的官民交流的空间，有利于从上至下、从下至上的反腐监督体系的建构，符合反腐发展模式的转换要求。

3. 新闻参政有利于推进社会主义反腐机制的建构

新闻媒体建构的共识和氛围，有利于推进社会主义反腐机制建构和工作推进，形成新

---

① 叶皓．应对媒体——政府、媒体、舆论的新视角[J]．南京社会科学，2006(6)：1-13.

② 2014 年“两会”词频的舆情视角：全面深化改革铸就中国梦[OL]．http：//news.cnfol.com/guoneicaijing/20140303/17140062.shtml.

闻媒体频繁报道后的熟悉感，增加政策所产生的信服力。媒体在共同舆论空间构建共识合作关系、社会主义反腐机制，必将使政府权威产生公信力和引导力，从而重新建构了政府形象，助推政府部门政策的出台和实施。

（三）反腐中的新闻参政要求

传统的新闻媒体以宣传代替新闻，以传者为中心的报道理念，将社会镜像进行政治化解构，收效越来越小。新闻媒体站在公共立场，做好两者中介，进行新闻参政学阐释，无疑能够起到政治管理权利与民众参政权的对接，从而达到为双方服务的目的和效用。由此也需要新闻媒体提高自身素养，了解不同舆论场的话语体系，做好科学角色定位。

新闻媒体参政推动下的反腐报道，要扎根于现实，在循序渐进的媒体、政府、民众、信息的发布、交流、反馈的体系中逐步推进。反腐报道的参政效果也需要在联动中不断考验，媒体也在参政中不断摸索，从而不断提高自身技巧。

政府在利用新闻参政辅助反腐工作时，也应在信息及时发布、多元权利主体关系的综合考量下，分析解读多元信息，确保决策的正确性和实效性。

二、伦理道德事件："丁锦昊到此一游"事件

（一）"丁锦昊到此一游"事件简介

2013 年 5 月，网友"空游无依"的微博爆料，在 3500 年前的古埃及文物上，看到中文题字"丁锦昊到此一游"。该事件经媒体报道后引发持续关注和讨论。至同年 5 月 25 日晚 11 点，该微博被评论已达 11000 多次，转发达到 83000 多次。① 通过人肉搜索，网友"蜡笔小球"在微博上公布了当事人丁锦昊的身份，并在 2 天后又公布了当事人的出生年月和曾经就读学校等个人信息。由此，网络上海量的人身攻击转化为实际行动，大批的记者围堵在当事人家门口，当事人就读的学校官网被黑，对仍是未成年人的当事人造成惊吓。2013 年 5 月 25 日，丁锦昊的父母主动站出来发声，在为孩子的行为道歉的同时，也恳请得到改正的机会。

此事再次将中国游客的素质问题推到公众面前，引起了有关部门的高度重视。在国务院召开的贯彻实施《中华人民共和国旅游法》电视电话会议上，时任国务院副总理汪洋指出，"新颁布的《旅游法》对旅游者的文明行为提出了明确要求，对不文明行为作出了禁止规定"。②

但此事也引发对滥用监督权的隐忧，如有律师就表示，通过网络搜索后发布孩子的个人身份信息，明显侵犯了孩子的隐私权，"别人犯了错误或是违法违纪，我们不能采取侵权或是违法的方式，来指出别人的不当行为"③。

（二）媒体参政理念下"丁锦昊到此一游"事件媒体角色分析

丁锦昊作为涂鸦者的行为，因为关乎文物保护和公民道德问题，所以是一种社会行为，但是其生活学习的场所无关公共利益，属于私人领域。人肉搜索中媒体将生活、学习

① 360 百科．丁锦昊到此一游[OL]．http：//baike. so. com/doc/7004602-7227484. html.

② 百度百科．中国式"到此一游"[OL]．http：//baike. baidu. com/view/10641050. htm.

③ 360 百科．丁锦昊[OL]．http：//baike. so. com/doc/5417824. html.

等属于个人隐私的部分展示给公众，且站在道德制高点以一种戏谑加谩骂的方式，对被报道者进行舆论暴力的惩戒，对被报道个体的焦虑不安心理进行戏谑，违反了我国《未成年人保护法》。这种以一种违法违规的形式惩治另一种违法违规事件的做法，使新闻媒体最终不得不承担负面责任，增加新闻参政的不必要的风险。新闻媒体在参政中偏离了公共利益空间，社会效力弱化。

(三)新闻参政理念下重大道德伦理事件中媒体角色的思考

新闻媒体要把握好中庸原则，在引起社会关注、反思与防止对被报道者过度伤害之间做好权衡，避免对与公共道德无直接关联的私人领域进行窥探，将伦理观念从行为人转移到对行为本身的思考，无疑是对媒体业界和新媒体的“公民记者”的“镜鉴”。

类似“丁锦昊到此一游”的事件，经新闻媒体过滤后进行报道，引起了社会对于中国人素质各方面的思考和交流，是极为有利的事情。但随之而来的大量不文明的监督行为曝光，也对社会造成了不少负面影响。因此，实施文明的新闻报道活动，对所有中国人是一个洗礼。

公众在新闻媒体提供的共同空间中进行交流，最终达成共识，增强了民众对社会伦理道德事件的认同，形成了对政府行为的强势传播效果。

媒体参政意识下，媒体在自律基础上也要接受他律，从而控制媒体的负面作用。没有任何事物是没有瑕疵的、完美的、不犯错误的。在其社会影响越来越大时，媒体要以比社会人更严的标准来严格要求自已，避免放大情绪性表达所带来的负面影响。此外，媒体机构自身也要在法治理念下，推动整个社会对媒体行为的监督机制，以便理性化地参政。

三、群体性事件：昆明“3·01”恐暴事件

(一)昆明“3·01”暴恐事件概况

2014年3月1日21点12分，在“两会”即将召开之际，云南昆明发生了一起严重暴力恐怖袭击事件。统一着装的8名暴徒持刀沿昆明火车站售票大厅—车站广场左侧的临时候车区—临时售票区—铜牛雕像附近及火车站前主干道一路随意砍杀无辜群众，导致29名无辜者失去生命，143人不同程度受伤。这是一起有组织有预谋的暴力恐怖袭击事件。① 任何一个国家对于恐怖袭击都是零容忍。中共中央总书记、国家主席、中央军委主席习近平立即对应对暴力恐怖活动作出重要指示：迅速侦破案件，依法从严惩处暴恐分子，坚决打击其嚣张气焰。同时，做好受伤和遇难群众救治、善后工作。2014年全国“两会”与会代表为昆明暴力恐怖事件的遇难者默哀，这是“两会”历史上的第一次。②

昆明恐怖暴力事件震惊国内外，新华网、人民网等国内权威主流媒体及众多地方媒体、微博、网络联动，纷纷发表新闻、评论，反映事件，表明立场，在谴责暴徒的暴力行径的同时，也对处理和防范类似事件提出了建议。

(二)昆明“3·01”暴恐事件的新闻媒体报道情况

砍人事件发生十余分钟后，就有网友在微博上发布昆明火车站发生暴徒砍人事件信

---

① 360百科.3·1云南昆明火车站暴力恐怖案件[OL]. http://baike.so.com/doc/7357782.html.

② 热事微评.面对“3·01”暴恐事件媒体如何成为“定海神针”[J].新闻前哨，2014(4)：93-95.

息，随后更多网友以纯文字或者文图结合的方式报道现场情况，事件迅速成为微博上的热门话题。

云南网于2014年3月1日事件发生后约1小时内组织新闻报道，并发布现场视频和图片，在其官方微博实时转发微博网友的现场报道。随后，新华网等主流权威网媒开始介入事件报道。四大门户网站(网易、搜狐、腾讯、新浪)均对这起恐怖事件以专题形式给予关注，各网媒的专题报道中聚合各方消息便于网民了解事件进展。

在各媒体的评论文章中，均表达了对事件中那群暴徒无视人类文明底线行为的谴责，以及正义战胜邪恶的信念。但具体来看，每篇评论文章各有侧重点(见表11-1)。多数评论文章除表达了上述共同观点外，主要对事件的处理和防范问题做了评论，法律惩治、信息公开、公民安全教育等问题成为评论的主题。

表11-1　**新闻报道**

类别	新闻标题	来源	时间
实时播报	一伙歹徒持械冲进昆明火车站广场见人就砍(图)	云南网	2014/3/1
	一伙歹徒在昆明火车站袭击路人 已有数名被处置	新华网	2014/3/1
	云南昆明火车站发生暴力恐怖案件	新华网	2014/3/2
	视频：实拍昆明火车站砍杀事件现场 警力集结	昆明电视台	2014/3/2
分析解读	专家解读暴徒为何选择昆明作案：防范相对薄弱	腾讯新闻综合	2014/3/2
外媒反应	外媒关注昆明恐怖暴力袭击：残忍行径令人发指	环球时报	2014/3/3
现场情况还原	蒙面女暴徒遭抓捕细节披露 拒不缴械被击中肩部	中国新闻网	2014/3/3
	还原昆明火车站12分钟：民警喊来砍我引开歹徒	京华时报	2014/3/3
应急反应	国际社会强烈谴责云南昆明严重暴力恐怖事件	中国新闻网	2014/3/2
	云南武警500余兵力在昆明主要街区武装巡逻(图)	腾讯综合	2014/3/2
	长沙公路铁路机场安保升级特警持冲锋枪巡逻	红网—潇湘晨报	2014/3/3
	长沙西站进出口工作人员配警棍民警停休备催泪弹	红网—潇湘晨报	2014/3/3

1. 舆情监控情况(见图11-1)
2. 媒体代表观点

- 观点一：这是触及人类文明底线的行为

暴恐分子是各民族的公敌 2014年3月3日　新疆日报

人类社会共同的秩序和人类文明共同的底线不容挑战。暴力恐怖分子千方百计挑起事端、制造动乱，影响各族人民生活，影响正常社会秩序。他们拿起屠刀滥杀无辜、手段凶残，这是赤裸裸的反人类、反社会的行径，代表不了任何民族，也代表不了任何宗教。他

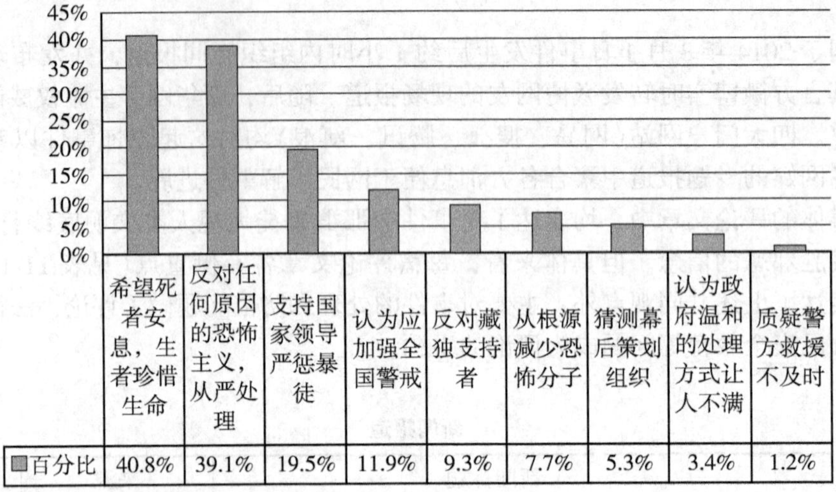

图 11-1　中青舆情监测室抽样分析 2000 条数据显示①

们所挑战的，是人类社会共同的秩序、人类文明共同的底线，任何一个法治国家和任何一个有良知的人都不能容忍。暴力恐怖事件是人类社会的公害，暴力恐怖分子是各个民族的公敌。

昆明恐袭挑战人类文明底线、践踏人类道义 2014 年 3 月 2 日　人民网

文明底线不容挑战，法律尊严不容亵渎。暴力恐怖犯罪漠视基本人权，践踏人类道义，手段残忍，危害极大，对这样的暴力恐怖犯罪活动决不能手软，要坚决打击、严厉制裁。血腥暴行也警示我们，必须深刻认识反恐形势的严峻性、复杂性，强化底线思维，以坚决的态度、有力的措施，出现一起，就打掉一起；露头就打，严打狠打。无论是谁，只要是触犯了法律，只要危害人民群众生命财产安全，都要坚决依法处理。对于那些胆敢以身试法、搞暴力恐怖活动的犯罪分子，要依法从严惩治，绝不姑息，绝不手软！只有这样，才能减少人民群众的生命财产损失，有力维护社会稳定、捍卫法律尊严。

昆明事件不是民族问题、宗教问题 2014 年 3 月 2 日　央视评论

"3·01"严重暴力恐怖事件有组织、有预谋，统一着装，蒙面持刀，滥杀无辜，丧心病狂。这反映了当前反恐形势的严峻性、复杂性。他们做的是反社会、反人类、反文明的事情。这不是民族问题，不是宗教问题，而是一场维护祖国统一、社会安定、人民幸福的你死我活的斗争。

- 观点二：应对恐怖主义实现零容忍

坚决对暴恐犯罪活动实施最严厉打击 2014 年 3 月 2 日　新华网

痛定思痛，暴力恐怖案件也警示我们要更加深刻地认识到反恐形势的严峻性和复杂性。对暴力恐怖活动的高压严打态势须臾不能放松，切实加强治安防控措施，全力维护安

① 孙倩静．中青舆情监测室发布"昆明 3·1 恐怖事件"舆情报告［OL］．http：//news. cyol. com/content/2014-03/02/content_9723668. htm.

全稳定，才能保障人民群众生命财产安全，让人民群众放心、安心。

直面挑战文明底线暴力恐怖不容忍、不姑息 2014 年 3 月 2 日　中国新闻网

对无辜平民施暴，就是将他人、社会、国家当作敌人。暴力恐怖分子敢于以血腥杀戮挑战文明底线，就是中国公众的共同敌人。唯有让暴力恐怖犯罪嫌疑人面对坚决有力的司法审判、严惩，才能伸张人类社会理应共同信守的正义原则。

- 观点三：官方应秉承理性、真实、客观的原则面对社会恐慌心理

无惧暴恐威胁　不必"谈疆色变"2014 年 3 月 3 日　新京报

消除社会恐慌心理，需要坦诚、公开、透明。这既需要官方在微博等网络平台及时发声，也需要发挥传统媒体的作用，用理性、真实、客观的报道，让民众分清事实与想象。

官方不必担心把实情告诉人们会导致恐慌 2014 年 3 月 3 日　环球时报

反恐人民战争还一定要在互联网上打响。如今互联网上常有少数人，包括个别网上名人对谴责暴力恐怖主义不坚决，甚至同西方的论调相呼应，强调暴恐行为的"个性化原因"，将指责的矛头指向政府和体制。这对严打暴恐活动客观上形成舆论拆台，中国主流社会必须将这种论调赶出舆论场。

- 观点四：应加强公众防恐、反恐意识

杀戮平民者如同恶魔般有罪 2014 年 3 月 3 日　红网

罄南山之竹，书罪未穷，决东海之波，流恶难尽。面对歹徒屠戮无辜、草菅人命的行为，我们悲痛与义愤的同时也需自我反思，如何更好地居安思危、守望关照，更有效地排查和打击恐怖袭击预谋与行为，让反道德、反法治、反人类、自绝于世的恐怖袭击行为没有作恶之机。

面对恐怖袭击，普通公民该做什么 2014 年 3 月 3 日　华声在线

公民的防恐、反恐意识与技能的提高，不仅可以加强自我保护，也将降低暴恐活动的杀伤力，相应地会有力遏制暴恐活动——防恐、反恐需要公民支持，也是一项公民责任。由此而言，昆明"3・01"暴恐事件也将是全民与恐怖活动决战的分水岭。

血腥恐怖不可能延迟正义的春天 2014 年 3 月 2 日　京华时报

在这个关口，我们也需警惕谣言。据央视记者从云南省公安厅证实，目前网上在传的除昆明火车站暴力事件外，其余多地的暴力事件信息均为谣传。不造谣、不信谣、不传谣，既是公民的底线所在，也是声援昆明的真诚姿态。① 在恐怖事件中，权威信息的发布和及时有效传达，有利于疏导民众恐慌情绪。在涉及公共安全的事件中，谣言惑众现象屡见不鲜，权威信息发布方面临的是与谣言发布方发布信息速度赛跑的局势。不让谣言成为蒙蔽民众眼睛和心灵的要点在于，真实信息及时公开，虚假信息及时澄清，同时传播防范谣言的信息，利用权威媒体的影响力，以多种类型媒体联动的方式，全方位防护谣言信息对真实信息的攻击。新闻媒体起到了暴恐事件中的"定海神针"作用，有力地维护了社会稳定，达到国内反恐力量聚集最大化。

---

① 左妍冰．中国媒体强烈谴责昆明"3・01"严重暴力恐怖事件[OL]．国际在线专稿，http://gb.cri.cn/42071/2014/03/04/6871s4447052.htm.

(三)中国反恐报道的反思

第一时间发声，澄清事实真相，有利于从信息源清除谣言，消减恐怖事件的负面效应。2014 年 3 月 2 日，《人民日报》头版头条刊出习近平总书记等中央领导同志的重要指示消息，同时配发评论员文章《严惩暴恐犯罪，保障人民安全》，明确表达依法严惩暴恐分子的坚定态度。这一"急就章"充分体现了《人民日报》快速反应机制的效力。2014 年 3 月 2 日的权威媒体对昆明"3·01"暴恐事件的定性及辟谣活动，无疑从源头上规避了导致社会不良情绪的言论的传播。

避免站在单一政治立场上报道，以人性共同点多元报道，充分展示国际国内报道的合力优势。在信息国际化、经济全球化的趋势下，新闻报道的国内、国际作用正不断强化。由于政治、经济、文化等背景不同，因而在报道中必然要考虑社会背景，在求同存异中，获得最大的传播效果。

进行了民意舆论场、官方舆论场的对接，摸索反恐报道的规律，起到预警、维稳、辟谣、善后等多元社会效果。昆明"3·01"暴恐事件，无疑给我国新闻媒体反恐报道，提出新的命题。当然，我国反恐新闻报道更多的是在政府推动之下及舆论引导下进行的，民众对事件并没有发挥多少参政作用，更多的是情绪的表达。随着经济的发展，全球经济矛盾下导致的极端事件频发，应建构有效的机制，提升民众的新闻参政力，起到对反恐事件的预防、理性分析的作用，在人性化立场上最大化维护社会稳定和和谐发展。

四、民生事件

案例事件一："中国式放假"事件

(一)"中国式放假"事件回顾

2013 年 10 月 10 日，全国假日办在新浪、腾讯、人民网等网站发布"法定节假日放假安排调查"，征求民众对现行节日休假制度的意见。调查问卷涉及"你对现行放假安排是否满意"、"长假是否需要保留"、"小长假是否需要调休"等问题，全国假日办欢迎广大群众积极发表自己的意见，以反映公众意愿，使放假安排更加科学合理。所有数据将作为材料上报国务院。"调查中，有 211 万人填写了调查问卷"①。

2013 年 11 月 27 日，全国假日办提出了新的调整方案，再次征求意见，通过网络媒体广泛征求对三种放假方案的意见，三个调休方案受到广泛关注和讨论。从全国假日办首批指定上线调查问卷的相关网站了解到，所公布的方案就是针对 2014 年假期安排的，意见征集完后得票数最多的方案将作为 2014 年后法定节假日调休安排方案执行。但此后，国家旅游局新闻处有关人士又表示，得票最多的方案未必是最终采纳的方案。②

全国假日办第二次通过网络征集公众对放假方式的意见。掀起"如何放假更合理"的公众讨论高潮。从网络上出现网友自制的"山寨"放假安排版本可以看出，公众对参与公共政策的制定有着很高的热情与渴望。许多网友对此次公开征集民意的形式表示肯定，但

① 郭文婧．放假安排应在制度化的基础上放权[N]．西安日报，2013-11-28.

② 潘璠．放假方案调查的启示[N]．中国信息报，2013-12-03.

是此次公布的方案都遭到网友“吐槽”，诸如“假期天数没有增加”、“长假太少”、“新调休方案依然很乱”等不满意见居多，并戏称“中国式放假”。①

（二）“中国式放假”事件的新闻参政解析

1. 反映民众关心议题，民众充分表达意见

节假日的安排，是所有劳动者共同的利益关切所在，虽然网络民意只能代表民意的一部分，但民众对该调查积极呼应并认同这种方式，证明该方式是民意的表达。在“经济全球化”浪潮冲击和深化改革的背景下，利益多元、思想多元是一种难以避免的客观趋势。②人们对于放假的诉求也呈现出明显的分化态势，对同一个公共问题会提出不同的意见，众口难调是必然的。民间版的放假表就是一份生动迫切的“民生提案”。“提案”的第一条内容是：放假不该成为经济的“附属品”，不该被旅游牵着鼻子走。第二条内容：政府部门制订放假计划要充分考虑民众的感受，充分征集民众的意见。第三条内容：对法定节假日和日常节假日应该有一个科学合理的协调方案，不能让节假日碎片化、分散化，不能总是拆东墙补西墙，硬搞“拉郎配”，不能割裂、打乱人们的生活、休假和工作的节奏。这也是从基本原则上定位，表明民意，符合民众期待。这种变化值得政策制定者关照。

2. 新闻媒体建构了民意交流空间

目前有关长假、小长假的公休假安排，延续的是20世纪90年代后期以来的黄金周模式。③ 这一制度出台的初衷主要是通过假期消费来刺激内需，创造条件让大家花钱消费。多年的放假实践表明，时间集中、人员集中的“大一统”，只能导致“一块休、一起累”的出行疲惫，并无游山玩水、轻松快乐的休闲惬意。实质是对老百姓自身休闲权益的忽视，也凸显出既有的放假模式仍有不少革新、改进的空间，放假机制应该回归人性本位。

全国实行统一休假方案，与民众需求多样化矛盾和冲突。关于“下放放假安排权力，实行地方错峰放假”的声音越来越多。中央政府提出，要处理好政府与市场、政府与社会的关系，把该放的权力放掉，把该管的事务管好。下放放假权力既符合“放权”的思路，也能在一定程度上破除统一休假带来的弊端。中央的简政放权，无疑能够结合放假安排的人性化与灵活性。简政放权是打造多元化公共管理服务、满足公众多元化利益和观念诉求的重要途径。在放假安排上简政放权，才能丰富民众的选择，满足不同民众的不同需求，让人们的休息权益最大化，也才能从根本上破解已困扰我国民众多年的放假难题。

（三）“中国式放假”事件的新闻参政反思

在2013年“中国式放假”事件中，新闻媒体充分展示了民众的声音和诉求，形成了改革优化我国假日体制的“舆情倒逼”力量。我们看到，站在维护社会稳定和民众利益最终实现的理性立场的新闻媒体，并不是一味地泄愤性报道，而是过滤把关各方面信息，理性分析诉求的症结所在，从不同环节、不同领域、不同学科的角度进行分析，对民众进行了理性的引导，也对当局如何缓解问题症结提供了建议。新闻媒体对2013年放假调查进行

① 张玉胜．节日放假 纠结调休不如放权地方［N］．人民政协报，2013-12-2.

② 邓清波．在放假安排上也要学会简政放权［N］．法制日报，2013-10-12.

③ 胡旭．“放假”“挪假”之争并非矫情［OL］．中安在线-安徽日报，http：//news.163.com/13/0923/09/99EQ39RK00014AED.html.

了理性定性，搭建了官民沟通的平台，使有关部门能更加坦然地面对众口难调但权利觉醒的民众，更加注重利用各种渠道，更好地听取和吸纳民意。

案例事件二：阿房宫新闻事件倒逼地方政府

（一）阿房宫新闻事件回顾

2013 年 6 月，西安沣东新城公布了“380 亿打造首创阿房宫文化旅游产业基地”的消息后，有媒体报道，陕西省西咸新区沣东新城管委会和北京首创集团签订合作协议，计划投资 380 亿元，打造一个“新阿房宫”。北京首创将先投资 30 亿元改造占地 2.3 平方公里的“阿房宫国家遗址公园”，使之成为西咸新区标志性区域；然后将以遗址公园为核心，打造占地面积为 12.5 平方公里的“首创阿房宫文化旅游产业基地”，产业基地首期投资 20 亿元。而在阿房宫遗址附近，原本就有一个已经建成十多年的人造景点——阿房宫景区。该景区占地 1000 亩，位于西安市三桥街道办聚驾庄村，距离阿房宫遗址 200 米。在景区建成之初，曾经提出“东有兵马俑，西有阿房宫”的口号。在运营 13 年之后，这个当时投资 2 亿元的项目近期被拆除。一拆一建新闻，被大量媒体跟进报道，网络的碎片式传播迅速让“西安 380 亿再造‘新阿房宫’”占领了大量网站、微博新闻的头条。①

2013 年 8 月 8 日，新华网关于“西安拟投 380 亿造新阿房宫”的报道引发网络舆论热议，截至 17 时，该新闻转发量超过 600 篇，网友话题参与量超过 5 万。在网民方面，认为“新阿房宫”就是花巨资重建阿房宫。而在历史上，秦王朝好大喜功、劳民伤财，建设阿房宫，由于秦朝的迅速灭亡，阿房宫并未建成。阿房宫由此有好大喜功、劳民伤财的讽刺意味。网上反对声一片，一拆一建，令许多人质疑，认为这又是一次“烧钱的游戏”，是同一主题下的重复建设，劳民伤财，希望把钱财用在真正需要的民生项目上来。新闻报道更是出现一边倒的反对声音。②

（二）阿房宫新闻事件中新闻媒体倒逼地方政府

上面不想动的时候，以下逼上，这叫“倒逼”。③ 逼，是带着威力的压迫力量。在中国，通常来说，由政府引起的舆论事件跟现实世界是两条线——往往热点甫成，“舆论场”上物议鼎沸，来自四面八方的口诛笔伐淹没了所有报纸、网站头条，大有动摇星河之势。

（1）新闻媒体引起震动，中央施压

党的十八大以来，中国共产党整治党风、政风的决心有目共睹。陕西一篇《西安 380 亿打造“新阿房宫”引舆论质疑》的文章惊动中央高层。习近平总书记在此文上作出批示，全国不少地方的党组织学习了《中共中央办公厅〈转发陕西省委关于学习贯彻习近平总书

---

① Echo 信息聚合中心．西安拟投资 380 亿打造新阿房宫 惊动习近平［OL］．http：//shanxi.cinic.org.cn/ndxw/560826.html.

② 新闻聚焦．西安毁掉 2 亿项目 拟投 380 亿造新阿房宫有必要［OL］．华声论坛，http：//bbs.voc.com.cn/forum-68-1.html.

③ 360 百科．倒逼［OL］．http：//baike.so.com/doc/6148546.html.

记重要批示情况的报告〉的通知》。对此，陕西方面称“教训深刻”。① 具体到阿房宫项目，西安市的官员说，方案调整的范围很广，既包括文物保护项目的调整，也包括相关商业项目规划的调整——位置、命名可能都要变。

(2)舆论场对接，交流互动下，信息发布机制优化

阿房宫新闻事件这样的案例在舆论场和地方政府的互动史上，实属少见。回头看，阿房宫新闻事件从发生到一步步发酵扩大，有哪些教训？

作为一项巨额投资项目，花费的是老百姓的钱，公众关注也就在所难免。因此面对公众和新闻媒体的质疑，政府应该要保证相关信息的公开透明化，吸收学者、民众共同参与，对公众质疑事项及时公示公告，让工程在阳光下运行，能真正带动区域形成国际化的生活方式，使当地老百姓受益，公众自然就不会太过敏感。但在新媒体日益发达、信息爆炸、传播手段日趋多样化的今天，这种常态化的“行动自觉”必然丧失舆论引导主动权，而流言在民间肆意传播、异化，再经网络放大，从而形成倒逼压力，也会使应对后的解释被吞噬、逆反解读，或戏谑解读。现代社会化的信息生态环境与传统社会已经完全不同。公众完全可以通过很多渠道寻找并获取信息，一旦出现信息不对称的情况，政府提供的信息不能满足公众的需求和期待，政府的公信力就会因此大打折扣。因此，在信息发布口径上，政府信息发布就存在发布口径和时间的压力竞争。

(3)媒体与政府双赢观念下，地方要学会善用媒体

高效利用信息发布手段，可以达到最大化效果，否则就是对媒体信息这一公共资源的浪费。通过信息发布不同口径、传播因素等互动，对正面信息进行放大，对负面信息进行消解，善用媒介，利用媒介展开危机公关的意识也是现在经济社会、信息社会的大势所趋。当下中国，媒体已成长为一种重要的公共力量，关注媒体了解舆情动态、应对媒介监督开展工作，越来越成为政府工作的常态。每一个媒体事件，都有可能成为影响政府公信力和政府形象的因素，如果处理不好，不仅是舍弃了一个给政府公信力形象美誉度加分的契机，反而会“小事闹大、大事闹炸”，从而稀释改革发展共识，离散社会聚合力，损耗政府的“无形资产”。政府急需认识媒介，学会利用媒介，做到“新闻执政”，发挥媒介巨大的公共力量来推动政府事务的进行，形成“无形资产”的共赢。

(三)阿房宫新闻事件逼视地方政府的反思

站在巩固党的执政地位，提高党的执政能力的战略高度，深刻理解新闻媒体在执政中的重要作用，把媒体作为重要的执政资源及手段，不断提高新闻执政能力和水平，让新闻执政来重塑政府公信力，这需要思路清晰，科学思考，更需要自信和能力。

要认真学习新闻业务，掌握规律，才能克服舆论的本领恐慌，实现从被动应对向主动运用转变。

将工作制度化，建构阳光政府和完善新闻发言人制度，从而保障在具体运作中，能够在第一时间成熟应对，能达到有利于公众理解、有利于社会化稳定和有利于政府工作顺利开展的目的，达到最大化的传播效果，弱化负面效果。

---

① 经济观察报 . 380 亿新阿房宫争议惊动习近平 地方官员心有余悸[OL]. http://house.sina.com.cn/news/2014-01-05/10002566420.shtml.

重视网络社会研究，增强新闻执政力的与时俱进，达到与现实社会同构的执政效果。网络媒体乌托邦，成为现实民众的话语的一个重要发布场，如果处理不好，会对现实社会产生振荡效果，因此也要学会用网络的思维、沟通方式，达到最大化执政效果，避免负面情绪的积累、负面言论的变异或死灰复燃、社会隐患的隐形生存。

在媒体事件时代，各级政府的回应能力和处置水平，已经成为衡量、考验执政水平的重要标尺。从这个角度理解，政府从善如流、知错即改更加可信、可敬、可亲。但凡能够及时回应公众质疑、正确对待社情民意的地方政府，往往能够在良性互动中提升其公信力和权威性。如此看来，来自公众的诉求、媒体的监督正好是党和政府宝贵的执政资源。

五、自然灾害案例事件：雾霾事件

(一)2013 年雾霾事件简况

2013 年元旦后，我国各地相继出现了罕见的重度雾霾天气。以北京为例，根据北京市气象台发布的数据，2013 年 1 月共有 25 个"雾霾天"，而且有 15 天的天气状况为重度污染或严重污染，雾霾天数为 52 年之最，北京发布了北京气象史上首个霾橙色预警。同期受雾霾影响的国土面积最高达 130 万平方公里。纵观全国，此次雾霾相较于以往的常规性雾霾，具有时间持续长、污染程度高、影响范围大和作用人群普遍等新特征，并逐渐演化为突发性环境危机事件，成为显性的社会议题。这一方面考验着我国政府的应急能力，另一方面，也牵动着千千万万民众的心。

我国政府 2013 年同步实施《环境空气质量标准》和《环境空气质量指数(AQI)技术规定(试行)》，2013 年 9 月又推出被称为"国十条"的《大气污染防治行动计划》以改善我国的环境。

(二)雾霾新闻报道的"民主环保"

1. "民主环保"

2011 年 10 月，媒体与民间环保志愿者组织共同开展的一次大规模环保舆论宣传和民间自测空气活动，促使环保部一再修改"环境空气质量标准"，环保部计划将 PM2.5 纳入空气环境质量标准。这场充分调动和发挥好人民群众在环保工作中的主体作用，充分尊重、扩展和保障社会公众的环境知情权、参与权和监督权，推动社会公众共同参与环境保护和环境建设的活动，发挥了新闻工作在公众事务中的舆论引导作用。"民主环保"是前广东省委书记汪洋在总结该事件时，正式提出而被媒体广泛宣传的一个新词。①

媒体在民主环保活动进程中表现出的自动、主动、互动和联动等特质，反映了我国媒体在传播公众关注的重大社会事务朝着科学、理性、正确方向发展方面的成熟，更好地保障了公众事务中人民群众的知情权、表达权、参与权及监督权，更好地体现了新闻媒体的社会作用。"民主环保"无疑是新闻媒体在环境保护社会议题中新闻参政活动的表现。

2. 新闻媒体在"民主环保"中如何参政

新闻媒体对雾霾议题的重视程度不断增强，提高了民众对雾霾环保的重视程度。一个

---

① 杜娟．汪洋 4 提 PM2.5 问题：提"民主环保"概念[OL]．http://news.ifeng.com/mainland/detail_2011_12/28/11619569_0.shtml.

议题的社会定义在很大程度上是通过媒体表达完成的。① 所以，主流媒体对某一社会议题的构建，直接影响着人们对该议题的认知和行动。2013 年雾霾报道数量猛增，共计 156 篇，占比 91.2%②，是 2007—2013 年《人民日报》7 年中数量之最，这说明雾霾天气得到了空前的重视，一方面是由于 2013 年的雾霾天气严重程度最高，另一方面也受到元旦后实施新的空气质量标准的影响。

新闻媒体第一时间，多方面、多层次呈现雾霾议题的讯息和相关知识，除了雾霾已成为天气预报中一重要指标，对雾霾的预警、治理措施、发展动态、科学概念及形成原因、在现实生活中特殊群体的注意事项等方面的报道，满足了多元受众群体的知情权。

媒体报道内容注重理性和建设性，巧妙地强化舆论引导，政治化倾向明显。随着国内突发公共事件频发，媒体报道对受众处理突发公共事件信息的影响日益显著，其呈现方式的不同势必导致不同的解读，并将产生深远且迅猛的社会影响。

2013 年雾霾的新闻报道相对成熟，不再停留在简单层次的讯息的第一时间告知，而是更注重结合社会现实，致力于雾霾的归责和多层次解决对策。

如 2013 年雾霾的归因上，媒体理性分析了其“天灾+人祸”模式。“天灾”方面主要论述了大气环流的异常稳定导致了水汽和悬浮颗粒在大气低层积聚，进而产生雾霾。新闻报道的侧重点打破以前对天灾的单一归因，更注重“人祸”因素，比如粗放的经济发展方式和不合理的能源结构，新的环境空气质量标准和评价方法，工厂企业的污染废气、机动车尾气、冬季烧煤取暖的煤烟和市区扬尘等污染物的排放与它们空间上的转移，以及日常生活中燃放烟花爆竹和抽烟、烧烤，等等。对于“人祸”的认定，对雾霾的“前世今生”发挥了舆论监督的积极作用。同时，针对雾霾期间滋生的“雾霾导致黑肺”、“雾霾影响生殖能力”、“雾霾是地震的征兆”等相关谣言，及时理性发声、澄清事实，很好地表现了主流媒体的社会责任。同时也使普通百姓对雾霾有一个理性的感知，一方面减少了雾霾带来的社会恐慌，另一方面也为他们参与“全民治理雾霾”提供了具体的行动参照，这有效地化解了雾霾的社会风险，同时也实现了舆论的巧妙引导，动员大家为自己的行为负责。

对于雾霾的治理，更是多层次提供建设性、可操作性的策略，而不是为单纯地批判和理想化建构。宏观上包括将空气治理作为政府绩效考核的制度化框架，积极调整我国的经济结构、能源结构和产业结构，走环境友好型和资源节约型的可持续发展道路，与时俱进地修改相关的大气污染防治法（如《北京市大气污染防治条例（送审稿）》《陕西省“治污降霾保卫蓝天”行动计划（2013 年）》等）；中观上包括压煤、换车、降尘、减排，发展和应用清洁能源，推动区域联防，介绍他国治理雾霾的先进经验（比如英国对“伦敦烟雾”的治理等）；微观上包括每个人都应积极参与雾霾的治理中，比如增强环保意识、养成绿色生活方式。总的来说，雾霾治理的具体措施要以宏观和中观为主，同时也不能忽略微观层面上的民间力量的参与所产生的强效应。这种对策无疑是对美国新闻报道将造成雾霾的原因归于经济发展，对雾霾影响市民日常工作和生活进行细致、夸张的描述，并将雾霾标志着

① 王宇.《人民日报》食品安全报道的框架分析[J]. 新闻界，2012(6)：3-7.

② 史公军. 主流报纸的雾霾报道：基于理性和建设性的个案[J]. 重庆社会科学，2014(2)：12-19.

的环境恶化上升到同官员腐败、物价上涨、贫富差距同样重要的地位的误导和扭曲，进行无声的批判。

新闻媒体联动社会多元力量，共同参与雾霾的报道、监督和防治机制的建立，这种联动力倒逼，使当地政府、企业、民众形成合力，共同抗击雾霾。全国媒体站在报道空间、媒体定位、风格特色立场对雾霾所涉及政治、经济、文化、卫生等多元信息进行挖掘，社会民众在信息中汇流，接受雾霾科普、环保理念、环保参与。民众通过微信、微博等多媒体手段，传递正能量，监督周边；企业单位也将雾霾防护指标作为组织机构的一项指标，展现人性化一面。政府将进一步优化制度体系，与媒体联动报道最近雾霾防治动态，使报道信息更具权威性，提高政府行为的公信力。

(三)新闻参政对环境报道的建设性作用的反思

新闻参政意识下的环境报道更有利于民众树立生态环保的理念。在新闻报道的影响下，民众充分享受到自身所具有的知情权、监督权和表达权，也能理解生态环境与自身行为的相关性，在民主环保的参与活动中，也更能确认自身对于公共事务积少成多的社会作用，具有社会建设和治理的成就感，在人格的自我认同中，更利于接受生态环保理念。

新闻参政意识下的环境报道更重视民众的“民主环保”，民众在权利和生态环保理念下，更自觉主动地参与环保行动并发挥自身作用，同时这些内容又进一步作为环保新闻被报道，有助于形成一种社会氛围，推动在社会从众心理下的“民主环保”的模仿和创新。

新闻参政意识下的环境新闻报道也是对媒体自身的监督，有利于媒体报道联动过程中查漏补缺，不是一味地成为政府的传声筒，或者盲目地“有闻必录”，从未形成一种样板。展现新闻参政是一个漫长的过程，环境保护也是一个漫长的过程，需要一份坚守，需要一份投入，也需要政府的支持和推动。

新闻参政意识下的环境新闻报道是对政府执政行为的监督，也是一种参政议政的建言献策。给政府提供了大量的社会调查、社会议题议案、民情民意，对政府进一步优化自身行为、科学执政、服务民众起到辅助作用。

六、医患事件：2013 年伤医事件

(一)2013 年伤医事件及舆情

1. 2013 年伤医事件

2013 年部分伤医事件时间表如表 11-2 所示。

表 11-2　**2013 年部分伤医事件时间表**

时间	地点	事件名称
1 月 15 日	北京	通州路河医院一急救女医生出诊遭殴打
1 月 20 日	内蒙古	包头一女医生出诊，被病患丈夫砍死
2 月 16 日	上海	华龙医院一查房医生被患者家属因病人未能转入住院部，遭到殴打
4 月 26 日	陕西	西安市第四医院一护士长被产妇家属殴打成重伤

续表

时间	地点	事件名称
4月29日	河北	馆陶县人民医院一女医生因受患者家属殴打辱骂，坠楼身亡
5月9日	湖北	武汉一患者家属不满病情介绍，刺杀查房医生
5月15日	辽宁	沈阳儿童医院医生被一家长因女儿高烧遭殴打致脑震荡
5月21日	山东	青岛妇女儿童医院患者家长嫌医生接诊太慢，暴打医生
6月4日	陕西	西安儿童医院医生被家长因患儿穿刺失败挥拳怒打
7月9日	北京	北京安贞医院四护士被打伤入院
9月9日	广州	宝安区人民医院一名怀孕护士正常夜间巡诊，一产妇丈夫因不满夜间被吵醒，将其狂殴致耳膜穿孔
9月23日	湖南	湖南中医药研究院附属医院三护士被打成重伤
10月9日	上海	上海交通大学附属仁济医院一名医生被患者及家属殴打至昏迷
10月17日	上海	上海中医药大学附属曙光医院一患者家属因怀疑医院治疗不利发生粗暴打砸事件
10月21日	辽宁	沈阳医学院奉天医院一男子因与医生探讨治疗方案时意见不合，挥刀刺中医生6刀后坠楼身亡
10月21日	广东	广东医科大学附属第二医院两名医生被患者家属殴打

2. 2013年伤医事件新闻舆情

2013年1月1日零点至2013年10月28日23时，中青舆情监测室共监测到“伤害医生”事件相关信息319755条，其中微博讨论最为活跃，信息量达312818条。在随机抽样的2000条舆情信息中，对医护人员的贬义信息超过八成，中性信息占11.0%，褒义信息比重仅为5.0%。①

2012年12月至2013年7月期间，中国医院协会等机构的调查表明，中国医院场所暴力伤医事件逐年递增，每年每所医院发生的伤医事件的平均数从2008年的20.6次上升到2012年的27.3次。中国医生目前正处于危机之中，正面临着越来越多的涉及个人人身安全的威胁，中国需结束医生面临的暴力威胁。2013年，医护人员群体自我保护的呐喊更为强烈，但网络对医护群体依然是骂声居多，医患之间更加缺乏共识。

网民谴责的对象中，政府机构受到的“火力”占到32.0%，其次是医疗体制、医院，分别为28.0%和22.0%。网络评价中，指责医生“自作自受”的言论盖过了同情理解的声音。8.0%的网民认为，医患之间需重建信任关系。中青舆情监测室随机抽样2000条舆情信息统计显示，26.0%的网民认为，现行医疗卫生体制不合理；21.0%的网民认为，医患之间金钱利益关系较重。16.0%的网民呼吁，医疗体制急需改革。网友“行者无疆”认为，

① 中国青年报．中国医患关系：一笔糊涂账 两个受害群［OL］．http：//www.91huayi.com/html/2013-10/2979.html.

中国医药体系的特色是“以药养医”，因此，“医卫体制乃祸根”；网友“天蚕 1982”期待建立“能够保障医疗质量的监管体系”。①

无论是院方还是政府、办案部门，都以“维稳”为标尺处理杀医案，息事宁人是准则。而医生想要的是杀人凶手被绳之以法，医院支持他们维权。但现在的案件中，这条底线都做不到。“医生哥波子”认为问题的症结并不在医患之间，而有更深层的社会和制度上的原因。②《柳叶刀》列举了中国医患关系紧张的一系列原因：政府对卫生系统的投资不够、医生薪水及业务培训费用不高、媒体对医生的过多负面报道、公众对医学知识缺乏了解、患者对疗效的期望不切实际以及很多贫困家庭支付不起高额的医疗费用。医生们的诉求是什么，杭州市第一人民医院的医生“海洋之心 003”立刻回复：“安全的工作环境和正确的舆论引导！医患彼此要做的都是规范自己，共同去“改良不合理的制度。”③

医患矛盾的发生，可见医患之间难以达成共识；但新闻舆情的调查，表明两者都是医患矛盾和医患体制的“受害者”。

（二）伤医事件中媒体的角色

立足事实本身，反映社会舆情民意，营造大众、公开、平等的信息展示平台。新闻是社会新近发生的事实的客观报道，成为民众认识社会动态、参加社会事务、表达社会事务观点看法的平台。民众参与新闻活动，表达社情民意，同时又再一次进入新闻循环系统，成为新的社会活动和社情民意参与表达的基础。2013 年伤医事件的报道，无疑让民众认识到医患矛盾这一社会现实，也为如何解决医患矛盾起到社会警醒和号召作用，无疑将大众拉入这一公开的、平等的信息空间。

多元信息观点的汇流，起到客观、公正、平等的中介协调作用。伤医事件，是医患双元主体无法达成共识、诉求无法得到满足，所导致的极端事件。媒体的客观、公正的报道，给了双方交流的机会和空间，无疑有利于双方坦诚相见，理性认识问题，达成一定共识，致力于问题的解决。

医患矛盾的症结点，不仅在于双方都有欠缺点，还在于存在政府对卫生系统的投资不够、医疗制度、医患问题的协调机制、医患信任关系、媒体报道等深层次的问题。尤其是新闻媒体没有扮演好自身客观公正中介角色，具有新闻报道短视思维，对一些医生的不端行为夸大报道，使得医疗行业整体被污名化；对医生收红包、收回扣、见死不救等各种医疗行业负面事件过度渲染乃至无中生有，在无形中加剧了医患矛盾；对伤医事件进行细节内容过度真实化、血腥化报道，导致社会暴力的展现，恶化了双方关系。例如，对于医生学习防身术，新闻媒体应该理性报道，而不应该戏谑性报道。医生的保护机制不仅是防卫机制，更重要的是沟通机制和社会保障机制。

---

① 统计显示我国三甲医院伤医案占比达八成[N]. 中国青年报. http://www.shxlaw.com/view-18698-1.html.

② 中国医患关系总结：一笔糊涂账，两个受害群[N]. 中国青年报. http://zqb.cyol.com/html/2013-10/30/nw.

③ 中国医患关系总结：一笔糊涂账，两个受害群[N]. 中国青年报. http://zqb.cyol.com/html/2013-10/30/nw.

新闻媒体作为信息触手和思想观点的智库，无疑会为社会问题的解决、当局政策出谋划策。这种经过媒体生态环境“自由舆论场”调和下的“多元观念”汇流下的“真理”，往往具有其社会效应和社会认同度。如伤医事件后，从公安部获悉，针对近期发生的多起侵害医务人员案件，公安部要求，各地公安机关要始终坚持“零容忍”，依法严厉打击各种侵害医务人员的违法犯罪行为，坚决遏制侵害医务人员违法犯罪行为的发生。公安部有关负责人表示，针对当前医疗纠纷和医患矛盾仍较突出的情况，各级各类医院要进一步加强自身建设，从源头上预防和减少各类矛盾纠纷，增进医患沟通，畅通投诉渠道，妥善解决患者有关诉求。同时，进一步健全医患纠纷调处机制，公开、公平妥善化解矛盾。中国医师协会法律事务部发表声明称：在十一部委联合印发的《关于维护医疗秩序打击涉医违法犯罪方案》中提出，要依法依规处理医患之间的纠纷。不应将患者这个群体作为假想敌，99%的患者不会无理取闹。医院做安检、配保安，首先要赢得社会的理解，目的是保护大众的安全，不是把所有患者都当成假想敌，医患应增强信任，共同反对暴力。李克强总理也对温岭杀医事件做出批示，要求有关部门高度重视因医患矛盾引发的暴力事件，采取切实有效的措施维护医疗秩序。①

同时我们也知道，目前中国尚未建立科学的医疗纠纷调解机制，没有权威的医疗机构鉴定、调处部门，患者和医生之间缺乏缓冲带。目前仅有中国医师协会设立了专门的医生维权救助基金。医生的权利保障体系欠缺。而对医患矛盾的一些错误认识和舆论，也导致患者对于通过司法途径解决医患纠纷失去信心。医患彼此要做的都是规范自己，共同去“改良不合理的制度”。作为媒体要进一步做好多方面的沟通工作，将问题放在社会政治经济建设的大背景、大时空中，不要简单化处理问题，导致产生非理性情绪和行为，而更应该起到和谐平衡的作用，营造安全的工作环境，做好正确的舆论引导。

（三）伤医事件中新闻媒体角色反思

在社会转型期，社会多元矛盾迸发，是整个历史发展、整个社会政治经济文化等上层建构与现实状况的磨合的展现，社会比任何时期都需要基于信息基层的交流，新闻媒体作为信息枢纽和交流平台，无疑会产生越来越重要的作用。新闻媒体的社会角色和社会作用，也由此要放在更加大的思维体系、社会环境、多元关系中考虑，新闻报道要谨慎自身言行，给当局营造理性的社情民意、共同协作的团队、多元思考的发展策略和道路建设；给民众组织单位提供一个较好的社会参与者的样板，做好社会角色，发好言，想好事，做好功。

七、生态环境：生态文明贵阳论坛事件

（一）生态文明贵阳论坛概况

生态文明贵阳国际论坛的前身是2009年首次举办的生态文明贵阳会议，是一个非官方、国际性高端平台，致力于汇聚官、产、学、媒、民及其他各界决策者开展交流与合作，传播生态文明理念，分享知识与经验，促进政策的落实与完善，抓住绿色经济转型的

① 白剑峰．11部委联合开展打击涉医违法犯罪专项行动启动［OL］．http：//news. jcrb. com/jxsw/201312/t20131222_1288039. html.

机遇，应对生态安全的挑战，形成国际、地区和行业议程，从而有助于构建环境友好和资源节约型社会，推动人类生态文明建设的进程。

2013 年 1 月经党中央、国务院批准为国际论坛，是我国以生态文明为主题的国家级论坛，生态文明贵阳论坛致力于以生态文明理念引领经济社会发展，推动新型工业化与生态文明建设的互利共赢，对低碳经济、绿色发展等热点问题进行持续探讨，为官、产、学、媒、民各方搭建一个高层次的交流平台。

(二)生态文明贵阳论坛中新闻参政与新闻执政的合力体现

生态文明贵阳论坛体现了新闻执政与新闻参政的合作。生态文明建设，是关系人民福祉、关乎民族未来的长远大计。面对资源约束趋紧、环境污染严重、生态系统性退化的严峻局势，必须树立尊重自然、顺应自然、保护自然的生态文明理念，把生态文明建设放在突出地位，融入经济建设、政治建设、文化建设、社会建设各方面和全过程。相比党的十七大报告直接提到“环境”或“生态”字眼的地方达 28 处，党的十八大报告中大幅增长至 45 处，党的十八大报告首次单篇论述生态文明，首次把“美丽中国”作为未来生态文明建设的宏伟目标，把生态文明建设摆在总体布局的高度来论述，表明我们党对中国特色社会主义总体布局认识的深化，把生态文明建设摆在五位一体的高度来论述。①

多年来，贵州省一直高度重视经济发展与生态环境建设的有机结合，省委、省政府先后制定了相应的政策措施，努力推动人与自然关系的和谐发展。1988 年，经国务院批准建立了毕节“扶贫开发、生态建设”试验区，着力解决人口、生态与贫困的矛盾；20 世纪 90 年代初确立了可持续发展战略，着力处理好人口、资源、环境的关系；进入 21 世纪，抢抓西部大开发战略，强力推进以退耕还林为重点的生态建设。贵州省第十次党代会在生态立省基础上，确立了环境立省战略，并在大力推进生态农业、生态畜牧业、生态旅游业、循环经济和生物制药发展以及环境保护、节能减排、石漠化治理等方面相继出台了一系列政策，促进特色产业发展与生态环境建设的有机结合。党的十七大召开后，贵州省围绕实现经济社会又好又快发展，对生态文明建设作出了新的部署。2014 年 6 月 5 日，国家发展改革委、财政部、国土资源部、水利部、农业部、国家林业局六部门联合下发通知，批准《贵州省生态文明先行示范区建设实施方案》，标志着贵州省国家生态文明先行示范区建设正式启动实施。② 贵州经济发展与生态环境建设有机结合的先行尝试、运行，使得生态文明贵阳论坛落户贵阳。

1. 贵州政府通过新闻媒介推广生态文明建设和生态文明贵阳论坛

贵州政府部门发挥了自己在生态文明建设中的“引导”作用，从政策上确立了生态文明建设与经济发展结合的理念，构建“政府主导、部门合作、企业明责、社团助力、公众参与”的格局，整合各方面力量，形成共建共享的环境宣教组织体系。

贵州立足实际，建设生态文明的思路越来越清晰，从“生态立省”到“环境立省”发展

① 中国共产党新闻网．图解十八大报告之八：“美丽中国”[OL]．http：//cpc.people.com.cn/n/2012/1226/c164113-20015331.html.

② 汪孝宗，董志龙．贵州毕节试验 20 年：生存与生态从对抗走向共赢[OL]．http：//cpc.people.com.cn/GB/67481/94156/227417/227449/15282017.html.

规划的确立，生态文明建设的规章制度成为贵州政府新闻报道的亮点。从 2009 年的生态文明贵阳论坛，从政府支持的行业内的国际交流会议，变成贵州一年一度的重大会议，再升格为国家认可的国家级国际性会议，也是中国除博鳌论坛之外的唯一的国际论坛，其中的种种变化，无不体现了贵州政府的新闻执政观念。

第一，坚持正面宣传为主，突出经济开发和资源保护协调发展的典型报道、成就报道。生态文明贵阳论坛是贵州生态文明的表征，贵州生态文明又与贵州经济发展的政策、领导活动、最新成果息息相关。贵州生态文明和贵阳论坛成为贵州的常规化报道。

第二，配合有关部门做好重大事件、重大活动的报道和评论，引领环保工作深入开展。利用新闻规律，抓住政府活动中关涉生态文明的内容，抓住其民众关注的面、进行报道，如生态文明论坛对民众环保观念和意识的宣传、贵州干旱抗灾民众节能环保节约用水的倡导等。

第三，进行策划，注重市场营销，推广生态文明贵阳论坛的知名度。2013 年贵州省政府在“两会”期间，成立了专场新闻发布会、新闻吹风会、专门新闻中心机构等，建构完善了新闻体系推介和做好了生态文明论坛的筹备工作。贵州省政府亲自接待中央级别媒体，共同交流贵州生态文明建设理念及贵阳论坛，中央级媒体纷纷用专题的形式，请专团记者撰写百余篇稿件报道该会。贵州本地媒体更是用专门的平台、专门的栏目立体化、全方位地报道该会，首创了贵州媒体直播报道、跨国采访、演播室直播等众多第一。

第四，重视其他宣传手段，加大宣传力度，扩大宣传影响。贵州省政府让生态文明成为一种时尚潮流、一种城市文化，组织各种活动，广开各种媒介渠道，例如生态文明网络、微博、微信、市民社区活动等。

在贵州省政府的推动下，生态文明贵阳论坛的会议级别也随之上升，民众对于生态文明理念的认同在深化，在尝到生态文明建设带来的经济建设、旅游文化等的甜头后，更多民众开始自觉自发建设生态文明。

2. 媒体和公众的新闻参政构成和助推了贵州生态文明建设的政府新闻参政

贵州特殊地理环境下的经济发展困境，一直是困扰媒体和公众的问题。20 世纪 80 年代起《贵阳晚报》就对贵州环境污染、自然地质灾害、社会环境破坏进行监督报道，提醒当局经济发展与资源矛盾的困境。媒介具有通过反复播出某类新闻报道，来强化该话题在政府、公众心目中的重要程度的议程设置功能。

通过媒体的报道，将社会不同阶层的声音和生活状况，反映到社会的上层，并以此推动政府的改革，发挥着调动政府、环保 NGO(民间环保组织)、民众、大众传媒等多方生态文明建设力量的重要纽带和桥梁的作用。

在媒体推动下，贵州生态文明会议已经成为贵州的品牌，贵阳论坛的《贵阳共识》和“生态文明建设”已经成为贵州省政府执政力和发展建设的重要指标。贵州生态文明建设中的种种理念、思路，在媒体的监督和推动下，已经成为贵州省政府的决策参考、行为依据和警示材料等。

3. 生态文明贵阳论坛肯定了贵州省政府的决策，塑造了贵州民众的自信心

2014 年的生态文明会议再一次展现了在生态文明建设道路上大变样的贵阳，展现贵州特有的生态魅力和发展生命力。这种成就让贵州民众更自觉地转变生态观念，积极建设

生态文明，更加认同贵州省政府的经济发展决策；贵州省政府也正以来自各个层次的向心力，专注于贵州的发展，发出贵州的声音，展现贵州的形象。

(三)生态文明贵阳论坛中新闻参政与新闻执政合力的思考

生态文明贵州论坛是从上至下的贵州新闻执政和从下至上的公众新闻参政的联动的成功样板。在以新闻媒体为纽带的信息、思想的联动下，政府、媒体、公众达成多元共识，在媒体共同体中，共同面对了前所未有、因时而异、与时俱进的问题和挑战，发挥了多元利益的共赢，达到社会效应的最大化。

作为各方面条件不足的贵州，能够取得这样的成绩，无疑是因为：政府转换思维，认识媒体、善用媒体，尊重新闻规律，做到信息公开，展现了对民众充分理解政府意图的自信心。

公共民主性的新闻媒体，发挥好了政府机构和公众的纽带作用。新闻媒体一方面做好政府执政为民的工具，另一方面做好为民维权谋利的代言人，在信息交流面前，两者不相矛盾，完全可以良性互动。当然在政府机构和公众对话交流中，某一方面的欠缺，都需要媒体做得更多，媒体要监督政府，媒体要培养理性公众。媒体所发挥的重大的社会作用，也迫使媒体要更加理性地认识自身责任。

新闻执政与新闻参政的联动模式将是一个漫长的摸索创新阶段。生态文明贵阳论坛中新闻执政与新闻参政的联动，是国际国内共同力量推动下的尝试。针对不同的领域，成熟的新闻执政与新闻参政的联动模式尚在摸索阶段，该命题在社会主义中国进一步改革开放，媒介国际化、民众思想百花齐放的背景下，如何发挥新闻媒体在政府执行力和民众参与度上的作用，具有重要意义。

八、法制事件：上访妈妈唐慧事件

(一)上访妈妈唐慧事件介绍

2006年10月，湖南省永州市发生了一起“11岁女孩被逼卖淫”案件，受害者乐乐(化名)遭多人强奸，并被逼卖淫。3个月后，惨遭蹂躏的乐乐被解救。受害人母亲唐慧(上访妈妈)多年持续上访。她认为，在立案和审理期间，当地个别民警渎职，强烈要求法院对犯罪嫌疑人判处死刑，对渎职民警严肃处理，并要求184万元的赔偿。2012年6月5日，湖南省高级人民法院终审对犯罪嫌疑人作出了相应裁定。同年8月2日，湖南省永州市劳动教养管理委员会认为：唐慧扰乱社会秩序多次，被行政处罚后仍不悔改，继续无理取闹，闹访、缠访，严重扰乱了单位秩序和社会秩序，据此，决定对其劳动教养1年零6个月。

2012年8月4日上午，受害人律师在微博爆料，永州市公安局官方微博发布一则“幼女”的微博后，连续发布12条长微博，称唐慧闹访、缠访、散发传单，严重扰乱单位和社会持续，永州市做出劳改处罚。受害人律师在微博发起“解救唐慧”行动。《人民日报》官方微博率先发帖，批判该处理方式，该微博被转发13万次、评论4万多条，截至2012年8月9日15时，以“永州卖淫案 周慧”为关键词进行搜索，在百度检索到相关新闻约19100篇；在新浪微博搜索“永州唐慧”，找到725901条结果；搜索“永州案”，找到

24904 条结果。舆情热度可见一斑。①

媒体跟进报道并纷纷发表评论。迫于压力，湖南省政法委成立调查组调查情况。综观媒体和网民的意见，大致主要有三个层面：第一，同情论。舆论同情受害者母亲唐慧，认为对其劳教于情、于法、于理都说不通，呼吁“释放唐慧”。第二，阴谋论。舆论认为，永州警方如此对待受害者及家属，其背后定然涉及腐败或不公，而公平正义乃民意的最大关切。第三，制度论。舆论指出，劳教制度是权法博弈的怪胎，涉嫌违宪，应当废除。社会舆情与报道呈现一边倒的态势，官方回应明显吃力，永州市公安局官方网站因受访者高频刷屏无法打开，在警方官方微博仅有的两条回复后面，被贴上了 5 万多条“愤怒”的留言。②

唐慧本人不服处罚，并于 2012 年 8 月 7 日向湖南省劳动教养管理委员会提出书面复议申请。经查，2012 年 8 月 10 日撤销了对唐慧的劳教决定。媒体报道舆情开始分化，理性声音凸显。坊间对渎职民警严肃处理的要求是否合法、行政机关对唐慧实施劳改是否违法、湖南省劳教委关于撤销劳教的解释是否违法等开始理性思考。如何通过法律的方式解决该类问题的思考观点层出不穷，官方言论与民间言论在新闻报道与舆情平台出现对话。“上访妈妈”唐慧案将劳教制度推向舆论的风口浪尖，劳教制度的存废之争再次被提上议事日程。

被解除劳动教养后，唐慧随即提出国家赔偿申请。2013 年 1 月 5 日，永州市劳教委驳回其申请，作出不予国家赔偿的决定。2013 年 1 月 22 日，唐慧前往永州市中院，对永州市劳教委提起行政诉讼。6 天后，永州市中院受理此案。2013 年 1 月召开的全国政法工作会议上，提出了包括劳教制度改革在内的四项改革。在全国“两会”上，李克强总理明确表示，劳教制度改革方案正抓紧制定，有望在年内出台，人民对此充满期待。

2013 年 7 月 15 日，湖南省高级人民法院对“上访妈妈”唐慧诉永州市劳教委行政赔偿案二审作出判决：撤销永州市中级人民法院作出的一审判决，由永州市劳教委向唐慧支付侵犯人身自由赔偿金和精神损害抚慰金 2641. 15 元，本判决为终审判决。唐慧案，是法治进程中进步与落后激烈博弈的产物，是社会正义和公权滥用较量的缩影。

2013 年 11 月 15 日公布的党的十八届三中全会决定：“废止劳动教养制度，完善对违法犯罪行为的惩治和矫正法律，健全社区矫正制度。”除了高层推动改革的决心，还缘于社会各界多年的呼吁，废止劳动教养制度，这也是对民意的一种回应，但如何处理劳教制度的历史后遗症，已成为迫在眉睫的问题。

（二）上访妈妈唐慧事件中新闻参政现象分析

新闻媒体报道唐慧事件的全过程，满足了受众的知情权。

新闻媒体对唐慧事件中所关涉主体进行监督，展示各方面意见，构建了交流平台。唐慧维权事件是以公民的自我权利意识为基础，通过“极端”手段或方式表达个体或群体利

---

① 人民网．湖南永州唐慧事件舆情分析：只有法治才能根治[OL]．http：//finance. huanqiu. com/data/2012-08/3015926. html.

② 人民网．湖南永州唐慧事件舆情分析：只有法治才能根治[OL]．http：//finance. huanqiu. com/data/2012-08/3015926. html.

益，吸引社会关注，从而实现维权目的。这些事件往往都因为公民维权，借助新、旧媒体互动，特别是新媒体平台发声、发酵，迅速扩展，带有舆论监督色彩，引起社会群体的关注。

在媒体的报道下，公众获知劳动教养并非依据法律条例，从法律形式上也非刑法规定的刑罚，而是基于国务院劳动教养相关法规的一种行政处罚，劳教制度存在"没有法律的授权和规范"、"劳动教养对象不明确"、"处罚过于严厉"、"程序不正当"、"规范不统一和司法解释多元化"等弊端，往往会出现一些公权力乱用，如一些地方用来平息上访、维稳的做法。一方面是群情激愤，另一方面是如何维护法律权威，建设性地解决该类问题的思考，进行理性引导。《人民日报》官方微博率先发帖，批评唐慧案，表明"两个舆论场"在这起事件中已实现对接，也唤起了每一个公民心中对法治的理性期待。每一起案件的审理都是一次普法机会，每一起重大案件的审理都是法治中国的注脚。

新闻媒体的舆情反馈，对决策者或政府机关查漏补缺、制度改良起到推动作用。从媒体的描述来观察，其实唐慧案并不是"上访"推动了案件的依法处置，而是"影响"推动了相关的妥协、约束和改良。唐慧事件是民众维权的一种胜利，也具有推动法治建设的进步意义。

随着社会多元化格局的不断发展，我国社会中各群体开展利益表达的互动性公共空间逐步形成，参与公共政策议程设置的基本技巧与效能进一步提升，由此也推动了我国公共政策议程设置过程的变迁，近年来新媒体工具的发展更是为这种变迁创造了条件。在这种背景下，公众和传媒在政策议程设置的过程中发挥着越来越重要的作用，这一变化最直观的反映是不少新闻媒体和网络热点事件成功地推动了公共政策的制定。

唐慧劳教被依法解除，体现了尊重舆论与坚守法治的统一。一方面是舆论的裹挟泛滥、非理性质疑，另一方面是法律法规的尊严和程序正义的呼唤，正如邓玉娇案、吴英案、钱云会案等众多事件所表现出的两难境地一样：是不管不顾相关程序甚至违背法律本意而"顺应民意"，还是以呼吁民众理性、严格遵守法定程序依法办事？应当承认，媒体的声音，公众的关注，公共知识分子的呼吁，在唐慧"回家"的路上发挥了重大作用；但是，法治的精神、民意的体恤、理性的声音，才是护送唐慧"回家"更有力的保证。只有法治，才能"根治"。

唐慧案的前因后果，凸显了依法行政与依法维权的统一。无论是执法者，还是维权者，唐慧案都是一堂有意义的法治实践课。任何人行使国家权力，都必须依法依规，不能超越职权、谋取私利、贪赃枉法，否则，就是对法治的亵渎和破坏，就必须承担相应的法律责任；同理，任何人上访维权，也必须依法守法，而不是裹挟舆论来解决问题，不能以严重扰乱国家机关和社会正常秩序为代价，否则，就是对发展的阻滞和添乱，也必然会承担相应的法律责任。事实证明，唯有法律才是所有人最牢靠的保护者。舆论在呼吁让唐慧"回家"的同时，也同样需要呼唤让法治"回家"。

唐慧事件指明了问题的症结和法治建设的方向。我国政治经济转型期，问题频发，问题的出现在很大程度上源于法制的不健全、源于法治的不完善，需要发扬以人为本的精神，才能填补法制的空白、弥补法治的缺失。同时每一个公民也要坚守法治理念，才能惠及自身。

（三）上访妈妈唐慧事件中新闻参政现象的反思

新闻媒体要牢牢记住服务政治统治是新闻参政的核心。新闻媒体是维护现有社会稳定，保障民众长远利益，推动社会顺应历史潮流发展；是促进多元互动、交流，达成共识，形成合力，推动各方发展。新闻媒体不是脱离真实时空，形成群体割据，制造对立紧张关系的。

新闻媒体是一种建设性的舆论监督工具。在交流空间中，通过多元、多学科、多层次的信息的汇集，从而理性观察思考问题。新闻媒体不是为批评而批判的社会力量的表达，而是为了建构一个理性环境，让媒体、公众、政府能够自发自觉地思考，从而作出科学对策。

九、教育事件：高考英语改革事件

（一）高考英语改革事件简介

近年来，网络上围绕高考改革的争论一直不断，而高考改革中有关英语的存废之争也由来已久。2013 年 1 月，教育部"1 号文件"《关于 2013 年深化教育领域综合改革的意见》将推进考试招生制度改革作为教育领域综合改革的重点领域与关键环节。2013 年 3 月 1 日，教育部发布的 2013 年教育改革意见就有关于"研究高考英语科目一年多次考试办法"的内容。这意味着今后的高考英语考试可能一年考几次，以最高成绩计入高考总分。当天与此相关的网络新闻达到 1585 条，相关微博也超过 4.2 万条，舆情猛增。① 在 2013 年的全国"两会"上，全国政协委员、中国社会科学院信息情报研究院院长张树华曾公开表示，学生在学习英语的过程中深受其害，荒废正常的学业，使整个中国的教育质量遭到毁灭性打击，汉语也遭遇前所未有的危机。这一言论在当时引发了一场关于"英语热"的大讨论。

2013 年 10 月 21 日，北京市教育委员会公布了高考改革新方案，向社会征求意见，为期一周。其中当数《2014—2016 年高考高招改革框架方案》（征求意见稿）中语文分值增加、英语分值降低的变化，引人瞩目。江苏、上海、山东等地都相继传来酝酿中高考改革方案的消息。在各大媒体和网络平台引发热议。

2014 年 5 月后，相关话题舆情热度再次升温。2014 年 5 月 8 日起，一条"中高考改革方案落地：英语正式退出"的帖子在网上广泛传播。2014 年 5 月 10 日，北京市教委对此回应称此帖为不实消息。当天相关话题的网络新闻超过 400 篇，相关微博超过 9 万条。随后相关话题在网络上的舆情热度仍然延续不断。自 2014 年 5 月 17 日开始，有关"中国教育学会会长顾明远称高考改革方案 2017 年实施，英语将退出统考"的报道让"英语退出高考"话题又一次成为舆论关注热点。2014 年 5 月 18 日有媒体报道，参加杭州师范大学主办的第九届亚洲比较教育学会年会的中国教育学会会长顾明远在会上对记者明确表示，全国执行高考新方案，不会在 2016 年，而是 2017 年。语文、数学在新高考里分量加重，这是两门必考科目。而英语不再参加统一高考。尽管顾明远称"英语退出高考"是媒体误读，但这个消息经各类媒体和网络转载发酵后，传播至公众眼前的信息已成为"2017 年英语退

① 人民网．今日舆情解读：高考英语改革在质疑中前行［OL］．http：//news.163.com/14/0521/08/9SONO5UH00014JB6.html.

出统一高考”并引发各方高度关注和热议。当天相关舆情热度呈现爆发性升温态势。一天内相关网络新闻已经超过了1000篇，相关微博则超过了14万条。①

2018年5月18日新华网报道，针对“高考改革方案2017年实施，英语退出统考”的传闻，教育部新闻发言人续梅当天表示，教育部正在前期深入调研基础上，紧锣密鼓地研究制订和完善改革方案，先试点后推广，以积极稳妥有序推进。确定后会及时发布，方便考生和家长了解。

新闻网调查表明：网络上大部分网民支持高考英语改革。共青团中央官方微博在腾讯微博上的一个关于“英语将退出统一高考”的网络调查显示(数据截至2014年5月19日15时)，有超过70%的网民支持这一改革，众多网民在讨论的过程中也提出了许多实实在在的意见和建议。与此同时，不支持这一改革的网民也超过四分之一。另外，英语社会化考试问题也受到众多教育领域的专家们的强烈关注。一些专家对这一方式的有效性和安全性提出了质疑。

新闻媒体报道及沸沸扬扬的相关舆情也提示相关主管部门：教育改革万众期待，而其中的中高考改革更是重中之重。高考英语改革方案是未来一系列教育领域深化改革的组成部分，而需要改革的也不仅仅是高考英语。类似高考英语改革这样的关系到全国学子的学业和前途的重大议题备受各界舆论关注和期待也是理所当然，相关主管部门在改革方案出台前无疑还需要发扬民主，更多地倾听来自各方的意见和建议，尤其是来自网络上的声音。而在更多的信息公开和官民互动上，我们期待相关主管部门迈出更加坚定的步伐。

(二)高考英语改革事件是一场新闻参政运动的演练

1. 高考英语改革事件中新闻参政的表现

(1)共同关注的议题。教育改革是社会改革的一部分，和社会发展的基础、趋势是相对应的，不能脱离现阶段的现实情况来推进教育公平。高考作为关系千家万户切身利益的一项考试制度，其一举一动时刻牵动着社会的神经。国际化社会环境下，国民对于本国文化的忽视与不自信，认识英语、自信对待母语，从而使得高考英语改革具有风向标作用，引起众多关注。

(2)新闻媒体搭建平台，征集多方社情民意。新闻报道和新闻评论中透露了大量在社会调查基础上包含民意表达的声音的信息，如：需要参加高考的学生们对高考中英语分值降低的反应则是有人欢喜有人忧。英语单科成绩不理想的学生觉得压力减轻不少，而一向英语优秀的学生则担心自己的优势变弱了。而一些家长也借助各种媒介平台表达了对新政策前景不清晰、恐引致混乱的担忧。新闻媒体更是与时俱进，展开专门平台，通过新闻调查、电视辩论、舆情监测等手段，获知民众意见。齐鲁电视台《开讲天下》节目做了一期名为“高考该不该取消英语”的话题，中国国际公共关系协会理事、高校教师代表、教育电视台媒体人士，和广大家长学生亲临现场，围绕这一话题展开了激烈辩论。② 各大媒体

① 人民网．今日舆情解读：高考英语改革在质疑中前行[OL]．http：//news.163.com/14/0521/08/9SONO5UH00014JB6.html.

② “齐鲁电视台”空间．电视调查显示八成民众赞成高考取消英语[OL]．http：//blog.qq.com/qzone/622008675/1237973606.htm.

网站制作的系列民意调查问卷，如腾讯调查：面对高考改革，拿英语开涮，你觉得这样做合理吗？凤凰网调查：你支持北京2016年高考改革方案吗？北京某门户网站关于“你是否支持高考英语降低分值”的调查共计有35272位网友参与投票等。① 这些网络调查起到了民意表达、民意分层量化统计作用。最终得出，公众对英语改革的赞同者居多的结论，实质上也是一种民意的聚合作用。

(3)新闻媒体集思广益下，理性思考，出谋划策。新闻媒体汇集民生意见后，更是将其放在一个大的环境下，进行不同角度的思考，希望能为高考英语改革提供更理性的建议。例如：教育改革是社会改革的一部分，高考改革如果不通盘考虑，很容易出现顾此失彼的局面。对于高考的改革，也远不止英语改革这一个环节。是否把英语作为选修的课程并不是教育中存在的核心问题。提高素质教育而不是应试教育，让学生学习的目的不再是应试，只有这样才能解决社会发展的关键问题。其实社会上之所以呼吁高考取消英语，并不是认为英语并不重要，而是现有应试教育模式下，英语教学走进了误区，轻口语、重语法、死记硬背，完全不顾英语作为一种交流工具的本质。同样，英语与母语并不矛盾，这仅仅是一种纠偏尝试，也是信号：崛起的中国当科学认识英语、自信对待母语。教育的改革是让教育更好地适应社会、适应发展的必然的选择，和社会发展的基础、趋势是相对应的，不能脱离现阶段的现实情况，改革就是让素质教育更多地融入现有的教育体制中，这样才能有效地促进教育的发展。这些是社会普遍关注的问题，教育主管部门应深入研究，广泛听取意见，把改革落到实处。决策者一定要保持清醒的头脑，既不能因难度大而裹足不前，也不能迫于舆论压力盲目地为改革而改革，想要灵活多样，也不能迈得太快。如何将这一思想体现在英语教育的理念和制度设计中才是相关主管部门需要深入思考的问题。

2013年高考英语改革事件是在媒体关注下，充分调动民众参与度，在维护现有政治体制稳定下，在媒体上进行的新闻信息传播、民意调查、媒体舆情引导、对相关部门作出信息反馈的活动。高考英语改革必然受到新闻、民意、社会团队参与的影响，但事件将向何处发展、有无规律可循，值得观望。

(三)2013年高考英语改革事件下新闻参政运动的发展趋势

政府具有较高“媒治”理念和水平：新闻媒体是一股重要的社会力量，但其更多的是上层建筑，其效果的发挥，需要开明的当局的推动，政治经济的支持，相关社会制度的保障和约束，否则会成为一种临时性、偶然性行为，带有“人治”色彩。

具有实力的媒体，才能够媒体联动。媒体在与民众、政府的联动中广泛收集意见，形成传播中观点自由市场的拟态环境，从而保障反映社会现实的真实性，也能够具有公信力，推动民意行动和政府采言纳策。

民意得以合理表达和满足。民意的理性表达离不开民众的媒介素养，也离不开社会环境、媒体的培养。泄愤性的民意，往往没有建设性作用，会被时间或者理性言论稀释，如高考英语改革下，数学也免考，无疑是一种戏谑。同时民意的合理表达也容易获得官方的接纳，产生可行性效果。民意的满足，是新闻参政运动循环更新发展的保障，是政府执政

① 新浪调查．你是否支持高考英语降低分值[OL]．http：//survey. news. sina. com. cn/result/84090. html.

能力的表现，也是媒体建构“媒治”空间的效用之一。

2013年高考英语改革只是一个开始，由于中国现有政治环境、媒介环境的不足，媒体新闻参政更多是一个初步的尝试，但也体现了其社会建设的作用。希望在良性新闻参政活动中，中国高考英语改革走得更好。

十、科技事件：湖南黄金大米事件

（一）湖南黄金大米事件简况

2012年8月底，国际环保组织绿色和平向媒体报道称，美国一科研机构在湖南省衡阳市一所学校里利用儿童进行转基因大米的试验。2012年8月30日，法制网媒体以《美国企业被曝用24名中国儿童做转基因大米人体试验》为题报道，该消息进入微博，转发数万，评论超过1万条，引起全社会的广泛关注。2012年9月3日，人民日报和新华社介入报道，随之湖南衡阳方面开始调查，衡阳方面否认此事，美方科研机构又发表声明证实确有此事，双方各执一词使舆情走势更加扑朔迷离，而多家涉事中方机构均表示对此试验不知情，一时间网络上群情激愤。①

2012年12月6日，中国疾控中心、浙江省医科院和湖南省疾控中心联合发布调查结果：确有25名儿童于2012年6月2日食用过黄金大米。但项目负责人并没有告知当地主管部门和项目实施单位、学生家长便开展黄金大米试验。中国疾控中心目前已展开相关调查，并对参试儿童进行补偿及心理辅导。

（二）湖南黄金大米事件中的新闻关注点

转基因食品安全引发忧虑。转基因食品的安全问题是媒体和公众共同关注的焦点问题，一直饱受争议。规模商业化推广是否会危害人的健康？是否会危及生态环境？这在全球民间仍是一个悬而未决的问题。转基因食品的商业化则更是一直被民间环保组织所抵制，此舆情事件实质上是公众对于转基因食品安全问题的集体忧虑。

美国机构主导试验引争议。此次试验的主导方是美国的塔夫茨大学，中国相关机构协助其在中国湖南组织、实施了这项试验。公众质疑美国人为何不拿自己国家的学生做试验，而要大费周折到中国农村来做试验，不少网友称美国人拿中国儿童当“小白鼠”，并质问难道中国儿童的生命安全就这么不被重视，进而怀疑试验中是否有不可告人的秘密。实际上，根据美方论文可知，该试验在中美两国均有开展，其中并不涉及对中国儿童的区别性对待。此次争议的焦点实质上是部分中国网民对西方国家的对立情绪及不信任的表现，现在越来越异化为不同政治立场之间的纷争，乃至谩骂。它实际上已经完全脱离了最初的科学研究和食品安全范畴，沦为一场迷失了目标的情绪化、标签化的战斗。

知情同意试验伦理受质疑。虽然美方称其试验已通过伦理委员会的审查，参与试验的儿童及其家长也签订了知情同意书。但是，中国公众关心的是，此过程的细节如何，伦理委员会是如何进行审查的？涉事学校是否保障了学生及其家长的知情权？也就是

---

① 新京报．黄金大米事件的背后：转基因“伦理审查”乱象［OL］．http：//henan.163.com/12/0917/08/8BJFSRTK022701S6_2.html.

说，即便试验伦理合乎规范，网友们也怀疑在实际执行和实施过程中存在问题，因此他们需要更多监督实施的细节说明，也呼吁学生及其家长的权利需要得到强有力的保障。

中方参与者沉默招致非议。同一件事，美国试验方毫不隐瞒对中国儿童进行转基因稻米实验，而试验所在地政府却出面否认。衡阳方面迅速发表声明撇清关系，称其未与任何境外机构有过联系，仅仅参与过中国相关科研机构的试验，而这些中国的相关科研机构却集体沉默，之后在衡阳当地压力增大的时候，它们否认曾参与美方的试验，并称是对中美两个项目中相同研究内容合并进行，未见过“黄金大米”或对“黄金大米”不知情，更有论文作者声称对论文发表也毫不知情。这种态度激起网民的口诛笔伐，认为相关机构管理混乱、监管失职，这些所谓的“科研人员”是在逃避和推卸责任。这样的政府调查不但解决不了人们的质疑，反而会欲盖弥彰，严重地损害政府公信力。如果任由这样滥用政府公信力的事件反复发生，民众又会信任政府吗？

(三)湖南黄金大米事件的新闻参政舆论分析

报道来源：黄金大米试验是一例操作不当的试验，却在试验的 4 年后由外国媒体首先曝光并在新兴的微博平台中迅速传播。在政府的调查结果公布前的 2 个月中，搜索新浪网新闻以关键词“黄金大米”进行相关度选择，自 2012 年 9 月至同年 12 月共有 633 条新闻，其中大部分转载自报纸媒体，以及科学网中由科学家实名注册的博客文章，进行搜索获得有效博文 78 篇，无论是新闻报道还是科学家博客均保持客观的态度等待调查结果，这充分说明了媒体和科学家群体对政府危机处理的信任，“政府是危机信息公开和发布以及危机管理的最权威者，这种权威来自于政府自身所具有的监督管理属性，也依赖于公众长期形成的对政府的依赖”。① 媒体在政府与公众之间架起了一座信息沟通的桥梁，公众通过媒体了解政府的政策方针以及实施行动，从而达到信息的透明通畅。

报道议题：在黄金大米人体试验开始之前，没有获得合理合法的知情同意权是报纸和科学家博客的共同侧重指责的对象。调查中中方研究者的指责比例逐渐提升并大于美方研究者及其所在机构。对美国进行试验的动员相对客观，在更加注重学术伦理的基础上，对审批和科学操作要进行监督。

话语体系：该事件应该是转基因实验下的学术伦理引发的公关管理事件。在中国当下特定的民主法治还存在不足的政治环境下，相关问题越来越受到关注。在今天，有关转基因问题的论战越来越异化为不同政治立场之间的纷争，脱离了最初科学研究的范畴。当政府调查结果出来之前，专业人士、网民及媒体人之间往往争论不休。这种现象暴露出我国科学体系监管制度的不足、科研人士职业道德缺失等弊病。

(四)科技新闻参政应注意的问题

一是政府部门要起到监管作用，需信息公开才能获得公信力。二是知情权要得到切实保障，一方面，未成年人作为实验对象，当事人及监护人要获知，且政府相关部门有责任，也有义务把这种潜在的威胁如实告知当事人，并提醒社会公众注意，以维护群众的合

① 苏智．媒介的超议程设置：微博、传统媒介以及公众的互动——以“黄金大米”事件为例[J]．群文天地，2012(10)：32-36.

法权益；另一方面，社会公众对公共事务也要有对应知情权，以免产生不必要的恐慌和质疑。三是专业内容要回归科学话语体系，要坚持学术研究的科学性和合法性，避免反科学意识成为潮流，这样也避免了新闻媒体，进行新闻阐释导致误解，从而引起不必要的负面社会效果。在科学危机发生的过程中，有效的科学传播可以化解危机给社会造成的危害。

提高科普素质和科学意识，加强科学新闻舆论监督。该新闻报道更多地停留在政治新闻、社会新闻角度的解读，对新闻科学研究者伦理道德缺失，监管制度缺失，以科学研究之名，行无视科学、法律、公众利益之实，新闻媒体要有力度、要准确监督才行。

十一、军事事件：钓鱼岛"购岛"闹剧事件

(一)钓鱼岛"购岛"闹剧事件回顾

钓鱼岛问题与中日两国在东海的利益紧密相关。2010年日本保安厅海上巡逻船与中国渔船在钓鱼岛附近相撞。2012年4月17日，日本右翼分子宣布购买钓鱼岛，钓鱼岛争端再次升级。2012年7月7日，日本政府宣布将钓鱼岛"国有化"。2012年7月24日，时任日本首相野田佳彦在国会表示正式启动将钓鱼岛"国有化"的程序，2012年8月15日中国香港地区的7名"保钓"人士为抗议日本政府"购岛"闹剧，登上钓鱼岛宣示主权并遭到了日本政府的非法"逮捕"。2012年9月10日，日本中央政府非法签署收购钓鱼岛进行国有化协议后，中国政府发表关于钓鱼岛及其附属岛屿领海基线的声明。2012年9月18日，中国国内各大城市举行反日示威游行。2012年12月13日，中国海监飞机首次在钓鱼岛海空立体巡航。2013年1月3日，美国总统奥巴马签署涉钓鱼岛法案。2013年10月27日结束的由中日两国政经界及媒体人士出席的"北京-东京论坛"，为寻找解决问题的突破口而展开了对话。2013年11月1日，美国主流报纸之一《华尔街日报》发表社论，呼吁奥巴马总统代表美国政府明确承认钓鱼岛的主权归属于日本。这是自钓鱼岛争端以来美国主流媒体首次通过社论明确提出主张。2013年11月23日，中国国防部发表声明宣布划设东海防空识别区，东海防空识别区涵盖了钓鱼岛区域等中国东海空域。钓鱼岛事件进入冷处理阶段。

(二)我国新闻媒体在"购岛"风波中的参政效力表现

第一时间亮明观点，向世界表达"中国立场"、传递"中国声音"，抢占媒体制高点，赢得舆论主动权。中国传统媒体、网络媒体、对外传播媒体、新媒体等平台形成整合态势，随时传递来自中国官方、民间的"钓鱼岛是中国的"的声音，也获得了国际的支持。但信息源主要是官方渠道和其相关主流媒体，发出的是代表国家立场和态度的声音，与之休戚相关的是自身国家利益，所以会在短时间形成强大的舆论力量，舆论的议程设置也带有明显的政治趋向。强烈的主观意识的倾向，虽然能够强化自身思想、目的意图的表达，但无形中也弱化、排斥其他多元观念，从而使"中国声音"弱化。

建构了理性与非理性，中日第三方国际的多元传播互动策略。钓鱼岛问题由来已久，在多元复杂的国际环境和国际国内转型期，中国传统的官方系统的报道策略进行了改变。充分利用了国际传播策略：一是开展传媒外交，增强国际舆论引导的硬实力；二是善打传播组合牌，提高国际舆论引导的巧实力；三是组建海外华人华侨传播阵地，发展国际舆论引导的软实力。为中国在国际上获取了舆论支持，形成中国的话语主导

权及软实力优势。

新闻媒体对中国钓鱼岛的报道主要侧重以下几个方面：(1)日本对钓鱼岛的非法侵占，(2)中国政府维护领土主权完整的决心和反制措施，(3)保钓行动与日本政府的冲突，(4)国内民众爱国情绪的引导，(5)国际社会对钓鱼岛问题的舆论。其中(1)、(2)话语有过度官方化之嫌，在国际上难以获得感性支持。非理性国内爱国情绪被国内、国际媒体过度报道，尤其是非理性的打砸抢行为，无疑对国内爱国情绪带来混淆和错误样板作用。理性、非理性的爱国情绪在媒体平台的博弈中，虽然最终理性爱国情绪引导了非理性的爱国情绪，但也体现出新闻参政空间的多元矛盾性，低媒介素养传播主体的存在，新闻传播行为缺少较为周密的策划，也会分散新闻传播的核心效果，导致传播效果的弱化。

十二、案例启示

通过对上述11个案例的分析，可以对新闻参政提供一些有益思路和策略。可以说，当前我国新闻参政在实践中既有众多成功的案例，也不乏失败案例。这不能不引起我们对新闻参政的反思。

我国新闻参政主体要具有更高的媒介素养。只有新闻参政的根基扎实了，在纷繁复杂的社会生活的磨炼中，参政水平才会不断提高。

参政者、媒体及行政机关都要具有策划意识。策划理念是在通盘了解新闻参政因素、流程、策略等过程上的较高要求，也是媒体参政水平实力的一种表征。

新闻参政的各要素要善于借力打力，灵活运用多种资源、空间，进行新闻参政的创新发展。中国需要更加开放的更多主动交流，遵循新闻规律，充分研究新闻活动中的多元因素的关系，在复杂关系团队中，映照有利自我环境，做到为我所用。当然最根本的还是中国媒体、中国媒体生态圈能够先发展起来。

参考文献

[1]马克思．资本论[M]．北京：人民出版社，1986.

[2]陈堂发．媒介话语权解析[M]．北京：新华出版社，2007.

[3]张开．媒介素养概论[M]．北京：中国传媒大学出版社，2005.

[4] 杨光辉．走进传媒——如何开展媒介教育[M]．北京：中国传媒大学出版社．2005.

[5][意]威尔弗雷多·帕累托．精英的兴衰 [M]．刘北成，译．上海：上海人民出版社，2003.

[6][意]加塔诺·莫斯卡．统治阶级(政治科学原理)[M]．贾鹤鹏，译．上海：译林出版社，2002.

[7][美]保罗·康纳顿. 社会如何记忆[M]．纳日毕力戈，译. 上海：上海人民出版社，2000.

[8][美]刘易斯·科塞. 论集体记忆[M]．毕然，郭金华，译. 上海：上海人民出版社，2002.

[9][德]尤尔根·哈贝马斯. 公共领域的结构转型[M]．曹卫东，等，译. 上海：学林出版社，1999.

[10][荷]梵迪克. 作为话语的新闻[M]．曾庆香，译．北京：华夏出版社，2003.

[11]郭庆光．传播学教程[M]．北京：中国人民大学出版社，1999.

[12][加]兰伯斯. 社会心理学[M]．魏明痒，等，译．北京：地质出版社，1990.

[13][美]刘易斯·科塞. 社会学导论[M]．杨心恒，等，译．天津：南开大学出版社，1990.

[14][美]戴维·波普诺. 社会学[M]．李强，等，译．北京：中国人民大学出版社，1999.

[15]田毅鹏．区域文化与社会发展——以吉林区域文化为中心[J]．社会科学战线，2002(6)：12-16.

[16] Burker K. A Grammar of Motives [M]. Berkeley：Universty of California Press，1969.

[17] Elizabeth Thomas. Skills & Strategies for Media Education [CD /DB]. The Center of media literacy of USA，2000.

[18]许莹．舆论参政的理解与践行：解析“丁未政潮”期间的《京报》言论[J]．国际新闻界，2013(4)：118-128.

[19]黄铮．参政报刊与协商民主[J]．新闻大学，2014(2)：17-23.

[20]陈先元，邬彬彬，王翰．传媒素养的基本含义及社会定位[J]．新闻界，2005(10)：23-27.

[21]马成俊．论民俗文化圈及其本位偏见[J]．青海民族研究，2000(3)：90-94.

[22]张德明．多元文化杂交时代的民族文化记忆问题[J]．外国文学研究，2001(3)：11-16.

[23]王明珂．历史事实、历史记忆与历史心性[J]．历史研究，2001(5)：12-16.

[24]孙德忠．重视开展社会记忆问题研究[J]．哲学动态，2003(3)：78-79.

[25]朱国华．文学权力：一个社会学的阐明[J]．雅昌艺术网专稿，2007(5)：37-41.

[26]陈玉聃．国际关系中的音乐与权力[J]．世界经济与政治，2012(6)：35-59.

[27]史安斌，周庆安．新闻构架、符码与制造同意的艺术——美国媒体"十六大"报道综合分析[J]．国际新闻界，2003(4)：75-78.

[28]田毅鹏．20世纪下半叶日本的"过疏对策"与地域发展[J]．当代亚太，2006(10)：51-58.

[29]陈宁．地域歧视的话语、权力与真相[D]．长春：吉林大学，2005.

[30]沈晓霞．信息时代警察媒介素养教育研究[D]．石家庄：河北师范大学，2010.

[31]陈文高．论新闻专业主义及其本土化策略[J]．求索，2007(12)：165-168.

[32]胡连利，王佳琦．我国大陆媒介素养研究的进展与缺失[J]．河北大学学报，2007(1)：26-32.

[33]刘国瑛．新闻传媒——制衡美国的第四权力[M]．长沙：湖南教育出版社，2002.

[34]鹿国庆．法治文化建设的一些思考[J]．城市建设理论研究，2013(36).

[35]李昕．网络民主进程中的困境及对策研究[J]．普洱学院学报，2011，25(5)：64-70.

[36]廖祥忠．论"电子大字报"的传播特点、社会危害及应对之策[J]．现代传播，2012，34(3)：113-117.

[37]陆斗细．围观式政治参与：中国网络参政的深层透视[D]．长沙：湖南师范大学，2013.

[38]蒋玉．当报纸头条可以被预测——新媒体和自媒体冲击下的传统媒体应对探析[J]．西部广播电视，2013(10)：11-12.

[39]王晓蕾．以红色旅游为依托推进大学生共产主义信仰教育[J]．商品与质量·焦点关注，2012(4)：45-46.

后记

经过长时间的努力，《新闻参政学》这本书终于杀青了。

本书的写作起于2014年7月，在那个骄阳似火的夏天，一群年轻学者共商撰写《新闻参政学》一书。在集体商讨后，由杨逐原和李佳拟定全书框架，然后大家各领自己所感兴趣和熟悉的章节，开始忙碌地写作。

回想起本书写作的每个日日夜夜，大家都是痛并快乐着。痛的是本书是作为中共贵州省委宣传部和贵州民族大学共建传媒学院的一个成果来撰写的，撰写时间较为紧迫，大家必须焚膏继晷地工作，以按要求完成任务。乐的是经过马不停蹄的奋战，终于捧出了《新闻参政学》这本著作。

虽然我国早已有新闻参政活动，但在搜集相关文献时，我们几乎寻觅不到有价值的参考资料。在这种情况下，我们的写作热情被迅速淡化了很多。但经过讨论和思索，我们都认为，没有相关资料并不代表不能撰写，现实虽然对我们提出了严峻的挑战，但若能克服困难，潜心研究和撰写，总有柳暗花明的时候。就这样，我们全力以赴地开启了撰写书稿的日子。

在撰写中，我们经常沟通和交流，互相汲取经验和智慧，慢慢地感觉撰写思路越来越开阔，理论越来越完善，框架调整越来越合理。那种开始撰写时犹如在迷宫中四处碰壁的困境逐渐得以突破。

我们结合了新闻传播学、政治学、社会学等学科知识，力求把新闻参政打造成一门学科，充分探讨其学科内涵和外延、学科的逻辑起点、研究对象及研究方法。经过长时间的思考，我们认为新闻参政学确实有自己独特的学科知识和理论，有自己独特的研究对象和方法，能为新闻传播的教育和研究提供理论支撑，能为新闻机构、广大社会公众通过新闻媒体参与政治以更好地服务于政治发展提供实践指导。这就使我们将新闻参政学打造成一门学科的设想变成了现实。

本书的初稿完成后，杨逐原又多次进行了梳理和修改，力图使之更为科学和完善。但由于是第一部探讨新闻参政的著作，书中肯定存在着不少需要进一步思考和完善的地方，希望广大读者不吝指教。

本书的撰写和出版得到了中共贵州省委宣传部的大力支持，得到了贵州民族大学传媒学院兰东兴院长的大力支持，在此表示诚挚的感谢！武汉大学出版社对本书的出版给予了大力支持，在此也表示感谢！

杨逐原

2018年2月5日于花溪